南沙大桥工程建设系列丛书

创新与管理

广东省公路建设有限公司
广东省公路建设有限公司虎门二桥分公司　编著

人民交通出版社股份有限公司

北　京

内 容 提 要

南沙大桥工程建设系列丛书本着"以问题为导向"的特色,反映了建设进程中实际遇到的关键难题;在突破关键性难题的同时,展现了新的技术水平,创造了新的管理经验。本册主要从概述、项目管理、项目设计、科研专题、荷载试验、运维系统六个方面总结了南沙大桥建设过程中在创新与管理方面形成的创新成果。本书内容既有较为丰富的实践经验介绍,又有一定的理论阐述,可供从事基础设施建设的工程管理人员参考和施工、监理的工程人员阅读使用,也可供大专院校桥梁工程及其他相关专业的学生使用。

图书在版编目(CIP)数据

创新与管理/广东省公路建设有限公司编著. —北京:人民交通出版社股份有限公司,2022.10
(南沙大桥工程建设系列丛书)
ISBN 978-7-114-18208-2

Ⅰ.①创… Ⅱ.①广… Ⅲ.①跨海峡桥—桥梁工程—概况—广东 Ⅳ.①U448.19

中国版本图书馆 CIP 数据核字(2022)第 165208 号

南沙大桥工程建设系列丛书
Chuangxin yu Guanli

书　名:	创新与管理
著 作 者:	广东省公路建设有限公司
	广东省公路建设有限公司虎门二桥分公司
责任编辑:	郭晓旭
责任校对:	席少楠　卢　弦
责任印制:	张　凯
出版发行:	人民交通出版社股份有限公司
地　　址:	(100011)北京市朝阳区安定门外馆斜街 3 号
网　　址:	http://www.ccpcl.com.cn
销售电话:	(010)59757973
总 经 销:	人民交通出版社股份有限公司发行部
经　　销:	各地新华书店
印　　刷:	北京建宏印刷有限公司
开　　本:	787×1092　1/16
印　　张:	13.75
字　　数:	343 千
版　　次:	2022 年 10 月　第 1 版
印　　次:	2023 年 6 月　第 2 次印刷
书　　号:	ISBN 978-7-114-18208-2
定　　价:	200.00 元

(有印刷、装订质量问题的图书,由本公司负责调换)

丛书顾问委员会

主　　任	周海涛
副 主 任	邓小华　刘晓华　贾绍明　黄成造　曹晓峰　童德功
	职雨凤
委　　员	凤懋润　杨盛福　陈冠雄　左智飞　钟建驰　李守善
	姜友生　黄建跃　吉　林　高宗余　邵长宇　郑明珠
	张劲泉　史永吉　葛耀君　贺栓海　李　乔　侯金龙
	左明福　林　鸣　钟显奇　张钱松　刘永忠　王　瓛
	鲁昌河　吴玉刚　洪显城　兰恒水　张家慧　张　栋
	王康臣　陈伟乐　钟振光　鲁茂好　游小聪　苏志东
	肖广成　叶觉明　阎友联

丛书编审委员会

主　　编	邓小华
副 主 编	吴玉刚　王康臣　陈伟乐　崔　岗　代希华
编　　委	李彦兵　张太科　周旭东　陈晓斌　曹植英　马　林
	姚志安　张鑫敏　鲜　荣　朱　超　朱　鹏　卢靖宇
	张秉银　张春声　陈学文　李金晖　禹金银　金志坚
	童俊豪　丁东平　蔡依花　赖嘉华　吴明远　罗旭东
	欧阳效勇　黄厚卿　谭立心　吴建军　朱小金　王晓夫
	罗超云　王中文　杨东来　王晓佳　薛花娟　张海良
	唐茂林　王晓明
编 审 组	周海涛　凤懋润　杨盛福　贾绍明　黄成造　陈冠雄
	张劲泉　左智飞　黄建跃　张肖宁　叶觉明　阎友联

本册编审组

主　　编	邓小华				
副 主 编	吴玉刚	王康臣	陈伟乐	崖　岗	吴明远
编写人员					
第一章	邓小华	吴玉刚	王康臣	陈伟乐	崖　岗
第二章	邓小华	吴玉刚	王康臣	陈伟乐	崖　岗
第三章	代希华	鲜　荣	卢靖宇	金志坚	梅　刚
	陈占力	赵　磊	罗旭东	万志勇	徐德志
第四章	张太科	张鑫敏	朱　鹏	蔡依花	付佰勇
第五章	周旭东	姚志安	朱　超	禹金银	李春早
第六章	李彦兵	张春声	陈学文	鲁立涛	杨艳春
主　　审	周海涛	凤懋润	杨盛福	贾绍明	

丛 书 序

2019年4月南沙大桥(原虎门二桥)建成通车,成为珠江口东西两岸又一新的"黄金通道"。南沙大桥位于珠江三角洲核心区域,连接珠江口两岸的广州南沙和东莞,是粤港澳大湾区快速交通网络的重要节点,是纳入《粤港澳大湾区发展规划纲要》的重大交通设施项目。

南沙大桥工程全长12.9km,八车道高速公路标准,包括主跨1200m的大沙水道桥和主跨1688m的坭洲水道桥等两座特大跨径钢箱梁悬索桥,是世界上少有的同期建成两座主跨千米以上特大型悬索桥的集群工程。

南沙大桥是全体建设者以虎门大桥"艰苦探索、自主建设"的精神为榜样,历经十年规划、研究、设计、施工等,以"安全耐久、和谐美观、环保节约、科学创新"为目标,以"平安百年品质工程"为理念,在虎门大桥通车20多年后取得的特大型桥梁建设又一新进步、新成果,进一步推动了我国由桥梁大国向桥梁强国迈进的新征程。

大桥建设中,针对珠江口的环境条件和大跨径悬索桥特点,开展了超大跨径悬索桥抗风、合理结构体系与关键装置、正交异性钢桥面板构造细节与疲劳性能、一体化除湿系统及可更换成品索预应力锚固系统等研究,成为大桥工程设计有力支撑。此外,在国内率先开展了1960MPa高性能桥梁缆索关键技术及产业化研究,攻克了大跨径缆索桥梁关键材料核心技术等卡脖子难题,实现了全产业链国产化批量生产和规模化应用,形成了具有自主知识产权的高性能桥梁缆索全产业链产品性能和质量标准体系,推动我国桥梁缆索制造业进入了国际领先水平。

大桥建设中,针对通航安全保障、防御台风措施、特殊梁段安装、线形控制、合龙与体系转换等方面的安全风险和技术难题,深入开展施工方案研究,发展了先导索无人机牵引、基于物联网的索股架设控制、浅滩区钢箱梁连续荡移安装及活动托架法、临时索前吊后支法安装无索梁段等工法,保障了安全、提高了质量、提升了工效。在大型索鞍、超宽钢箱梁制造中,采用机器人自动焊接、三维激光跟踪测量、超声相控阵焊缝检测评定等新技术,实现了我国桥梁钢箱梁制造技术、装备的升级换代。

大桥建设中,针对重交通、高温、多雨等严苛的运营条件,开展了热拌环氧沥青混凝土的性能评价与材料设计,钢桥面铺装精细化施工的组织、管理、装备、工艺等一系列创新,保障了 13 万 m^2 的钢桥面铺装高水平实施,推动了我国特大型桥梁钢桥面热拌环氧沥青铺装技术的新进步。

大桥建设中,始终贯彻"精品建造、精细管理"的现代工程管理理念,创立了"方案审查、首件验收、过程检查、技术总结"的管理"四步法";全面推行"工序流程卡"和"专控工序"制度;践行了"高标准,细程序,严监控"的标准化、程序化与精细化管理,为打造公路行业"品质工程"积累了宝贵经验;在公路行业率先开展了特大型桥梁工程 BIM+技术研究,探索了基于 BIM+的建养一体化管理平台建设,带动了公路行业 BIM+技术的广泛应用,推动了我国桥梁全寿命周期信息化管理迈上新台阶。

南沙大桥工程建设系列丛书再现了大桥建设的全过程,展现了大桥设计、施工、科研、管理等各方面的技术成果,是全体建设者十年心血和汗水的结晶。希望本书能为桥梁建设者提供有益的借鉴,也为我国特大型桥梁建设历史留下一笔宝贵的财富。

2021 年 7 月

前　言

作为粤港澳大湾区核心区新的重要过江通道，南沙大桥（原名虎门二桥）工程是一项建设规模宏大、技术难度颇高的特大型跨江桥梁集群工程，两座主桥将分别成为世界上跨径最大的钢箱梁悬索桥和世界上最宽的整体式钢箱梁桥。为了应对结构体系的突破和桥区复杂环境给建养带来的诸多技术挑战，南沙大桥工程秉持"科技创新，至臻建设"理念，坚持"理念创新、管理创新、技术创新、工艺创新"，解决重大工程技术难题，推动行业技术进步和产业转型升级；在切实践行"平安百年品质工程"的同时，将南沙大桥工程建设成为"成果转化的枢纽、科技研发的平台、技术交流的渠道、科学普及的基地"。

南沙大桥工程在管理上制定一程序、二首件、三协同、四纳入的管理要求，确立联检协同工作机制，高效解决了项目规模宏大、航运繁忙、台风频发、地质环境复杂、技术难度高等管控难题，为特大型跨江桥梁集群工程的建设管理建立了规范化流程。南沙大桥工程从超大跨悬索桥设计与建造标准、新型结构体系、新材料、新型关键结构与装备、桥梁工业化与智能化建造、桥梁建养一体化等六个方面进行了系统的科学研究，创造性地解决了一系列超大跨悬索桥全寿命期建设、管养的重大技术难题。南沙大桥工程构建了桥梁智能"建、管、养"一体化平台，采用分布式高精度同步采集技术组织智能传感器，采用基于物联网与大数据处理技术开展结构状态综合评估，利用最新人机交互技术部署实施管养一体化软件平台系统，建立全寿命期"数字化、信息化、专业化"桥梁电子档案，使大桥及其附属设施处于较高的服务水平。

本书由下列单位共同参与编写：
广东省公路建设有限公司
广东省公路建设有限公司虎门二桥分公司
中交公路规划设计院有限公司
广东省交通规划设计研究院股份有限公司
中铁武汉大桥工程咨询监理有限公司
武汉桥梁建筑工程监理有限公司
广东华路交通科技有限公司
苏交科集团股份有限公司

保利长大工程有限公司
中交第二公路工程局有限公司
中交第二航务工程局有限公司
江苏法尔胜缆索有限公司
上海浦江缆索股份有限公司
交通运输部公路科学研究院
中交公路长大桥梁建设国家工程研究中心有限公司
中铁大桥科学研究院有限公司
同济大学
西南交通大学
长安大学
江苏中矿大正表面工程技术有限公司
柳州欧维姆机械股份有限公司
中路高科交通检测检验认证有限公司
广东省交通运输建设工程质量检测中心

在本书编写过程中,得到了广东省交通运输厅和广东省交通集团有限公司的大力支持,有关专家对本书编写提出了宝贵建议,在此表示衷心感谢。限于编者水平,错漏之处在所难免,不当之处,敬请读者批评指正,以便修改完善。

作 者
2021 年 6 月

目　　录

第1章　概述 ··· 001
1.1　建设背景 ·· 001
1.2　项目概况 ·· 001
1.3　组织实施 ·· 002

第2章　项目管理 ··· 004
2.1　创新建设理念 ··· 004
2.2　提升管理效能 ··· 011
2.3　助推建设桥梁强国 ··· 013

第3章　项目设计 ··· 015
3.1　建设条件及设计准则 ·· 015
3.2　总体设计 ·· 025
3.3　跨珠江主桥 ·· 027
3.4　引桥及立交 ·· 056

第4章　科研专题 ··· 078
4.1　组织体系 ·· 078
4.2　1960MPa超大跨径悬索桥用主缆索股技术研究 ············ 079
4.3　特大型桥梁工程互联网＋BIM关键技术研究 ················ 086
4.4　超大跨度悬索桥合理结构体系及关键装置研发与应用 ···· 094
4.5　超大跨度悬索桥锚碇超大超深地连墙复合基础研究 ······· 107
4.6　超大跨度悬索桥钢结构主动防腐技术系统研究 ············· 116
4.7　超大跨度悬索桥施工精细化分析及监测控制技术研究 ···· 123
4.8　短线匹配法节段拼装箱梁施工技术与质量评定方法 ······· 129
4.9　多股成品索式锚碇预应力锚固系统研究 ······················ 137
4.10　清水防腐混凝土长寿命设计与施工关键技术研究 ········ 142
4.11　正交异性钢桥面板细部构造设计与应用性能分析 ········ 152

第5章　荷载试验 ··· 167
5.1　结构初始状态参数调查 ·· 167
5.2　静载试验 ·· 174

5.3 动载试验	187
5.4 试验结论	194

第6章 运维系统 196

6.1 运营期间结构安全监测与养护管理系统概述	196
6.2 系统设计	197
6.3 系统开发	200
6.4 系统建设成果及应用	201
6.5 系统技术创新	206

参考文献	208

第1章 概　　述

1.1 建设背景

粤港澳大湾区是继东京湾区、纽约湾区和旧金山湾区之后新的世界级湾区，是由香港、澳门和广东省的广州、东莞等九个城市组成的城市群，是中国加大改革开放、融入全球的重要载体。广州、东莞是粤港澳大湾区的核心城市，分处珠江入海口的西岸、东岸。2017年底，广州市常住人口1450万、人均生产总值2.2万美元，东莞市人口834万，人均生产总值1.35万美元。交通是联系两城市经济、社会、文化的纽带。然而，自1997年至南沙大桥通车以前，虎门大桥是湾区唯一的东西向跨珠江的公路通道，日均车流量最高达14万次，长期处于拥堵状态，难以满足两市交通需求。因此，在珠三角核心区域打造第二条连接珠江口东西两岸广州市、东莞市的过江高速公路通道——南沙大桥迫在眉睫。

《广东省高速公路网规划(2004—2030年)》中规划了番禺至东莞的加密线和联络线——南沙大桥，位于虎门大桥上游约10km处，东西两侧分别与番莞高速公路和广州南二环高速公路相接。南沙大桥的成功修建，将有效缓解虎门大桥的交通压力。从广州市番禺区、佛山市顺德区到东莞的路程可缩短20km，大大降低运输成本，改善珠江东西两岸交通运输条件，促进区域间人流、物流等经济发展要素的快速流动，对于助力粤港澳大湾区成为更具活力的经济区、宜居宜业宜游的优质生活圈和内地与港澳深度合作的示范区，助力打造国际一流湾区和世界级城市群具有深远意义。

1.2 项目概况

南沙大桥上游距珠江黄埔大桥约20km，下游距虎门大桥约10km。项目起于广州南沙，经番禺海鸥岛，止于东莞沙田，全长12.89km，采用双向标准八车道高速公路，设计速度为100km/h。投资概算111.8亿元。项目全线采用桥梁方案，包含两座超千米的世界级跨江特大桥，其中大沙水道桥为主跨1200m的单跨吊钢箱梁悬索桥，坭洲水道桥为主跨1688m的双跨吊钢箱梁悬索桥，是同时期世界上跨径最大的钢箱梁悬索桥[1]。全线设三座互通立交，起点设东涌互通立交，接广澳高速公路与南二环高速公路；设海鸥岛互通立交，接S926省道；终点设沙田互通立交，接广深沿江高速公路。引桥主线桥采用预制节段拼装的混凝土连续梁。

南沙大桥路线起点K0+000位于广州市南沙区东涌镇，顺接国道主干线广州绕城公路南环段，同时通过东涌枢纽立交与广珠北线高速公路相接，路线往东跨越大沙水道(设大沙水道特大桥)后，进入番禺区石楼镇海鸥岛(设海鸥互通立交)，再往东跨越坭洲水道(设坭洲水道特大桥)后进入东莞市沙田镇境内，终于广深沿江高速公路(设沙田枢纽立交)。

1.3 组织实施

南沙大桥的组织实施主要分为以下几个步骤：

1.3.1 立项

2003年,广东省交通厅组织项目预可行性研究。2007年5月,广东省公路勘察规划设计院完成了《东莞厚街至番禺东涌公路预可行性研究报告》。

2008年3月,广东省公路建设有限公司委托中交公路规划设计院有限公司和广东省公路勘察规划设计院有限公司共同承担虎门第二公路通道工程可行性研究报告的编制工作。

2009年4月,广东省交通厅组织《虎门二桥工程可行性研究报告》省内预审。

2013年6月,国家发展和改革委员会批复了项目核准。

1.3.2 建设历程

2013年9月,交通运输部批复项目初步设计。

2013年12月,广东省交通运输厅批复项目技术设计。

2014年1月,广东省交通运输厅批复项目施工图设计。

2013年12月28日,南沙大桥项目先行标动工。

2014年4月30日,主桥土建标施工合同签约。

2014年8月28日,主桥桩基正式开工。

2019年4月2日通车。

1.3.3 投资主体与组织架构

2011年,广东省政府批复同意南沙大桥项目由隶属于广东省交通集团的广东省公路建设有限公司100%股权投资建设和经营管理。2013年广东省公路建设有限公司成立了南沙大桥分公司作为项目法人负责具体实施项目管理。

广东省委、省政府高度重视南沙大桥项目建设,广东省交通运输厅组织成立了南沙大桥技术专家委员会;广东省交通集团有限公司组织成立了南沙大桥项目建设领导小组,并组建了项目公司负责建设管理工作。通过招标选择的参建单位均为我国公路桥梁建设的主力军,处于行业领先水平,为工程建设提供了可靠保障。

如图1-1所示,南沙大桥建设领导小组由上级主管单位及相关部门组织成立,对南沙大桥项目建设的重大问题进行决策,协调沿线地方关系,调动相关资源,保证项目顺利实施。

专家技术委员会由国内外相关专业的著名专家组成,对建设中的重大技术方案、关键技术难题、质量控制标准、安全管理措施、科研课题、新技术、新工艺、新材料运用和建设管理等方面进行技术决策与把关。专家技术委员会的主要职能是定期召开全体会议,听取项目建设汇报,研究重大技术问题,并根据项目需要召开专题会议。

虎门二桥分公司负责组织实施南沙大桥建设工作,具体包括:

(1)南沙大桥的前期工作、工程招标、现场建设管理及建设资金支付等工作;

(2)大桥建设期间质量、安全、进度、合同、信息管理、成本控制等工作；

(3)项目科研工作,包括新材料、新工艺、新技术在工程建设中的开发与应用；

(4)组织工程交工验收,负责完成竣工验收和项目后评价准备工作。

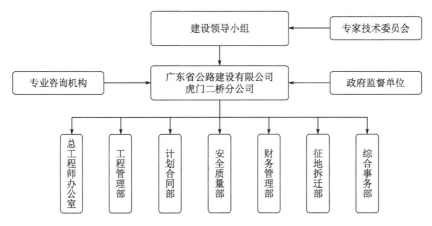

图 1-1　南沙大桥建设项目管理组织架构

虎门二桥分公司根据项目建设的需要,聘请或通过招标,选择出专业咨询单位。其职能主要是采用技术横向联系,发挥专业优势,为项目的建设提供专业技术服务,帮助解决建设过程中遇到的专业问题。

其中第三方检测中心是业主为了强化试验检测的专业能力,专门将检测的职能从监理单位剥离出来,委托了两家第三方单位分别负责混凝土结构和钢结构的检测工作。第三方检测中心可以代表业主对所有承包人的试验工作进行指导和考核,对工程的各项质量指标进行抽检。

第 2 章 项 目 管 理

建设各方围绕百年品质工程建设目标,通过创新理念,深化过程管理,推动高质量发展,南沙大桥在质量、安全、环保、投资等各方面成效显著,并克服了征地拆迁、极端气候和异常地质等诸多困难,顺利提前完工,成为《粤港澳大湾区发展规划纲要》颁布以来首个投入使用的超级工程[2]。

2.1 创新建设理念

南沙大桥是继港珠澳大桥之后在珠江口建设的又一座超级工程,交通运输部、广东省交通厅、广东省交通集团等各级领导对本项目高度重视,要求按照习近平总书记提出中国制造要实现三个转变的要求,将南沙大桥打造成为建设"交通强国"的里程碑式的工程[3]。

2.1.1 业主主导,发挥目标导向作用

1)明确目标,激发创一流工程的动力

早在2008年,项目处于筹备阶段时,广东省公路建设有限公司为高质量、高标准、高起点完成项目建设任务,组织制定了《莲花山大桥工作大纲》(后更名为南沙大桥),在大纲中明确了项目建设要重点贯彻五大理念,即:

①可持续发展的设计理念;
②设计、施工、运营维护系统化的安全耐久理念;
③尊重科学、注重实效的技术创新理念;
④精细化管理理念;
⑤桥梁功能与建造艺术结合的景观理念。

在项目建设初期,编制了《虎门二桥项目建设管理纲要》,提出了安全耐久,环保节约,科技创新,至臻建设,创鲁班奖和詹天佑工程奖,创平安工程的建设目标、分解目标和十一项保证措施。

在建设工程中,业主始终坚持目标,激励参建各方抓住参与超级工程的难得机遇,实现自我超越。在具体措施上,将工期、安全、质量等多方面的目标按阶段分解到各个层级,通过五赛五比、优质优价的形式将激励措施落实到每一个关键环节。在施工过程中的重大节点,项目负责人亲临现场激励,推动全体参建单位和人员不断挖掘潜力、改进工作,做到止于至善。

在这个愿景的激励下,工程管理人员从一开始就对项目各方面的工作有了高起点、高定位意识。在工程质量方面,不再满足于传统的合格标准,而是瞄准零缺陷,发扬创新精神、工匠精神,从土建施工到钢结构制造安装,多项质量指标达到或趋近100%。

被称为悬索桥中国芯的1960MPa主缆钢丝的研制,是目标导向的又一个成功范例。随着

悬索桥不断向大跨度发展,对主缆强度的要求日趋提高。大跨度悬索桥采用更高强度的主缆可以减少钢丝用量,减轻主缆自重和截面面积,减小主塔、锚碇、索鞍、索夹的规模,缩短工期,提高桥梁的可持续发展能力。

在南沙大桥筹建初期,国内已建成的悬索桥主缆采用的钢丝强度最高为1770MPa。当时世界上仅日本和韩国拥有生产1960MPa钢丝的能力,并且尚未大规模生产应用。作为世界最大跨径的钢箱梁悬索桥,坭洲水道桥的主缆可以选择采用传统的1770MPa钢丝,也可以采购昂贵的进口高强钢丝。但只有成功研发出国产1960MPa主缆,才能打破垄断,为我国大跨度桥梁的发展和钢丝制造业的技术进步闯出一片新天地。领导小组决心担当起这个使命,鼓励项目公司联合宝钢集团有限公司等国内企业开展技术攻关,尽最大努力实现坭洲水道桥主缆高强钢丝国产化。正是由于南沙大桥有影响力的平台和对未来广阔市场的憧憬,国内相关企业自筹资金积极投入到研发工作中,经过数年的艰苦努力,3家钢厂、3家钢丝厂和2家缆索厂成功完成了成品研制,并在南沙大桥全面使用;实现了1960MPa主缆从原材料生产、成丝到索股成品的全产业链的技术提升,并实现了大规模应用,使我国钢丝制造行业在这一领域达到了世界领先水平。

2)主动管控,充分发挥业主核心作用

南沙大桥技术复杂,涉及的专业多、参建单位多、工作界面多,部分钢结构的产业链较长,影响施工进程的因素多。为了提高效率,进一步提升精品意识和创新意识,项目业主必须始终坚持主动管控的理念,确保建设目标的实现。主要体现在:

(1)统筹协调,靠前管理

研究制定各标段承包人的工作和责任界面,并在招标文件中做了明确约定,避免了大量的扯皮推诿现象。对各承包人的计划进行统筹,重点针对上下游工序的衔接环节,实施工期和质量的联合督促和检验。在悬索桥上部结构施工过程中,业主牵头制定了上部结构施工主动管控办法,制定了监理、监控、测量、施工各方工作清单,明确了一程序、二首件、三协同、四纳入的管理要求,确立联检协同工作机制。

一程序:落实"方案编制、首件验收、过程检查、技术总结"的"四步法"工作程序。

二首件:在索股架设、钢箱梁吊装中实施首件制。

三协同:一是方案编制、交底协同;二是施工监控、测量协同;三是联合检查、验收协同。

四纳入:一是将作业指导交底纳入分项开工条件;二是将机材清单检验纳入分项开工条件;三是将转序联检验收纳入分项开工条件;四是将分项控制工况纳入安全专控工序。

在业主的主动统筹管控下,各方迅速度过磨合期,不但施工速度屡创新高,而且主缆的架设质量指标(锚跨张力、紧缆空隙率、主缆线形、不圆度)合格率全部达到100%。

(2)管理向产业链上游延伸

对于部分产业链较长的桥梁结构产品,其质量和工期控制必须从原材料或初级产品等上游环节开始进行主动管控。

为了提高大体积混凝土的耐久性,获得低水化热、低收缩的水泥,对水泥熟料的成分进行了特殊规定,取得水泥厂的配合,生产特殊水泥,为大体积混凝土裂缝控制创造了良好的条件。同时在厂内设立南沙大桥水泥专用库,实现了检验关口前移,解决了大体积混凝土大规模施工的水泥材料先检后用的难题。

索鞍、主缆等产品的制造工序多,产业链较长,如果采取"坐等交货"的态度将导致质量和进度处于被动。业主和监理对索鞍制造的质量管理从铸钢件这一最初工序开始,对分包铸件厂派驻监理,落实驻厂技术人员和第三方检测人员,制订质量控制计划,控制首件验收等关键环节,抢占加工车床等资源;主缆的质量控制从钢丝的原材料——盘条开始,实施主缆钢丝驻厂监理,对各个环节进行全程控制,业主对影响工期的各类问题进行协调。针对1960MPa钢丝,规划了研发—30吨试制—800吨小批量生产—大规模生产四步走的程序并全程跟踪,成功实现大规模应用,使我国主缆制造的全产业链水平达到世界领先水平。

(3)前瞻性的决策

大型工程涉及面广、时间长,影响建设进程的因素多,气候、地质等自然条件及征地拆迁、政策变化等社会条件变化常常给工程计划目标带来极大的不确定性。决策者必须及时识别这些因素带来的影响程度并且采取合理的对策,才能避免目标失控。

南沙大桥的引桥采用预制节段拼装混凝土箱梁,这是广东省首次大规模应用的新工艺,也是国内第一次大规模在陆地高架桥上应用。由于拆迁的影响,架梁施工迟迟未能开始,当拆迁问题解决后,时间已经过去近一年。根据经验工效计算,架梁的理论完工时间已超出计划通车日期,考虑到气候及陆上架梁工艺的复杂性,为了确保工期目标,领导小组及时做出决定,增加两台架桥机。后来的事实证明,这一决策非常必要而且及时。在施工过程中受天气的影响,有效工作时间较短,并且陆上架梁的工效明显低于以往在水上施工的工效。由于增加了设备,确保了总体进度,最终稍早于原定计划日期完成了架设,避免了总工期的延误。

南沙大桥钢箱梁的用钢量达9万t,招标和生产时间较长,钢材的市场价格波动将给工程造价带来很大的影响。在钢箱梁招标前,经过调研和分析,领导小组断定当前钢材价格接近于阶段性底部,决定采取加大预付款比例锁定钢材价格的策略。在招标文件和合同中将预付款比例从常规的合同价的10%,提高到合同价的30%。从2015年6月签约至2017年12月完成板单元生产期间,钢板价格从约3000元/t上涨到5000元/t。由于提早锁定钢板价格,有效规避了市场波动的风险,节约投资约1亿元,甲乙双方都节约了成本,实现了共赢。

2.1.2 推行全寿命周期理念,实现工程可持续发展

建设可持续桥梁工程是21世纪桥梁建设世界性的使命与挑战。基于项目规划、方案设计、详细设计、工程施工与运营维护等四个阶段,南沙大桥项目在筹备期制定的《莲花山大桥工作大纲》中提出了建设可持续发展桥梁工程的理念,在建设初期确立了可持续桥梁工程的三大目标:促进社会可持续发展、生态与环境保护、全寿命经济成本最优。在项目规划、工程设计、工程施工和运营管理等各阶段围绕目标开展工作,具体措施如下:

1)科学规划,为可持续发展桥梁工程创造良好条件

桥位处在经济发达的珠江三角洲核心区域,是联通珠江东西两岸的交通要道。线位的选择充分考虑到珠江口通道岸线资源和土地的稀缺,主桥跨径为1688m,主塔落于浅滩区,最大限度地降低了工程对航道发展、防洪和海洋生态的影响。为了适应未来交通量迅猛的增长,降低维修影响,采用了8车道标准,规模适当超前,未来可以长久提供高标准的服务。

在大沙水道桥的桥型选择上,比较了主跨1200m悬索桥和斜拉桥,由于世界上目前最大跨度斜拉桥主跨仅有1104m,因此采用了景观协调、技术成熟与建造风险低的悬索桥方案。

在引桥方案选择方面,考虑到桥位处软基深厚,传统现浇梁桥施工耗材多、环境影响大、建设周期长、质量控制难,因此选择了具有节能、环保、高效、耐久特点的节段预制拼装箱梁桥,很好地满足了可持续发展的要求。

由于大量采用预制小箱梁、预制节段梁等预制结构,工程建设阶段最大限度地减小了对环境的影响。在主桥上采用"线性排水系统 + 危化物控制阀"设计,避免溢油、危险品泄漏入海等风险事故的发生,消除由此带来的潜在生态损害和环境危害,满足了桥梁安全性和环保的要求。

2)基于全寿命周期的设计,实现桥梁优生

针对100年设计使用寿命的目标,通过设计研究与创新确定合理的结构、构造及装置,通过高强度高性能新材料的研发,达到了减少材料用量,充分保障钢结构与混凝土结构的耐久性,提升健康运营能力,实现运营期的可持续发展的目的。主要包括:

(1)结构、构造与装置的详细设计

通过节段模型风洞试验和大比例尺节段模型试验优化设计细节,实现了17级抗风系统设计,确保桥梁在全寿命使用过程中的结构安全和使用安全。

通过钢箱梁的细部疲劳试验,优化细部构造,并经过400万次的疲劳试验验证疲劳性能满足100年使用要求。

首次研发塔梁间设置纵向静力限位-动力阻尼结构体系和具有横向减振耗能作用的蝶形弹簧 + 阻尼器,实现位移控制,提高行车安全性和舒适性,降低维修养护成本的目的。

研发并使用了多束成品索作为预应力束的无黏结主缆锚固系统,这种锚固系统具有耐久性好、更换方便等优点,较好地满足了全寿命周期的使用要求。

为便于钢箱梁及主缆在运营期的检查维护,研发了钢箱梁内部和外挂检查车及主缆检查窗,在锚碇、主塔和引桥支座等部位设置检修通道,实现可到达、可检查的功能,为运营维护提供便利条件。

(2)耐久性设计

提高钢结构和混凝土结构的抗腐蚀性能,是确保全寿命周期结构耐久性。

对悬索桥的钢结构,主要做好主缆及钢箱梁的耐久性设计。在国内首次采用主缆镀锌铝钢丝,其防腐能力是原镀锌钢丝的2倍以上。首次研发使用了智能中央除湿防腐系统,通过主缆密封、干空气制备站功能集成、集中监控与健康监测网络兼容等手段,实现钢箱梁、主缆、锚室、鞍室统一主动防腐,形成一个便捷的、智能的、人性化的管理养护系统,并具有更低的能耗。

针对混凝土结构100年防腐性能的设计,业主和设计单位组织开展《长寿命清水混凝土设计与施工技术研究》,提出了高性能防腐混凝土的技术标准、混凝土保护层的设计以及疏水化合孔栓物的使用、硅烷浸渍技术、防腐涂装技术等,为混凝土结构全寿命的耐久性提供了保障。

3)精细化施工和制造,实现桥梁优育

为了实现耐久性设计目标,施工期必须保证耐久性相关质量指标全面满足标准,最大限度地消除初始缺陷。主要工作包括:

以信息化控制技术实现混凝土生产品质的精准稳定;通过专项技术有效控制混凝土结构的裂缝,对各类接缝、槽口、预埋件外露部分进行精细化处理,有效提升混凝土耐久性;通过严格管理和工艺创新,大幅提升预应力张拉均匀度、钢筋保护层厚度合格率;进一步提升钢结构加工精度和焊接质量,消除初始缺陷。

4)建立基于BIM的建养一体化平台,实现桥梁优养

南沙大桥项目探索研发了交通建设领域首个基于互联网+BIM技术的建养一体化平台并全面应用,实现了建设期辅助设计、施工管理、钢箱梁智能制造、档案管理等多项功能,同时推进BIM与健康监测、养护管理系统的融合,将建设实施阶段的BIM模型及与模型挂接的大数据信息,按桥梁结构养护需求归纳划分,传递给BIM+运维平台。构建质量可溯源、病害可定位、问题可跟踪的数字化、智慧化管养平台;利用动态风险评估、智能应急等先进技术,结合健康监测预警信息,打造信息化、智能化的应急安全管理系统。为项目的全寿命周期管理创造了有利条件。

2.1.3 推行工程质量零缺陷理念,打造至臻品质

南沙大桥的目标是世界一流的工程,对工程的外美和内实两方面都有更高的要求。实现外美的关键是施工阶段做好细节的处理;在内实方面,100年的使用寿命是对工程质量的极大挑战,往往局部的超标偏差会对耐久性造成明显的影响。因此,南沙大桥分公司对耐久性相关的质量指标和部分外观控制要点提出了零缺陷的工作理念。零缺陷的核心意义就是从工作一开始就追求100%的合格,要求全力做好事前控制和事中控制,实现至臻建设。面对挑战,各路建设者们努力发挥工匠精神,通过工艺、材料、设备和技术的进步,取得了可喜成果,主要包括:

1)混凝土结构的零缺陷

(1)成功实施大体积混凝土浇筑与裂缝控制

裂缝对混凝土的耐久性影响极大,裂缝控制是大体积混凝土施工的重要目标。本项目的承台、锚碇大体积混凝土浇筑,全部采用现场拌和楼的生产方式,其中锚碇底板一次浇筑最大达1.8万m^3,是国内桥梁史上最大规模的一次混凝土浇筑。施工人员经过科学组织和反复演练,成功解决了以下两项关键问题并取得成效:

第一项措施是确保混凝土浇筑的连续性。浇筑时间最长一次达5个昼夜,为了避免混凝土过早凝结而产生冷缝,通过对混凝土凝结时间、浇筑速度和分仓次序进行精心设计,同时加大投入,使混凝土生产能力最大达到190m^3/h,最多一次性投入罐车11台,先后调用材料船20艘,冰块530t。在多方的努力下,实现混凝土浇筑一次连续完成,保证了质量。

第二项措施是采取了全方位的控温抗裂手段,包括:使用中热水泥、采用专用水泥库储存降温、水泥罐及减水剂罐覆盖遮阳网、制冰机配合外购冰、集料使用雾化风扇降温、混凝土采用"双掺"配合比、混凝土罐车保温、构件内置冷却水管、模板外覆盖保温、专业温度监控、减少两层混凝土间的龄期差、蓄水养生、降温期保温等。由于措施充分,即使在夏季也能保证混凝土入模温度低于28℃,混凝土温升完全达到设计要求。

随着大体积混凝土裂缝控制技术在南沙大桥项目的日臻成熟,混凝土裂纹得到有效控制。

(2)钢筋安装的双百目标

本项目钢筋安装的精度目标是:钢筋间距合格率100%,浇筑前保护层厚度合格率100%。要实现这一极限的要求,施工人员创造性地采取了特殊工艺,如制作各类胎架、定位架和卡具

用于钢筋的安装,桥墩钢筋采用预制骨架整体安装,主塔尝试钢筋网片预制吊装工艺。借助于这些工具及工艺,安装精度基本实现了既定目标,同时提高了施工效率。

(3)预应力张拉施工的零缺陷追求

为了进一步提升预应力施工精细化水平,南沙大桥项目向有效锚下预应力和同束不均匀度两项高难度指标发起了挑战。由业主组织持续开展预应力施工专项评比活动,聘请专家指导、强化培训,通过孔道摩阻试验实测数据指导施工,在现浇箱梁和节段梁施工中创造并使用了子弹头穿束工艺,主塔横梁预应力采用地面预制,整体吊装拼装工艺。通过上述一系列技术和管理措施,锚下有效预应力检测结果显示:全线有效力值合格率稳定在95%以上,同束不均匀度指标合格率达95%。

(4)把控细节,提升混凝土外观质量

在外观质量方面,多处构件经历了反复磨合和多次总结改进才通过首件验收。试制工作主要围绕模板制作的精度和刚度、混凝土配合比的试验、振捣人员的培训和责任分区等工作开展。节段梁和墩身试制及足尺试验块超过50件,逐件通过首件验收后方可开展实体部位施工,确保了混凝土外观质量。

为进一步提升墩、塔、梁混凝土构件外观质量,有针对性地推广优秀工艺,将板式墩底部拉杆二次张紧工艺和美纹纸螺杆孔修补工艺完善后确定为标准推广,要求对所有的附墙件钢板进行防锈处理,对长期外露的预埋钢筋涂刷环氧漆防锈,以保障构件外观质量完好。

通过对工艺细节的全面管控,全线的塔、梁、墩结构线性精准流畅、外表洁净、色泽均匀,展现了良好的品质形象。

2)钢结构制造和安装的零缺陷

(1)索鞍和钢箱梁制造

进一步改进相控阵检测技术,并形成南沙大桥项目检测标准,大幅提高了缺陷检出率,倒逼生产人员改进工艺,提高焊缝的一次合格率。通过运用索鞍机器人自动焊接技术、基于BIM数字化三维激光跟踪测量+虚拟节段拼装技术、数字离线编程模拟控制焊接+远程控制等先进技术,大幅度提高了精益制造水平和生产效率,钢箱梁焊缝一次合格率除钢箱梁U形加劲肋顶板部分为99.98%之外,其余均达到100%;索鞍焊缝自检一次合格率超过97.4%。加工制造精度合格率也实现了100%的目标。

(2)悬索桥上部结构安装

在上部结构施工管理中,严格执行《虎门二桥项目悬索桥上部结构施工主动管控办法》,通过超前组织、各方协同、主动管控、持续总结的管理流程持续改进悬索桥施工质量。同时,实施监理程序公开、监控测量透明、实时交互的措施,杜绝了以往多见的数据扯皮现象,两座主桥主缆索股架设线形精度、锚跨张力、主缆空隙率、不圆度等指标均达到100%合格率。索夹及吊索安装均满足要求,主缆缠丝、涂装质量合格。钢箱梁吊装线形控制良好,各项测量指标均满足要求,主梁上下游高差小于2cm。

2.1.4 树立"治未病"安全管理理念,强化事前控制

南沙大桥项目在安全生产管理方面坚持强化事前管理,以"治未病"的理念抓好本质安全和行为安全管理,把可能发生事故的潜在因素和正在转变为事故的因素提前消除,做到"为之

于未有,治之于未乱",实现了安全生产零责任事故的好成绩。

1) 优化体系,提升本质安全水平

一是建立和优化安全管理制度体系。编制了一套全面而实用的制度,涵盖了责任制、标准化建设、专项方案、检查考评、培训、信息化监控、安全费用、安全文化等多方面措施,发布了施工单位、监理单位的制度清单,形成了完整的项目安全管理制度体系。同时建立了承包人执行、监理监督检查、业主考评监理的监管体系。

二是全面实现场地、设施设备、临时用电的标准化管理,变高空作业为平地作业,变水上作业为陆地作业。实施了塔式起重机和架桥机的远程监控、门式起重机滑触线轨取电装置、门式起重机防风自锁铁靴、高空作业防坠自锁器等一系列技防措施。针对重大风险环节采取专项措施,如现浇支架的钢管支架桩基础单桩承载力检测、地基预压验收、对支架钢构件焊缝进行探伤等,为安全生产提供了更坚实的保障。

三是建立安全风险分级管控和隐患排查治理双重预防机制。开展总体工程和分项工程安全风险两级评估,总体风险评估由业主组织专业单位实施,参建单位组织各自的安全风险评估。在每个分项工程开工前,组织技术人员、管理人员、工班长、工人代表参与开展风险辨识,列出风险清单和风险控制和责任人,根据辨识结果调整施工方案。分项工程危险源辨识成果纳入监理分项工程开工审批条件。在工程实施过程中,以风险评估为依托,建立隐患与风险的对应关系。以分部分项工程的风险评估和辨识为基础,建立风险与隐患对应的检查排查表格。在施工过程中,业主、监理和施工管理人员按照对应分级明确的风险去排查隐患,做到有的放矢。风险分级与隐患对应治理措施实施以来,项目累计开展分部分项工程辨识会议128次,完成了1325项对应检查表格,累计完成了2008项隐患排查治理。

2) 标本兼治,强化行为安全管理

好的技术和完美的规章制度,在实际操作中仍无法取代人自身的素质和责任心。南沙大桥强化行为安全管理,在事故的源头上下功夫,促使施工人员在防止事故中用心尽力。主要措施有:

(1) 以班组建设为重点开展培训。培训着力实现两个提升:一是班组工人的素质提升,二是班组长管理能力提升。项目业主示范并推动各参建单位开展班组长管理能力提升的培训。工人的安全交底有监理见证,实行考试并要求人人达到100分才能过关。督促施工单位实施饱和学习,即对制度、规程进行反复宣传学习,以形成习惯。

(2) 对安全隐患坚持"三不放过"原则。对于现场排查发现的隐患限时整改,这只是治标之举。本项目推行安全隐患"三不放过"原则,即隐患未整改不放过、造成隐患的原因未查清不放过、责任人未受到教育不放过。"三步放过"原则旨在找出并消除造成该隐患的原因,起到治本的作用。为了落实这项原则,在统一发布的"整改报告单"中规定对问题或隐患原因分析、责任人受教育情况进行记录,并由责任人签字,监理检查验收。后来针对此项工作开发出手机应用程序(App),隐患整改的上述原则得到更有效的贯彻执行。

(3) 对重复出现的错误进行处罚。对于未造成实际损失的错误或隐患,初次出现的,按照"三不放过"原则处理,只对重复出现的错误或隐患进行处罚。对于同一个单位多次出现同类错误,则予以重罚并开展专项整治进行重点处理。

2.2 提升管理效能

项目建设目标包括安全、质量、工期、投资控制等多个方面,这些目标之间存在相互影响甚至相互冲突,如何把这对立统一的关系协调好,找好平衡点,是对项目管理者的巨大考验[4]。南沙大桥项目采取了一系列措施重点提升管理效能,主要包括:

2.2.1 超前筹划,百战不殆

充分深入的前期准备工作,为南沙大桥成功实现建设目标奠定了坚实的基础。筹建期开展的主要工作包括:

(1)编制了项目工作大纲和项目建设管理纲要。明确了建设目标、建设理念和管理思路。明确了为打造世界一流工程,在工程品质、技术创新、工程管理上突破的方向。

(2)开展方案竞赛、设计咨询和专项技术研究,及时将研究成果应用到设计文件中,落实全寿命周期设计理念。

(3)开展施工组织方案设计,对施工方案、施工设施进行了深入分析,对一些特殊构件和设备(如铣槽机、主缆钢丝等)的市场供应能力进行调研,为设计提供依据,为准确把握工程的造价、工期创造了有利条件。

(4)开展工程形象策划(CIS),塑造项目形象、愿景和核心价值观。

(5)编制项目管理制度和专用技术规范。围绕建设目标,吸收国内外项目建设的管理和技术经验,结合项目实际建立了一套完整的管理体系和高标准的技术要求,并纳入合同。

2.2.2 加强程序化管理,使标准成为习惯

1)建立和完善工作程序,提升执行力

为了使管理理念和制度得以有效贯彻执行,设置了一系列的工作程序,并通过表格的形式,将每个环节的内容和流程予以明确,以程序化管理提升执行力。其中主要有:

工序管理四步法。每一个分项工程均按照"方案审查、首件总结、过程检查、工艺总结"四个环节的规范化工作流程实施。这项制度在消除质量通病和安全隐患、标段间交流和质量水平提升等方面发挥了重要作用。

工序流程卡制度。对墩塔身、塔柱节段、箱梁预制安装、钢箱梁制造、索鞍索夹制作等具有周期性特点的工序,在首件工程实施的同时即形成班组级的工艺流程,形成工序流程卡,实行工序工作的清单化管理,工人按照清单上的工序进行操作,在工序交接时,对上道工序逐项工作进行清查确认。监理对规定的检查点进行检查检测。

专控工序制度。将高墩塔施工、架桥机吊梁、挂篮施工、现浇支架等施工工序定义为专控工序,纳入监理工序批准签认程序,不把隐患带到下一道工序。这项措施的应用,使监理的安全管控有了明确着力点,对及时消除安全隐患起到了很好的把关作用,成为本项目独特的管理模式。

2)坚守程序,直到成为习惯

在执行层面上,大力培养敬畏制度的意识。业主和监理对各个环节把关,往往有些工作需

经过多次反复才能进入下一环节,如施工方案的审批,有时需要三次修改才获通过。主塔和箱梁构件的首件验收环节,大小试块的试验一共进行了 50 多次,直到每类构件的外观和工艺合格才准许进入正式施工。

原材料先检后用的程序在大体积混凝土施工中遇到了挑战。本项目存在大量的大体积混凝土浇筑,其中最大一次浇筑量达 1.7 万 m^3,需连续浇筑 4d,属桥梁建设史上最高纪录;一次水泥用量近 3000t,砂石近 3 万 t,现场不可能完全储存。而材料检验需要一定周期,特别是粉煤灰和矿渣粉要检验 7d 活性指数。为此,项目采取的对策是在水泥厂设立专用库、设立粉煤灰及矿粉中转专用库,将材料检验工作提前至水泥厂及中转专用库,砂石材料的检验则在船舶停靠点进行,确保了先检后用程序的切实执行。在专用技术规程中,有一项针对大体积混凝土施工的特别程序——逐车测量混凝土温度,确保混凝土温度低于 28℃,在广东的夏季要满足这一要求确有难度。施工初期,业主管理人员带领监理值守现场,严格检验,在报废两车不合格的混凝土后,承包人加强了自检,改进工艺,确保以后所有的混凝土温度全部合格,这项检验程序也得以落实执行。

通过不懈的努力,严格执行各项规定程序已成为各级管理人员的习惯,质量安全管控日见成效。

2.2.3 信息化助力,实现高效控制

信息化系统的开发应用,在实施程序化管理、质量标准的控制方面发挥了重要作用。首次在国内开发建立"互联网 + BIM 建养一体化平台"。以此为平台的信息化系统包括:合同计量、质量检评、档案管理、钢结构制造远程管理、混凝土拌和生产监控、力学实验数据实时监控、节段梁预制生产管理、钢箱梁智能生产、安全生产管理、施工监控 + 养护健康检测、视频监控等。实现了三维形象进度实时展示、设计校核与碰撞检查、施工模拟、安全、质量隐患可视化、闭环化管控、建设期施工监控与健康监测的对接等功能。

该信息化系统不再仅限于信息统计、演示,而是深入到工序管理、质量控制的具体过程中,实现了信息技术和工程建养技术的深度融合。例如在结构浇筑混凝土前,监理人员检查合格后,用手机现场拍照并在线签证,并和拌和楼管理系统关联。与此同时,拌和楼监控管理系统,对混凝土拌和材料用量的误差进行实时监测,误差超过规定值则引发报警。又如安全质量隐患排查治理系统,通过手机 App 完成隐患的整改通知单的下发与跟踪实施,限定整改日期,并设置提醒、分析、整改验证和统计功能,督促相应责任人完成"三不放过"的整改落实。对于责任人受教育工作,可通过上传实况照片的方式进行闭合,实现对管理末梢"最后一公里"的管控。

信息的采集充分运用手机终端、扫描、自动采集、数据共享等方式,减少信息输入的工作量,使各级工作人员乐于使用。在实施期间,承包人将系统维护、系统产生的数据成果和发现的问题均纳入考核评分范围,使信息化系统在工程管理中真正发挥了作用。

2.2.4 创新驱动,实现又好又快发展

技术创新就是提质增效,实现又好又快发展最有效的方式。南沙大桥建设者围绕提高耐久性的目标,积极开展科技攻关,依靠一系列的微创新,以有效的研究成果助力可持续桥梁工

程建设;获得 QC 小组认证 11 项,工法 5 个,专利 34 项,形成了两项行业标准、一项国家标准、一项国际标准,形成新产品 3 项。

1) 推动可持续桥梁建设的技术创新

成功研发 1960MPa 主缆钢丝并大规模生产应用,编定《桥梁用热镀锌铝合金钢丝》(JT/T 1104—2016)和《锌铝合金镀层钢丝缆索》(GB/T 32963—2016)等行业标准和国家标准。获中国公路学会科学技术奖特等奖;桥梁 BIM 建养一体化信息平台,获得了 2017 年度中国公路学会科学技术一等奖;开发悬索桥多股成品索预应力锚固系统,具备多重防腐体系和更低的养护成本;使用塔梁间纵向静力限位-动力阻尼体系,实现控制梁端位移,减小伸缩缝规模,提高行车安全性,降低维护成本;设计使用钢箱梁横向减振耗能体系,改善横向受力,提高行车舒适性;设计使用悬索桥钢结构全桥一体化的智能中央除湿防腐系统,主缆采用镀锌铝钢丝,其防腐能力是原镀锌钢丝的 2 倍以上。

2) 提质增效的系列微创新

制作各类胎架、定位架和卡具用于钢筋的安装,桥墩钢筋采用预制骨架整体安装,尝试主塔钢筋网片预制吊装工艺,既提高了钢筋安装精度,又提高了施工速度。研发先进的自动化钢结构焊缝扫查器,实现焊缝检测的机械化、自动化,大大提高焊缝的检测效率。研究编制索鞍大型铸件和厚钢板焊接行业标准,确保焊缝质量。在国内首次在索鞍生产中应用焊接机器人和测量机器人(激光跟踪测量仪);主缆索股架设采用索股预成型技术和双放索新工法,架设过程采用实现基于 BIM 的信息化系统,实现了牵引系统工作状态监控、索股架设速度分段管控、索股架设进度及过程同步检查等功能,大幅度提升架索效率,每天单边可架设 6 股,创造了索股架设速度新纪录。由于施工速度的加快,在台风季节来临前完成了钢箱梁吊装,成功避免了安全风险。在国际上首次自主研发了环氧树脂投放、混溶、泵送、搅拌智能化一体设备,环氧树脂黏结剂智能化刷涂机、移动式环氧富锌漆喷涂厂房、环氧树脂恒温房等先进配套设备。

2.3 助推建设桥梁强国

南沙大桥项目以打造百年品质工程为目标,通过多年的艰苦努力,在工程质量、安全、造价、工期等多方面取得了良好成绩,多项指标达到世界一流水平。工程建设过程中取得的成果和积累的经验可以为其他桥梁工程建设提供借鉴,助力桥梁强国的建设。主要成果有:

(1)1960MPa 级缆索研发和应用,提升了我国桥用缆索制造全产业链水平,使之达到世界领先水平。包括桥用缆索制造技术和技术标准在内的系列成果为桥梁向超大跨径发展创造了条件。

(2)互联网+BIM 建养一体化平台的应用,开创了我国桥梁建设智能工地建设模式,为设计、建设、养护一体化发展提供了有价值的经验,并在国内其他桥梁得到了进一步应用和发展。

(3)应用挤压锥套技术实现索塔钢筋装配式施工,为桥梁工程高墩高塔施工向装配式施工发展,提供了一个有效方法。

(4)基于主缆索股和钢箱梁安装的系列微创新成果,实现了悬索桥施工进度的大幅提速。

(5)混凝土耐久性保障综合技术、大体积混凝土裂缝控制。南沙大桥混凝土结构耐久性保障措施采用的内掺外涂方案,具有经济实用的特点。在大体积混凝土裂缝控制过程中摸索出的控制工艺取得了良好的效果,为建造长寿命混凝土桥梁工程提供了范例。

(6)钢结构制造的系列创新。首项目次结合 BIM 技术三维模型,实现智能下料、三维激光跟踪测量+虚拟节段拼装、数字离线编程模拟控制焊接+远程控制。这些技术探索,标志着桥梁钢结构生产方式由工厂化、自动化向智能化迈进。

(7)桥面铺装施工建养一体化承包模式,为提升桥面铺装施工质量提供了一个有价值的方案。

(8)基于悬索桥三级清单的造价精细化管理体系。项目确立了特殊结构桥梁(悬索桥、斜拉桥等)清单编制的行业标准,为国内其他悬索桥项目造价管理提供了可复制的有效模式。同时,也可为其他企业和行业在造价管理、规范项目运作方面提供借鉴。

第3章 项目设计

3.1 建设条件及设计准则

3.1.1 建设条件

1)跨江大桥建设条件

本节主要从气象条件、水文条件、工程地质条件、地震参数和通航条件5个方面对跨江大桥建设条件加以介绍[5]：

(1)气象条件

本项目自2009年开始委托广东省气候中心开展了为期三年的南沙大桥桥位气象观测及风参数专题研究，并重点对桥位处的风参数进行了观测[6]。

①区域气候特征分析

a. 气温。年平均气温22.4℃，最热月7月平均气温28.6℃，最冷月1月平均气温14.4℃，极端最高气温38.2℃(1994年7月2日)，极端最低气温0.9℃(1975年12月16日)。

b. 降水。年平均降水量为1813.2mm，最小年份年降水量为1219.6mm(1991年)，最大的年份降水量可达2710.9mm(2008年)，约为最小年份的2.2倍。年内雨水主要集中在汛期(4—9月)，占全年雨量的82.8%；冬半年(10—翌年3月)降水量只占全年的17.2%。

c. 风速。年平均风速为2.0m/s，年内春、夏季风速大，秋、冬季风速小；东莞10min最大风速为20.0m/s。

d. 相对湿度。年平均相对湿度为77%，但湿度的季节变化明显，在春夏季高湿季节，相对湿度时常可达100%，但在冬季干燥季节，极端最小相对湿度只有11%(2008年3月4日)。

e. 雾。多年平均雾日为15d，历年最多雾日为23d，历年最少雾日为7d。

②主要灾害性天气

工程区域的灾害性天气系统主要有热带气旋、暴雨、龙卷、雷击和短时雷雨大风。其中热带气旋具有强度强、频率高、灾害重的特点，是对工程设计、建设和运营最具威胁的自然灾害之一，其带来的狂风、暴雨和风暴潮对工程有相当大的影响。此外还应考虑暴雨、大雾对工程建设及运营的影响。

(2)水文条件

①水域地形概述

本项目范围内主要河流为珠江口的大沙水道、坭洲水道，河面宽广呈喇叭形，水系发达，河网密布，水量大，径流量变幅大，淤积严重；河流基本呈北西南东向，自北向南在虎门入海；水道为潮汐水道，既受径流作用，又受潮汐影响。坭洲水道桥所在的狮子洋河段从黄埔至虎门全长约40km,河面最宽处在虎门口,约4000m,最窄处在黄埔新港附近,仅900m左右,平均水深在10~15m。工程所在位置河宽约2300m,河底地形呈现出中间深、两边浅的态势,过渡较为平滑,最深处水深达24m左右,距离东莞岸约636m处。大沙水道桥所在的大沙水道宽约1500m,平均水深约7.5m;小虎沥平均水面宽约250m,平均水深约4.8m;沙仔沥平均水面宽约400m,平均水深约4.6m。河底地形在距左岸750m内向西呈缓慢下降趋势,而后150m从-8m水深突降至-13m又回升至-6m,然后继续呈缓慢上升趋势。

②水文特征

a. 径流特征。狮子洋河段虎门口多年平均净泄量为603亿m^3(占珠江河口八大口门总净泄量的18.5%),其中北江来水量率均295.5亿m^3,占49%,东江、流溪河来水量率均307.5亿m^3,占51%。大沙水道河段径流主要来源于上游沙湾水道及浮莲岗水道。沙湾水道(三沙口)径流主要来源于顺德水道、潭洲水道、陈村水道和市桥水道以及当地降雨形成的地表水,沙湾水道入口处(火烧头—磨碟头段)的多年平均流量约为870m^3/s。

b. 洪水特征。由于各河系的气候条件不同,洪水的发生时间也不尽一致,一般流溪河洪水出现时间较早,北江次之,西江及东江较迟,拟建工程所在位置主要受北江洪水影响。流溪河洪水涨落较快,峰型尖瘦,洪水过程线多呈单峰形,一次洪水历时平均为5d。据牛心岭站资料统计,调查历史洪水最大流量为1852年的3360m^3/s;牛心岭站实测最大流量为1957年的1870m^3/s,最大7d洪量为1959年的4.25亿m^3。北江洪水涨落也较快,峰型较尖瘦,洪水过程线多为单峰或双峰形,一次洪水历时平均为14天。据石角站资料统计,调查历史洪水最大流量为1915年的22000m^3/s(归槽流量);实测最大流量为1982年的19000m^3/s(归槽流量),最大15天洪量为1994年的137.7亿m^3。西江洪水涨落相对较缓,洪水峰高、量大,其过程线多为多峰肥胖形,一次洪水历时平均为36天。据高要站资料统计,调查历史洪水最大流量为1915年的54500m^3/s;高要站实测最大流量为2005年的55000m^3/s。东江洪水涨落也较快,峰型较尖瘦,一次洪水历时平均为11天。据博罗站资料统计,归槽最大流量为1966年的14300m^3/s,是1864年以来的首位洪峰;实测最大流量为1959年的12800m^3/s。

c. 潮汐特征。珠江三角洲的潮汐类型属于不正规半日潮,每一太阴日内发生两次高潮和两次低潮。根据20世纪50年代至2000年资料统计分析,珠江三角洲下游河口区年平均高、低潮位年际变化不大,但由于径流和台风对潮位的影响,年内的潮位变化较大,汛期平均潮位高于枯水期平均潮位10~20cm。各站最高潮位一般出现在汛期的6、7月份,最低潮位多出现在枯水期的1、2月份,汛期潮位的年际变化较大。毗邻坭洲水道的泗盛站测得的多年平均高、低潮位分别为1.92m、-1.72m。毗邻沙湾水道的三沙口水(潮)位站测得的多年平均高、低潮位分别为0.68m、-0.81m。

d. 流速、流量和设计水位。坭洲水道和大沙水道在不同超越概率下其流量、流速和设计水位见表3-1和表3-2。

③泥沙特征

珠江属于大水少沙河流,含沙量小,多年平均含沙量为0.218kg/m^3。珠江流域的河流输沙量主要来自西江,西江梧州站多年平均年输沙量为7490万t,占珠江流域年输沙总量的81.3%;北江石角站为597万t,占6.5%;东江博罗站为288万t,占3.1%。从上游河道输入狮子洋的多年平均输沙量为477万t,其中北江和流溪河为220万t,东江为257万t。狮子洋实地调查和实测资料分析结果表明,此河段既有悬沙淤积,也有底沙淤积,泥沙主要来自珠江流域和珠江口海域。

坭洲水道流量、流速和设计水位表　　　　表3-1

超越概率	0.33%			1%			2%			5%			10%		
水文条件	水位(m)	流量(m³/s)	平均流速(m/s)	水位(m)	流量(m³/s)	平均流速(m/s)	水位(m)	流量(m³/s)	平均流速(m/s)	水位(m)	流量(m³/s)	平均流速(m/s)	水位(m)	流量(m³/s)	平均流速(m/s)
以潮为主	2.59	12063	0.42	2.44	11985	0.42	2.33	11952	0.42	2.19	11899	0.42	2.07	11867	0.43
以洪为主	1.85	29509	1.08	1.83	26392	0.97	1.82	24304	0.89	1.8	20975	0.77	1.79	18361	0.67

大沙水道流量、流速和设计水位表　　　　表3-2

超越概率	0.33%			1%			2%			5%			10%		
水文条件	水位(m)	流量(m³/s)	平均流速(m/s)	水位(m)	流量(m³/s)	平均流速(m/s)	水位(m)	流量(m³/s)	平均流速(m/s)	水位(m)	流量(m³/s)	平均流速(m/s)	水位(m)	流量(m³/s)	平均流速(m/s)
以潮为主	2.6	882	0.16	2.45	877	0.16	2.34	870	0.16	2.2	864	0.17	2.08	856	0.17
以洪为主	1.91	2325	0.46	1.88	2056	0.41	1.86	1801	0.36	1.84	1529	0.31	1.83	1339	0.27

(3)工程地质条件

①地形地貌

本项目位于珠江水道下游,地貌为三角洲冲积平原,全部被第四纪沉积层所覆盖。地势低洼平坦,河道弯曲,河流分支复合频繁,上、下游互相贯通或有岔流相接。大沙水道、坭洲水道从场区横穿而过,将其陆域分为沙公堡、海鸥岛、东莞段(沙田、厚街)三个区域。

沙公堡位于项目的起点(大沙水道西岸),其地形较平坦,高程-0.10~2.90m相对高差3.00m,区内主要有农田,少量鱼塘和民居。海鸥岛位于大沙水道和坭洲水道之间,地形平坦,高程-0.70~2.50m,相对高差3.20m,区内主要有鱼塘,少量农田和民居。

东莞段(沙田、厚街)位于坭洲水道东侧,地形较平坦,高程-0.60~3.50m,相对高差4.10m,区内主要为农田、鱼塘及少量民居。坭洲水道位于海鸥岛、东莞段(沙田、厚街)之间,水面宽大于2km,河道两岸为砌石护堤所控制,河势稳定,水深条件好,水底高程-27.40~-0.20m,水道西侧平均高程-7.00~-5.00m,水道东侧平均高程-4.00~-3.00m,主航道最大底高程-31.00m。水底分布地层主要为全新世淤泥、粉砂。

大沙水道位于沙公堡、海鸥岛之间,水面宽大于1km,河道两岸被砌石护堤所控制,河势稳定,水深条件较好,水底高程-16.40~0.10m,水道西侧平均高程-6.00~-5.00m,水道东侧平均高程-8.00~-5.00m,主航最大底高程-16.4m。水底分布地层主要为全新世淤泥、粉砂。

② 地质构造

根据《南沙大桥初步设计阶段物探勘察》，大沙水道、坭洲水道物探异常点桩号为 K3+540、K3+640、K8+310、K8+510、K9+030、K9+560、K9+670。上述异常点未发现断裂错动第四系土层的迹象，属非全新统活动断裂，隐伏于第四系覆盖层之下，现阶段总体处于稳定，在一定时期内发生活动的可能性小，对本项目影响有限。并且，异常点均不在4个索塔、4个锚锭处穿过。

③ 地层岩性

过江通道工程区地层层位复杂，变化大，自上而下地层主要为第四系全新系海陆交互相淤泥（淤泥质土）、粉质黏土及砂土，第四系更新系冲积相淤泥质土、粉质黏土及砂土、圆砾土和残积相粉质黏土；基岩为白垩系白鹤洞组泥岩、泥质粉砂岩、中砂岩。

宏观上第四系海陆交互相以淤泥为主，粉质黏土及砂土多为夹层，在沙公堡、大沙水道、海鸥岛、坭洲水道的分布、厚度变化不大，进入东莞段（沙田）后，由西往东逐渐变薄、尖灭；冲积相以砂土为主，淤泥质土、粉质黏土多分布在东莞段（沙田），圆砾土零星出露，在沙公堡、大沙水道、海鸥岛、坭洲水道的分布、厚度变化不大，进入东莞段（沙田）后，由东往西逐渐变薄，粉质黏土层较发育；残积相粉质黏土仅局部发育。

总体上，大沙西锚、大沙西塔、大沙东塔、大沙东锚、坭洲西锚以泥岩为主，夹泥质粉砂岩；坭洲西塔以泥质粉砂岩为主，夹泥岩；坭洲东塔、坭洲东锚以泥质粉砂岩为主，夹中砂岩。

④ 水文地质

项目区地表径流发育，大沙水道、坭洲水道及其小河道等水系呈网状分布，河流水位受潮汐、上游河流的影响，为地下水渗入补给提供了充足水源。

地下水由第四系孔隙承压水和基岩裂隙承压水组成，以第四系孔隙水为主。淤泥、粉质黏土、残积土、全风化岩可视为相对弱透水层及相对隔水层；砂砾层为主要储水层，分布广，厚度较大，连通性较好，透水性好，水量丰富；地下水由于水力梯度小，水平排泄缓慢，水位一般埋深较浅。下伏基岩强-中风化岩层风化裂隙发育，裂隙开裂不大，有地下水活动痕迹，赋存及运动条件较差，透水性较弱，基岩裂隙受岩性、埋深等因素控制，裂隙发育具有不均匀性，因而其水量分布不均，存在明显的区段性。

⑤ 主桥地质情况

a. 坭洲西锚。位于番禺区海鸥岛沙南村境内，距坭州水道西岸约100m，地貌为珠江三角洲平原类型，地面主要为鱼塘。场地上部被第四系填筑土、第四系沉积层所覆盖，基岩为白垩系白鹤洞组泥岩及其风化层。

b. 坭洲东锚。位于东莞市沙田镇福禄村境内，距狮子洋水道（坭州水道）东岸约300m，地貌为珠江三角洲平原类型，地面主要为农田。场地上部被第四系填筑土、第四系沉积层所覆盖，基岩为白垩系白鹤洞组泥质粉砂岩、中砂岩及其风化层。

c. 大沙西锚。位于南沙区东涌镇沙公堡村，距浮莲岗水道（大沙水道）西岸约250m，地貌为珠江三角洲平原类型，地面主要为鱼塘。场地上部被第四系填筑土、第四系沉积层所覆盖，基岩为白垩系白鹤洞组泥岩及其风化层。

d. 大沙东锚。位于番禺区海鸥岛沙南村境内，距大沙水道东岸约150m，地貌为珠江三角洲平原类型，地面主要为鱼塘。场地上部被第四系填筑土、第四系沉积层所覆盖，基岩为白垩系白鹤洞组泥岩、泥质粉砂岩及其风化层。

⑥引桥地质情况

a. 地层岩性。项目区出露地层由老到新为：

下第三系。地层主要为紫红色、暗红色和灰色；岩性由泥岩、粉砂质泥岩、泥质粉砂岩、粉砂岩、细砂岩、砂岩、含砾砂岩及风化层组成，厚度大于1000m。该地层为场地基底，下伏于第四系松散沉积层之下，局部为钙质胶结，稍硬；具风化倒置、风化夹层现象，遇水易软化，失水干裂，易崩解。岩石软化系数为0.11~0.44。

第四系。全线均有分布，主要由第四系耕植土（Q_{pd}）、人工填土层、全新统海陆交互相沉积层（Q_4^{mc}）及河流冲积层组成（Q_4^{al}）。层厚大，为16.0~32.8m。

b. 不良地质。场地液化土层广泛分布于桥位区，共计159个孔位区分布饱和液化土层，占参与判定总孔数62.35%，主要为粉土、粉细砂、中砂等，局部为粗砾砂，液化等级为轻微~中等，局部的为严重。根据大沙东塔及大沙东锚勘察资料，在上述区域勘察钻孔揭露浅层沼气分布，其分布范围广。

c. 特殊性岩土。本项目特殊性岩土主要为软土，呈片状全场地分布，分布1~2层软土，主要由淤泥、淤泥质粉质黏土、粉土、粉细砂混淤泥等组成，为三角洲海陆交互相成因，局部软土略固结成软塑状的粉质黏土，埋深变化较大，为0.5~10m，局部可达19.0m左右，厚度变化较大，为0.5~23.0m。

根据本项目工程场地地震安全性评价报告中的软土震陷评价结果，场地软土层在Ⅶ度地震作用下可能发生软土震陷。

全线不均匀分布人工填土，厚度在0.60~4.40m，主要分布于道路、民房、堤坝、鱼塘基等，零星分布。人工填土成分不一，压实度不一，局部较差。对路基范围段的人工填土应结合工程实际情况，进行夯实处理。

（4）地震参数

根据地震危险性概率分析结果，坭洲水道桥工程场地100年超越概率为63%、10%、4%、2%，50年超越概率为10%、2.5%的基岩、地表地震动峰值加速度以及反应谱特征参数如表3-3~表3-5所示。

工程场地不同超越概率水平的基岩地震动峰值加速度（单位：cm/s²）　　表3-3

工程场地	100年超越概率为63%	50年超越概率为10%	50年超越概率为2.5%	100年超越概率为10%	100年超越概率为4%	100年超越概率为2%
坭洲水道桥	40	82	138	105	149	182
大沙水道桥	41	84	139	107	150	184

工程场地不同超越概率水平的地表地震动峰值加速度（单位：cm/s²）　　表3-4

工程场地	100年超越概率63%	50年超越概率为10%	50年超越概率为2.5%	100年超越概率为10%	100年超越概率为4%	100年超越概率为2%
坭洲水道桥	60	115	185	144	193	233
大沙水道桥	60	114	187	145	199	236

场地设计反应谱特征参数(单位:cm/s²)　　　　表3-5

场地	阻尼比	概率水平	$S_{max(g)}$	T_1	T_g	γ	β_{max}
坭洲水道桥	5%	100年超越概率为63%	0.153	0.15	0.50	1.10	2.50
	5%	50年超越概率为10%	0.287	0.15	0.55	1.15	2.45
	5%	50年超越概率为2.5%	0.453	0.15	0.60	1.20	2.40
	5%	100年超越概率为10%	0.360	0.15	0.57	1.18	2.45
	5%	100年超越概率为4%	0.472	0.15	0.60	1.20	2.40
	5%	100年超越概率为2%	0.570	0.15	0.65	1.25	2.40
大沙水道桥	5%	100年超越概率为63%	0.153	0.15	0.50	1.10	2.50
	5%	50年超越概率为10%	0.285	0.15	0.55	1.15	2.45
	5%	50年超越概率为2.5%	0.457	0.15	0.60	1.20	2.40
	5%	100年超越概率为10%	0.362	0.15	0.57	1.18	2.45
	5%	100年超越概率为4%	0.487	0.15	0.60	1.20	2.40
	5%	100年超越概率为2%	0.577	0.15	0.65	1.25	2.40

(5)通航条件

①航道、港口现状及规划

a.坭洲水道桥。坭洲水道桥桥区河段微弯,河宽约2.3km,桥址上游约1.3km左侧为东莞水道的汇入口;坭洲水道左岸上游岸线为东莞虎门港规划的沙田港区立沙岛作业区,预留发展油气泊位;桥位上游约300m为沙广甲乙线过江电缆,下游约1.5km右侧为大沙水道的汇入口,汇入口处的沙仔岛为广州港南沙作业区规划的沙仔岛作业区,该作业区以汽车滚装、杂货运输为主。桥址下游约1km处河道偏右侧有两个锚地,河道中间为坭洲头5万吨级浮筒。桥区上下游河段两岸均为规划岸线,港口码头及锚地密集,通航条件较为复杂。

坭洲水道为狮子洋广州港出海航道,是国家Ⅰ级航道,目前航道尺度可满足3.5万~5万吨级海轮乘潮进出港,经坭洲航道进出广州各港区的船舶,5000吨级以上的船舶约45艘次/d。经小船推荐航路来往于广州各港区和沙田港方向的船舶约2000艘次/d,船舶流量很大。拟建桥址处水域航道分为大船航道和小船航道,每条航道实施双向通航。

根据《内河通航标准》(GB 50139—2014),由于桥区航道通航船舶密度较大,本桥通航孔的设置应至少满足大船与小船航道同时双向通航的要求。对应于大船航道,以10万t杂货船所需净宽作为本桥的净宽控制船型,垂直于航道方向的双向通航净宽应不小于848m。对应于小船航道,用5000t杂货船作为净宽的控制船型,垂直于航道方向的双向通航净宽应不小于306m。由于需要满足大船与小船航道同时双向通航的要求,故本桥通航净空为1154m×60m。

b.大沙水道桥。南沙大桥跨大沙水道位于小虎岛上游约345m处,该处上游为沙湾水道与浮莲岗水道交汇口,下游为大沙水道与大虎西水道的分流口。小虎岛岛端为广东新中国船厂有限公司(以下简称"新中国船厂")造船基地,桥址基本上相当于从新中国船厂的造船基地作业水域上空穿过。

本桥位于沙湾水道与浮莲岗水道交汇口上游约1000m处。根据通航报告计算,沙湾水道航道线所需通航净空宽度为429m,浮莲岗水道航道线所需通航净空宽度为311m,沙湾航道与浮莲岗航道之间净宽164m,沙湾航道西侧有小虎西航道150m,两侧的紊流区各30m。

大沙水道桥位于航道弯道处,且为5条航路的分汇流点,靠近船厂多处码头,通航情况复杂,应采取一孔跨越。

新中国船厂拟建的6万t船坞出船口正对着沙湾航道和浮莲岗航道的汇流处,新船下水时会占用航道,并在桥位轴线区域回旋。2012年1月9日,新中国船厂在《关于对大沙水道桥采用三塔桥梁方案的复函》中指出船厂控制船型是4600TEU集装箱船,船长270m,从船坞口计起3倍船长(即810m)的扇形范围为船舶出坞安全作业水域。故沙湾水道与浮莲岗水道之间的164m水域虽然不是航道,但是为了新船下水安全、桥梁运营安全不能设墩。

通航净高取值时也考虑新中国船厂船舶下水时空载净高最高47m,再考虑2m的富余量,定为49m,可满足新中国船厂船舶在桥下水域回旋的需要。大沙水道通航论证报告于2009年3月18日通过了广东省交通厅组织的专家评审会,广东省航道局以粤航道函〔2010〕418号批复了大沙水道桥通航论证报告。通航尺度为1114m×49m。

②船舶撞击力

南沙大桥工程跨坭洲水道桥防撞专题研究成果见表3-6。

坭洲、大沙水道桥船撞力 表3-6

桥梁	桥墩	设计防撞力(MN)	高度范围(85高程)(m)	可能撞击的最大高度(85高程)(m)
坭洲水道桥	主墩(广州侧,主跨1688m)	68.4	+4.0	+29
	主墩(东莞侧)	26.2	+4.0	+13
	引桥墩(广州侧桥墩)	6.0	+4.0	+11
	引桥墩(东莞侧桥墩)	6.0	+4.0	+11
大沙水道桥	主墩(广州侧)	28	+4.0	+22
	主墩(东莞侧)	36	+4.0	+28
	引桥墩(东莞侧)	8.5	+4.0	+11
	引桥墩(广州侧)	6.0	+4.0	+11

2)路线及交叉建设条件

(1)项目区域城镇现状布局、规划与拟建项目的关系

本项目路线途经的城镇主要有南沙区东涌镇、南沙区黄阁镇、番禺区石楼镇海鸥岛、东莞市沙田镇。沿线各城镇在土地利用规划中,均已为本项目预留了走廊带,特别是本项目推荐的中线方案走廊带,基本与沿线各城镇的规划相符,能满足项目区域城镇现状布局及规划的要求。对于番禺区石楼镇海鸥岛,由于目前尚未完成正式的总体规划,仅能提供初步的规划方案,规划部门要求本项目路线尽可能往岛的南端布设。初步设计阶段路线设计时,在满足海鸥岛东西两侧两处特大桥桥位要求的前提下,充分考虑了地方规划部门的意见。项目的规划选址报告已得到地方规划部门的批复,能满足地方规划要求。

(2)项目区域路网现状、规划与拟建项目的关系

本项目西起广州市南沙区东涌镇,东至东莞市沙田镇。根据广东省高速公路网规划,本项目作为珠江三角洲环城高速公路的加密线,在珠江口西岸将直接与广珠北线高速公路相接,并

通过珠三角环城高速公路与南沙港快速路、东新高速公路、广珠西线高速公路、佛开高速公路、广明高速公路、广肇高速公路、广三高速公路等相连;在珠江口东岸将直接与广深沿江高速公路相接,远期项目还将继续东延与广深高速公路、莞深高速公路相连。根据本项目在路网规划布局中的位置,建成通车后本项目将主要承担广佛都市圈中部地区与东莞西中部地区的过江交通流,缓解虎门大桥、虎门轮渡及广深通道的交通压力;同时,本项目还将与东延的番莞高速公路项目一起,将东莞沙田、厚街、大岭山、寮步等中部城镇联系起来,对加强区域联系也将起到重要的作用。

(3) 沿线环境敏感区

项目组在确定路线方案时,以"保护优先、预防为主、防治结合、注重实效"为原则,充分考虑了高速公路建设对沿线环境敏感区(点)的影响,采取了尽量绕避的方式。由于本项目主线全线均采用高架桥的形式建设,因此节省了占地,避免了较大面积的拆迁。对邻近居民区路段也尽可能抬高高架桥的设计高程,并通过设置隔音措施,最大限度减少噪声影响。对于跨越河涌、沟渠及鱼塘路段,做好污水处理,防止高速公路建设期及运营期污水直接排入灌溉渠及鱼塘,造成生态污染。

(4) 公路区间交通量分布状况及对交叉设置方式的影响

本项目作为珠江口重要的东西向过江通道、珠江三角洲环形高速公路的加密线,承担了广佛都市圈中部地区、中山、江门、珠海及粤西地区往返东莞、深圳及粤东地区的交通流。因此互通立交的布设既要保证项目安全畅通,又要服务于沿线经济。

(5) 交通组成特点对项目的影响

从拟建项目在路网中的地位和功能来看,项目建成通车后,将分流部分广深通道及虎门通道的交通量,缓解广深通道和虎门通道的交通压力;从项目所处的位置看,项目连接珠江东西两岸,东岸为东莞、深圳,西岸直接与广州新城、番禺、顺德联系,影响区域城镇密布、经济发达,因此项目建成后路段车型构成中客车尤其是微型客车比重将在一定程度上得以提高。对于货车,由于中型货车经济性较差,将逐渐向大型货车转化,未来货车车型将以大型货车、特大型货车和小型货车为主,且货车的载运系数将有所上升。

根据交通量预测,由于本项目微型车辆比例高,已超过交通组成的一半,而微型车辆的主要行驶特性是车辆性能普遍较好,车速较高,容易出现超速行驶等行为。因此项目设计时,应采用较高的路线平纵面线形指标,保证足够的停车视距,同时合理确定车辆的限速标准,保证车辆的通行安全。

由于本项目是珠江两岸加强经济联系的主要通道,两岸制造业发达,工厂密布,建成通车后大型货车及特大型货车比例相对较高,难免存在一定比例的超载车辆,因此,对于桥梁的荷载标准、耐久性设计等也提出了较高的要求。

(6) 沿线土地资源状况及对项目的影响

本项目所在区域为三角洲冲积平原,路线沿线经过区域多为农田、鱼塘等。项目沿线经济发达,土地资源宝贵,耕地资源相对较少。对于起点路段的番禺东涌、南沙黄阁路段,地方完成了土地利用规划;对于中部的海鸥岛路段,虽暂无明确的用地规划,但岛上鱼塘密布,水产养殖是岛上居民主要的收入来源,对于终点的东莞沙田路段,虎门港区、沙田镇等均已完成沿线路段开发规划。

由于目前项目沿线大部分区域的总体规划已基本成形,因此,本项目的路线走向应最大限度服从地方规划的要求,尽可能减少对土地资源的占用;同时对于互通立交的设计,也应在满足交通需求的前提下,合理控制互通规模,压缩占地数量。

(7)项目区域内航空、铁路、水运与港口、管道等运输方式的情况及对项目的影响

①航空。项目区域内主要的机场有广州新白云国际机场、深圳宝安国际机场和珠海三大机场。航空载运能力占全国载运能力的17.4%,已成为我国重要的国际航空枢纽。本项目可通过起终点处相接的珠江三角洲环形高速公路、广珠北线、广珠东线、广深沿江高速公路、广深高速公路等,方便快捷地与三大机场连接,实现客流、货流的快速转换。

②铁路。项目区域内主要有京广、京九、广深、广茂四条铁路干线以及广深港高速铁路、广珠城际铁路、当时建设中的穗莞深城际铁路等三条城际铁路,还有东涌立交附近的广州地铁4号线。京广铁路是我国铁路网"八纵八横"中的主骨架,连接我国北部地区和南方沿海地区,运输能力现已饱和。京九铁路于1995年11月全线通车,北起北京,南至深圳,并与香港九龙相连,正线全长2381km,该项目有效缓解了京沪、京广等铁路的运输压力,加强了沿海地区与内陆地区的经济联系,促进华北、华东、中南、华南地区经济发展。本项目建成通车后,将与区域铁路网、公路网一起形成综合的陆上交通运输网络。

③水运与港口。项目区属珠江三角洲水网区,水运比较发达,可通过区域的高速公路网方便快捷地与各港口相接。

④管道。与本项目直接相关的管道主要有东涌立交附近由中石化南沙输油站管理的成品油管道、广东大鹏液化天然气有限公司的天然气管道以及沙田立交附近的东莞新奥燃气有限公司天然气管道。由于项目区域的燃气管道均为短距离管道,管道运输对本项目运输方式的影响较小,主要影响为工程结构影响,即桥梁结构施工时相关构造物与管道的距离必须满足管道安全运营的要求。

3.1.2 设计准则

1)设计依据

(1)国家发展和改革委员会《国家发展改革委关于广东省虎门二桥项目核准的批复》(发改基础[2013]1181号);

(2)交通运输部《交通运输部关于虎门二桥建设项目核准的意见》(交函规划[2012]281号);

(3)《虎门第二公路通道工程可行性研究报告》(2012年10月);

(4)交通运输部《关于虎门二桥通航净空尺度和技术要求的批复》(交水发[2010]288号);

(5)广东省交通运输厅《广东省交通运输厅关于印发虎门第二公路通道(虎门二桥)初步设计预评审意见的通知》(粤交基[2013]560号);

(6)交通运输部《交通运输部关于广东省虎门二桥初步设计的批复》(2013年9月9日)(交公路发[2013]539号);

(7)《虎门二桥项目的定测外业验收会议评审意见》省交通集团工作会议纪要[2013]172号(2013年9月);

(8)《广东省交通运输厅关于广东省虎门二桥技术设计的批复》(2012年12月);

(9)广东省交通运输厅《广东省虎门二桥工程施工图设计审查意见》(2014年1月);

(10)国家和交通运输部现行有关标准、规范、导则、规程、办法等;
(11)项目审批主管部门批准的有关文件等。

2)设计规范和主要技术标准

(1)《公路工程基本建设项目设计文件编制办法》(交公路发〔2007〕358号)
(2)《公路工程技术标准》(JTG B01—2003);
(3)《公路桥涵设计通用规范》(JTG D60—2004);
(4)《公路钢筋混凝土及预应力混凝土桥涵设计规范》(JTG D62—2004);
(5)《公路桥涵钢结构及木结构设计规范》(JTJ 025—86);
(6)《公路圬工桥涵设计规范》(JTG D61—2005);
(7)《公路桥涵地基与基础设计规范》(JTG D63—2007);
(8)《公路斜拉桥设计细则》(JTG/T D65—01—2007);
(9)《公路桥梁抗风设计规范》(JTG/T D60—01—2004);
(10)《桥梁用结构钢》(GB/T 714—2008);
(11)《公路桥涵施工技术规范》(JTG/T F50—2011);
(12)《公路工程质量检验评定标准 第一册 土建工程》(JTG F80/1—2004);
(13)《斜拉桥热挤聚乙烯高强钢丝拉索技术条件》(GB/T 18365—2001);
(14)《公路桥梁抗震设计细则》(JTG/T B02—01—2008);
(15)《岩土工程勘察规范》(GB 50021—2001);
(16)《土工试验方法标准》(GB/T 50123—99);
(17)《公路勘测规范》(JTG C10—2007);
(18)《公路勘测细则》(JTG/T C10—2007);
(19)《公路工程地质勘察规范》(JTG C20—2011);
(20)《公路全球定位系统(GPS)测量规范》(JTJ/T 066—98);
(21)《公路工程水文勘测设计规范》(JTG C30—2002);
(22)《公路交通安全设施设计规范》(JTG/T D81—2006);
(23)《公路排水设计规范》(JTG/T D33—2012);
(24)《公路路线设计规范》(JTG D20—2006);
(25)《公路路基设计规范》(JTG D30—2004);
(26)《公路水泥混凝土路面设计规范》(JTG D40—2011);
(27)《公路沥青路面设计规范》(JTG D50—2006);
(28)《公路涵洞设计细则》(JTG/T D65—04—2007)。

采用的主要技术标准见表3-7。

主要技术标准及采用情况 表3-7

序号	项　目	规　范　值	采　用　值
1	公路等级	高速公路	
2	车道数	双向八车道	
3	设计速度(km/h)	100	

续上表

序号	项目		规范值	采用值
4	横断面宽度(m)		路基宽度41.0m,桥梁宽度40.5m	
5	平曲线极限最小半径(m)		400	—
6	平曲线一般最小半径(m)		700	2000
7	不设超高最小半径(m)		4000	5500
8	停车视距(m)		160	160
9	最大纵坡(%)		4	2.5
10	一般最小竖曲线半径(m)	凸形	10000	28000
		凹形	4500	24000
11	最短坡长(m)		250	956.037
12	桥涵设计荷载		公路—Ⅰ级	
13	设计洪水频率		特大桥1/300 大、中、小桥、涵洞及路基1/100	
14	最高通航水位(m)	坭洲水道	3.694	
		大沙水道	3.124	
15	通航净空尺度(m)	坭洲水道	单孔双向通航1154×60	
		大沙水道	单孔双向通航1114×49	
16	桥址处设计风速(m/s)		运营阶段设计风速:34.4 施工阶段设计风速:26.8	
17	地震动峰值加速度系数		根据《虎门二桥工程场地地震安全性评价报告》50年超越概率10%的基岩地震动峰值加速度为0.08g	
18	抗震设防标准		主桥E1 100年超越概率10%,E2 100年超越概率4%; 引桥E1 100年超越概率63%,E2 100年超越概率5%	
19	设计温度(℃)		平均温度22.4℃,极端最高温度38.2℃,极端最低温度0.9℃;最高月平均温度28.6℃,最低月平均温度14.4℃	

3.2 总体设计

南沙大桥是极具挑战性的工程建设项目之一,建成后将成为连接珠江东西两岸的世界级桥梁。根据《南沙大桥建设管理纲要》确定的安全耐久、环保节约、科技创新、至臻建设、创鲁班奖、创詹天佑奖和平安工程的建设目标,在南沙大桥勘察设计工作中,以建设目标为方向,秉承精益创造、止于至善的建设精神,贯彻落实六个坚持、六个树立及安全、耐久、低碳、生态、环保等设计原则[7]。

3.2.1 主桥总体设计

根据工程区域气象、水文、地质、地震、船撞等建设条件,以及两岸既有建筑物和规划情度、全寿命造价和全桥景观系统性,最终确定了坭洲水道桥和大沙水道桥的桥型方案。对于大桥的主梁、索塔、缆索及锚碇进行优化设计,充分比选桥梁结构的约束体系、矢跨比、主梁梁型等关键因素,最终完成南沙大桥工程总体设计[8,9]。主要设计思路如下:

(1)坭洲水道桥轴线需要与上游的500kV过江电缆保持270m以上距离平行过江,从虎门港规划预留的狭窄走廊带穿过,尽量远离下游的西大坦作业区;海鸥岛侧锚碇需要避开水闸和大堤,坭洲水道桥桥位选择具有唯一性;大沙水道桥位于沙湾水道和浮莲岗水道的汇流处,两水道间设有掉头区,桥塔应尽量不布置在两岸浅滩区并尽量远离各种航道,广州侧岸边的油码头和海鸥岛上的沙南小学等关键点需要绕行避让,同时需要考虑南环高速公路和坭洲水道桥的衔接。

(2)坭洲水道桥应考虑虎门港船舶进出港的要求,东塔须置于岸边堤外浅水区,距离航道170m,东塔位置和通航要求使得坭洲水道桥主跨不小于1366m。如采用主跨1394m的悬索桥方案,则锚碇必须置于水中,不满足坭洲水道防洪需要;大沙水道桥根据通航需要跨径需在1200m以上。

(3)主桥上部结构设计的重点是钢箱梁断面比选,要通过完善的计算和试验确定最优的钢箱梁断面尺寸;此外,桥塔与缆索系统的设计要兼顾其施工工艺。

(4)主桥下部结构设计的重点在于悬索桥锚碇及基础的设计,需考虑两座超大跨径悬索桥锚碇及基础工程量大、施工难度高的现实。设计时应从经济、景观、抗震、施工等多方面考虑,通过分析比选得到最优设计方案。

3.2.2　引桥总体设计

南沙大桥引桥主线桥全长10.028km,按其与两座主桥的相对关系,可分为西(番禺)、中(海鸥岛)、东(东莞)三个部分;按墩高又可分为高墩区(墩高40m以上)、中墩区(墩高25～40m)、低墩区(墩高25m以下);按交通功能可分为主线桥、立交匝道桥。因此,初步设计阶段应针对桥梁所处位置,根据墩高、地质条件等因素,对桥梁上、下部结构形式进行详细研究比选,主要思路如下:

(1)选择桥型方案时尽量考虑采用先进的结构形式和施工方法,综合考虑造价、景观、施工等多方面因素。

(2)上部结构设计的重点在现浇结构与预制结构之间比选,以及在此基础上通过完善的计算确定最优的断面构造尺寸。同时上部结构的设计要与施工工艺作为一体综合分析比选。

(3)下部结构设计的重点在桥墩墩型的选择。本项目桥梁部分墩高达到65m,桥址处抗震设防烈度为Ⅷ度。设计时应从经济、景观、抗震、抗风、施工等多方面考虑,通过计算分析得到最优截面尺寸。

(4)桥梁跨径的选择合理与否对工程的经济性、美观性及施工速度有较大的影响,选择了上下部结构形式后,需要对同种墩高、不同跨径的方案进行全面比选,以确定与墩高和基础对应的经济跨径。同时,跨径的布置还要考虑与主桥的配合及跨堤、跨线要求等因素。

(5)引桥施工方案应针对本项目的特点(软基深厚、桥梁长、桥墩高),充分考虑经济性、设备利用率、施工速度等因素。重点分析比选预制节段拼装、移动模架逐跨现浇、支架现浇、挂篮对称悬浇、架桥机组拼等方法。

(6)本项目立交范围内的桥梁比例较高,布跨时应充分考虑墩高、曲线半径、跨线净空等要求,并综合考虑与主线桥梁的景观协调及立交范围内墩型的一致性与简洁性,选择合理的结构形式和施工方案。

(7)与主桥相接的水中引桥,应结合最高通航水位时的水深情况和船舶撞击风险评估,参考《虎门二桥工程跨大沙水道桥、坭洲水道桥防撞专题研究主要成果》,考虑船舶防撞设计。

(8)参考前阶段荷载标准的调查及研究成果,初步设计阶段按《虎门二桥工程设计指导准则》要求的公路—Ⅰ级荷载对结构进行设计。

3.2.3 立交总体设计

本项目沿线经过的主要城镇有广州市南沙区东涌镇、南沙区黄阁镇、番禺区石楼镇、东莞市沙田镇。互通立交的设置除应满足现有道路网区域交通转换功能和吸引交通量外,还应为沿线乡镇提供便捷服务。结合沿线城镇规划、交通量的预测以及区域内主要公路网的布局情况,本合同段共设置互通立交4处(含规划预留骝东互通立交)。互通立交设置情况见表3-8。

互通立体交叉设置一览表　　　　　　　表3-8

序号	立交名称	交叉桩号	立交形式	被交道路		交叉方式
				名称	等级	
1	东涌枢纽立交	K0+000	半定向混合型	广珠北线高速公路	高速公路	主线上跨
2	骝东互通立交(规划预留)	K1+737	定向型+内环	规划东部干线	规划城市快速干道	主线上跨
3	海鸥岛互通立交	K6+704	螺旋式环形	海鸥岛规划路	规划城市主干道	主线上跨
4	沙田枢纽立交	K12+886	喇叭+涡轮型	规划进港北路+广深沿江高速公路	规划城市主干道+高速公路	主线上跨

3.3 跨珠江主桥

3.3.1 坭洲水道桥

1)桥跨布置

坭洲水道桥跨径布置为658m+1688m+522m(钢箱梁长度为548m+1688m),矢跨比1/9.5,如图3-1所示。

2)约束体系

(1)约束系统选型与创新

为了解决大桥较大的梁端纵向位移,控制伸缩装置规模,提高大桥的安全性和经济性,大桥结构系统采用了静力限位-动力阻尼约束体系,即静力工况下在一定行程范围内塔梁间自由变形,当达到某一指定相对位移时,塔梁相对运动受到约束而限制主梁纵向变形,动力工况下阻尼器在其冲程范围内正常工作。

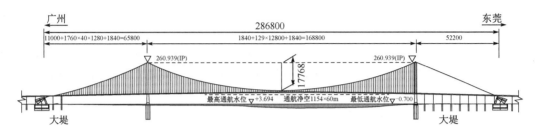

图 3-1　桥跨布置图(尺寸单位:cm;高程单位:m)

针对静力限位阈值 d、限位刚度 K、阻尼系数 C 及指数 α 开展研究,确定了大桥静力限位-动力阻尼约束体系的最优参数,解决了南沙大桥纵向梁端位移大的技术难题。传统悬索桥横向约束通常采用横向刚性抗风支座,其主要特点为:抗风支座无减振耗能功能,抗风支座与主梁之间存在一定间隙,在大风、地震等作用下发生撞击。南沙大桥首次研发了碟形弹簧与动力阻尼组合的新型减振抗风支座,弥补了传统抗风支座缺点,改善了桥梁横向静动力受力性能。

(2)约束方案

中跨和西边跨采用钢箱梁,在西塔处连续,在距离西锚碇 110m 处设置过渡墩。两个桥塔处均设置横向抗风支座、纵向限位阻尼装置;并在东塔设置抗震竖向拉压支座,在西过渡墩处均设置抗震竖向拉压支座和横向抗风支座。主缆的约束系统,通过支撑于桥塔塔顶的主索鞍,实现缆、鞍、塔之间不相互滑动;通过散索鞍,将主缆索股分散锚固于锚碇;西过渡墩墩顶设置主缆限位拉索约束尾端主缆的竖向位移,如图 3-2 所示。

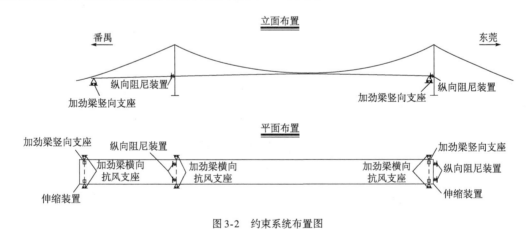

图 3-2　约束系统布置图

3)主梁

(1)主梁选型与创新

桥梁的风致振动主要与结构的外形、刚度、阻尼和质量特性等有关。以往研究认为强风区内超过 1500m 的悬索桥需要采用桁架梁或者分离式钢箱梁解决颤振稳定问题,但是桁架梁造价高,又较易出现低风速涡激共振问题。

在初步设计阶段,分别提出了整体式箱梁和分离式箱梁两个方案,对比见表3-9。

整体式箱梁与分离式箱梁比较表　　　　　　　　表3-9

方面	整体式箱梁	分离式箱梁
结构图		
静力分析	受力满足要求	受力满足要求
颤振抗风稳定性	通过优化主梁气动外形、提高箱梁抗扭刚度、增加导流板等措施后,可满足抗风稳定性要求	断面中央通透,顶底面压力差减小,抗风稳定性因此得到提高;颤振抗风稳定性高
涡振抗风稳定性	低风速涡振问题不明显	低风速涡振问题突出,需详细研究
技术成熟度	设计、制造和施工技术成熟,方案可行	设计、制造和施工技术成熟,方案可行
耐久性	箱梁外露面积小且平整,涂装工作量小,箱内抽湿防腐简单	箱梁外露面积大,中央开槽处涂装困难
工程造价	低	高
推荐意见	推荐采用	比较方案

从表3-9可知,分离式箱梁仅颤振稳定性优于整体式箱梁,但在涡振性能、技术成熟、耐久性及造价等方面整体式箱梁均更优。因而重点是提高整体式钢箱梁的颤振稳定性。

如图3-3所示,飞机加装翼尖小翼后,不仅能使飞机爬升能力显著提高,速度有一定程度的增加,而且由于翼尖小翼减小了飞行阻力,发动机的燃油消耗也会相应减少,航空公司长期的运营成本得到有效降低。设计从飞机机翼得到启示,在钢箱梁横向钢箱梁外沿增加横向水平导流板提高整体箱梁颤振稳定性。

a)结构照片

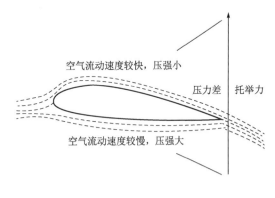
b)原理图

图3-3　飞机机翼抗风示意图

业内许多专家认为,强风区内超过1500m的悬索桥要想解决颤振稳定问题需要采用分离箱。分离箱又较易出现低风速涡激共振问题。本项目坭州水道桥主跨达1688m,成桥状态桥面高度设计基准风速高达为45.3m/s,抗风问题突出。如何解决抗风问题,一直是项目组的工作重点。通过反复试验研究和专家评审,本项目最终通过改善气动外形,加设较长的导流板,成功解决了这个问题。

通过同济大学风洞试验报告可知:坭州水道桥成桥状态的颤振临界风速(5个攻角最小值)为67.9m/s,大于相应的颤振检验风速,满足抗风要求。南沙大桥风洞试验模型见图3-4。

图3-4 南沙大桥风洞试验模型

经风洞试验验证:优化气动外形后的整体式箱梁经过风洞试验验证满足颤振稳定要求,并且没有出现明显涡振,同时满足颤振和涡振要求。本项目采用带导流板的整体式箱梁同时解决颤振和涡振两个问题,而且整体箱较分离箱宽度小,重量轻,相应的吊索、主缆、索塔、锚碇等规模都显著减少,可显著降低造价。该方案为以后相似规模桥梁建设提供一个新的解决方案。

(2)钢箱梁一般构造

如图3-5所示,钢箱梁全宽47.9m(含风嘴、检修道),主缆横向间距42.1m,顶板宽40.6m,风嘴宽2.38m,平底板宽31.3m,斜底板宽6.7m,风嘴外侧设置1.6m宽检修道,平底板两边设置检查车轨道及轨道导风板。为了提高主梁抗风稳定性,将风嘴迎风角度做成尖锐的45°,并且将检修道外形与风嘴融为一体:风嘴为梯形,迎风面为高430mm的板,板的外侧悬挂检修道,检修道钢板起到劈流板的作用,气流到该处一分为二,并沿着风嘴上下斜板流向箱梁上下面,最后在背风侧汇流。两股平行风汇合且不会造成涡振。吊索锚固在钢箱梁两侧的风嘴上。

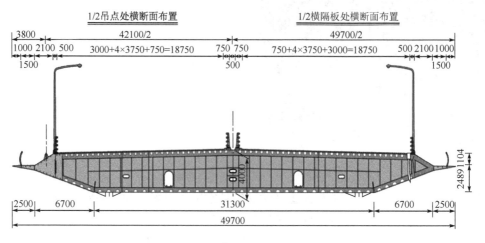

图3-5 坭洲水道桥钢箱梁标准断面(尺寸单位:mm)

整体式钢箱梁梁宽44.7m,两侧各设2.5m导流板(兼作检修道),主缆横向间距42.1m,梁高4m,斜底板与平底板夹角17.3°。

(3)梁段划分

主梁共11种类型(A~J),176个梁段,其中A梁段1段、B梁段(标准梁段)161段、C梁段4段、D梁段1段、D′梁段1段、E梁段1段、F梁段2段、G梁段1段、H梁段1段、I梁段1段、J梁段2段。A梁段为西边跨端部梁段,I梁段为西边跨过渡墩附近特殊吊索梁段,C、D、D′、E、F、J为西塔附近梁段,G梁段为东塔附近特殊吊索梁段,H梁段为东塔端部梁段,B为中跨标准段。

标准梁段(B梁段)长12.8m,设置4道实腹式横隔板,间距3.2m;顶板U形加劲肋上口宽300mm,下口宽170mm,高280mm,U形加劲肋中心距600mm;底板U形加劲肋上口宽240mm,下口宽500mm,高260mm,U形加劲肋中心距1000mm。顶板在外侧重车道厚18mm,内侧快车道厚16mm,U形加劲肋板厚8mm,底板厚10mm,斜底板厚10mm,底板U形加劲肋板厚6mm。标准横隔板由上、下两块板竖向组焊而成,上板为顶板横向加劲板,厚10(14)mm;下板为实腹式横隔板,上设竖向、水平向加劲,与上板通过水平加劲熔透焊接,与底板和斜底板焊接。横隔板设置两个高1.5m的人洞及4处管线孔道,其中一侧人洞处设置检查车轨道。

塔旁负弯矩区(C、D、E、F梁段)设置16mm厚纵隔板。塔根部梁段加厚顶底板以抵抗负弯矩。梁段各部件板厚见表3-10。

梁段类型一览表　　　　　　　　　　　　　　　　　　表3-10

梁段类型	A	B	C	D	D′	E	F	G	H	I	J
吊索类型	—	2-109	3-241	—	—	—	2-109	2-109	—	2-241	2-109
梁长(m)	8.9	12.8	12.8	9.2	9.2	7.2	12.8	12.8	9.7	12.8	12.8
梁段宽度(m)	49.7	49.7	49.7	49.7	49.7	40.5	49.7	49.7	49.7	49.7	49.7
顶板厚(mm)	18	16/18	20	20	20	20	18	18	18	18	18
顶板U形加劲肋(mm)	8	8	8	8	8	8	8	8	8	8	8
斜顶板(mm)	12	10	20	12	12	—	12	12	12	12	12
底板厚(mm)	16	10	16	16	16	16	12	12	16	12	12
斜底板厚(mm)	12	10	16	16	16	16	12	12	12	12	12
底板U形加劲肋(mm)	8	6	8	8	8	8	6	6	8	6	6
横隔板厚(mm)	12/20	10/14	12/20	12/12	12/12	12/20	10/14	10/14	12/20	10/20	10/14
纵隔板厚(mm)	24/20	—	16	16	16	16	16	16	24/20	16	16
梁段吊装质量(t)	324.5	267.3	374.2	232.7	244.6	235.7	294.0	303.5	305.4	306.6	292.3
全桥梁段数量	1	161	4	1	1	1	2	1	1	1	2

注:横纵隔板厚度中"/"左为普通横纵隔板厚度,右为吊点横纵隔板厚度。

(4)结构计算

钢箱梁总体计算采用Midas三维计算软件,局部计算采用ANSYS计算。

基本组合下钢筋梁上缘、下缘应力分别如图 3-6、图 3-7 所示。

图 3-6　基本组合下钢箱梁上缘应力(单位:MPa)

图 3-7　基本组合下钢箱梁下缘应力(单位:MPa)

总体计算:恒+活+温+风下箱梁顶板最大应力 63MPa,底板最大应力 104MPa;恒+横向百年风作用下,梁横向应力最大为 97MPa。百年横风作用下加劲梁外缘横向应力最大,最大横向应力发生在塔根部,为 97.4MPa。

局部计算:标准吊索锚固区域、特殊吊索锚固区域、横向支座加劲、竖向支座加劲、阻尼加劲等关键部位都进行了 Ansys 有限元分析,等效应力控制在 210MPa 以内,应力尖点控制在 300MPa。

(5)涂装

本桥钢箱梁防腐涂装方案应满足《公路桥梁钢结构防腐涂装技术条件》(JT/T 722—2008)的要求。梁段的小节段涂装及大节段补涂装均在涂装厂房内完成。钢箱梁采用如表 3-11 所示的重防腐涂装体系。

防腐涂装　　　　　　　　　　　　　　　　　表 3-11

部位	涂装体系及用料	技术要求(最低干膜厚度)	场地
钢箱梁外表面	表面净化处理	无油、干燥	工厂
	二次表面喷砂除锈	Sa2.5 级,Rz40~75 μm	工厂
	环氧富锌底漆	80 μm×1	工厂
	环氧云铁中间漆	80 μm×2	工厂
	氟碳面漆	40 μm×2	工厂
	焊缝修补	同上要求	工地

续上表

部　位	涂装体系及用料	技术要求(最低干膜厚度)	场　地
钢箱梁内表面	二次表面喷砂除锈	Sa2.5级、Rz40~75μm	工厂
	水性环氧富锌底漆	60μm×1	工厂
	环氧厚浆漆	120μm×1	工厂
	焊缝修补	机械打磨除锈St3级、补涂油漆同上要求	工地
钢桥面	喷砂除锈	Sa2.0级	厂内
	车间底漆	60μm×1	厂内
	二次表面喷砂除锈	Sa2.5级、Rz40~75μm	工地
	环氧富锌底漆	80μm×1	工地
防撞护栏	热浸锌	80μm×1	工厂
	轻金属用环氧漆	50μm×1	工厂
	氟碳面漆	40μm×2	工厂

注：1. 钢材表面预处理和车间底漆涂装由加工单位完成，钢板进场经辊平后表面预处理Sa2.5级，涂装醇溶性无机硅酸锌车间底漆一道25μm。

2. 面漆颜色根据业主要求确定。

3. 防腐涂装施工应满足业主制定的《施工工艺指南和质量验收标准》的要求。

(6) 施工要点

① 钢箱梁焊接

钢箱梁为全焊结构，结构焊缝较多，导致发生的焊接变形和焊接残余应力较大。制造过程中，在保证焊接质量的前提下，应尽量采用焊接变形小和焊缝收缩小的焊接工艺，所有类型的焊缝在焊接前应做焊接工艺评定试验，编制完善的焊接工艺评定试验报告。工地横向环焊缝应按最大缝宽为25mm做焊接工艺评定试验。返修焊应按原焊缝质量要求检验，同一部位的返修焊不允许超过两次。

为提高桥面系抗疲劳性能，U形加劲肋与顶板间的组装间隙全长范围内不得大于0.5mm。U形加劲肋与顶板间采用坡口角焊缝，焊缝熔深不得小于75%板厚，但也不能焊穿。横隔板与顶板及U形加劲肋间的组装间隙不得大于1.0mm，两者之间应采用角焊缝焊接，从顶板到U形加劲肋应连续施焊至弧形缺口端部，在U形加劲肋与顶板交接处80mm范围内不得起熄弧。横隔板与U形加劲肋间的焊缝距离弧形缺口50mm范围在横隔板上开5mm的双面坡口，并1:8平顺过渡(即40mm)，在弧形缺口端部围焊，同时应打磨匀顺。对横隔板与U形加劲肋相交处的弧形缺口棱边应打磨倒圆角，半径≥2.0mm，弧形缺口不得有凸凹等缺口，否则应打磨匀顺。U形加劲肋在一个梁段长度内不允许有工厂拼接缝。

② 钢箱梁梁段组焊和预拼

板件单元在胎架上组成箱梁，组装步骤是：底板(斜底板)→横隔板(纵隔板)→腹板→顶板→斜顶板。顶板和底板板单元预留适当配切长度，以满足梁段预拼要求。梁段在胎架上应匹配制造，并进行试拼装，匹配试拼装应不少于5个梁段。

制造单位应充分考虑钢箱梁断面的特殊性，采取有效措施，确保成桥后桥面横坡的精度满足规范要求。在考虑加工制造变形量的同时，应将钢箱梁处因恒载产生的下挠值13.2mm一并计入。

③钢箱梁梁段的存放与运输

存放和运输过程中,应在 U 形加劲肋两边端口采取临时密封措施,以防雨水浸入。

④钢箱梁梁段的吊装与连接

钢箱梁采用跨缆起重机作为吊装设备。全桥共投入 3 台全液压跨缆起重机,主跨 2 台,广州侧边跨 1 台。

水深满足运梁驳船吃水深度要求的主跨区钢箱梁采用垂直起吊安装;驳船不能直接将梁段运到吊点下时,需搭设运梁栈桥或通过疏浚使得桥下满足驳船运梁条件;索塔区无索钢箱梁采用跨缆起重机垂直起吊后牵引荡移就位的方法在托架上进行安装。

⑤其他

钢箱梁的加工制造单位根据自身加工能力确定施工方案,建议尽量采用自动焊。焊接时应尽量采用俯焊,避免仰焊。

4) 缆索系统

缆索系统包括主缆、吊索(普通吊索、加强吊索、限位装置吊索)、索夹、主索鞍(西、东主索鞍)、散索鞍(西、东散索鞍)以及附属工程(主缆检修道、缆套)等,如图3-8所示。

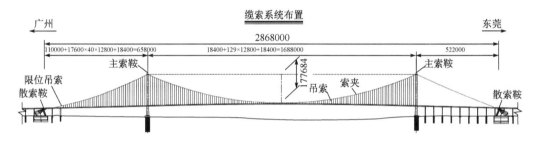

图3-8 缆索系统布置(尺寸单位:mm)

(1) 缆索系统的选型与创新

南沙大桥是世界级的桥梁工程,社会影响力巨大。坭洲水道桥为超大跨径悬索桥,技术难度高,工程规模大。因此在大桥的设计过程中,既考虑了大桥的功能性和安全性,同时还尽可能地研发和应用新材料、新技术,并进行工厂化和国产化,使大桥建设更加科学合理和经济环保,同时推动中国桥梁建设全产业链的发展。

①高强度高性能主缆钢丝的研发和国产化

随着悬索桥主跨跨径的增大,主缆单位跨径的自重呈非线性加速增长,使得悬索桥单位跨径总自重也加速增大。在悬索桥发展过程中,主缆钢丝的每一次更新都对悬索桥发展起到了决定性的推动作用。

南沙大桥创新性地开展了1960MPa级高强度高性能钢丝主缆索股技术的研究及应用,推进了国内桥梁缆索技术水平的发展,达到了同行业领先水平。该研究还形成了项目标准,获得了专家委员会的一致通过,既可以指导本项目的设计施工,也给国内其他项目提供了借鉴。

本项目通过对主缆钢丝技术、索股锚固技术、钢丝及索股抗疲劳技术的研究,在国内首次开发出抗拉强度达到1960MPa及以上且韧塑性良好的悬索桥主缆用高强钢丝和索股,并实现实桥应用。项目研究成果将使我国悬索桥主缆索股强度水平从1770MPa跃升至1960MPa,总体达到国际先进、国内领先水平,对提高我国桥梁缆索制造技术水平,提升大跨径桥梁跨越能力,节能降耗,保护环境具有十分重要的意义。

②以锌铝镀层钢丝取代传统镀锌钢丝

主缆是悬索桥的生命线,它是悬索桥中最重要的受力构件,承担了全桥上部结构所有的静载和动载。它与锚碇、索塔、索鞍共同构成大桥的第一受力体系。在悬索桥设计理论中,这些构件的设计基准期都是按100年考虑的,在100年设计基准期内,构件不考虑更换。而构成大桥第二受力体系的索夹、吊索和加劲梁,在设计基准期内是可以进行局部修复或更换的。悬索桥的主缆是由数以万计的钢丝组合而成,在跨江、跨海的自然环境下容易因腐蚀而失效。为了保证和延长悬索桥的安全使用寿命,采用有效的主缆防护措施至关重要。

我国桥梁缆索用钢丝自身的主要防腐措施为钢丝表面热镀锌,其抗腐蚀机理包括机械保护及电化学保护两种方式。对于跨海地区的桥梁,其空气中的氯离子能加速溶解镀锌层上的保护膜,而使氯离子直接与锌反应,形成可溶性的锌盐,使钢丝镀锌层寿命大大缩短。我国于20世纪90年代引进锌铝合金镀层钢丝,已大量应用于铁路、通信、电力、海洋等行业的钢绞线、承力索、电缆等产品,但用作大跨径悬索桥主缆钢丝,国内尚无实桥应用实例。

锌铝合金镀层具有比纯锌镀层更高的耐腐蚀性能,其优点如下:热镀后钢丝表面生成一层致密的氧化铝保护膜,有效隔离了有害物质侵蚀钢基体;牺牲阳极的电化学保护方面,同样数量的锌铝镀层的消耗时间是热镀锌镀层的5倍,能提供更长的牺牲防护时间,获得更好的耐久性;热镀后钢丝的强度损失小;镀层均匀致密、韧性好,结合力强。

锌铝合金镀层缆索是一种耐久性更高的缆索产品,作为一种新型的桥梁缆索,其材料成本增加非常有限。南沙大桥在国内率先将这一镀层应用在大跨径悬索桥主缆和吊索上,大幅提高了桥梁缆索的使用寿命,减少了桥梁缆索后期的养护、管理及更换的成本,符合经济、节能、环保的桥梁设计理念。

③采用创新的吊索减振措施

随着悬索桥跨度的增大,吊索长度不断增加。当主跨达到1500~2000m时,最长吊索已经接近180m左右,其自振频率非常低,加上吊索结构的初始阻尼比很小,在风、风雨及桥面交通荷载的作用下,极易发生大幅振动。由于现代悬索桥基本上为竖直吊索结构,并列成对安装,其流线型的断面形式及排列组成方式可能产生风致涡激振动、尾流驰振、主梁振动引起的参数振动等。吊索振动不仅引起吊索疲劳损伤,同时会带动钢箱梁和主缆的耦合振动,造成行人及车辆的不安全感及不舒适感,进而给大桥运营阶段的安全性带来影响。

南沙大桥的最长吊索为184.65m,建成时是国内当时已建悬索桥中最长的。同时桥位处接近入海口,现场风环境极为复杂,可能遭遇台风、暴雨的袭击,从而发生较为严重的涡激振动、参数振动和内共振、尾流驰振。仅采用刚性减振架不能为吊索系统提供附加阻尼,难以有效控制吊索的振动。拉索一旦发生振动,吊索的索体、锚头和减振架本身都会产生疲劳损伤,严重者可能会发生断裂。

因此,南沙大桥采用刚性减振架和阻尼器相结合的方案,兼顾施工便利性,对20~80m范围内的吊索仅安装刚性减振架;对80m以上的吊索,巧妙结合桥面系构造,以防撞栏杆作为支撑基础,安装两个成60°夹角的阻尼器,并在索中间连接刚性减振架,当吊索发生任何方向的振动时,阻尼器都会发挥阻尼耗能作用,有效控制吊索的振动。

为定量分析阻尼器的减振效果,建立南沙大桥吊索-阻尼器数值模型,计算系统所能达到的对数衰减率。计算结果表明,同相位前1~15阶对应的最低对数衰减率大于0.03,因此该方案能够有效控制吊索的振动,确保桥梁安全。

(2)主缆构造

从西锚碇到东锚碇的通长索股有252股,西边跨另设6根索股(背索)在西主索鞍上锚固。每根索股由127根直径为5.0mm的锌铝合金镀层高强度钢丝组成,钢丝抗拉强度为1960MPa,主缆在架设时竖向排列成尖顶的近似正六边形,紧缆后主缆为圆形。其索夹内直径为999mm(西边跨)和968mm(中跨及东边跨),索夹外直径为1012mm(西边跨)和1000mm(中跨及东边跨)(表3-12)。

主 缆 构 造　　表3-12

项 目		单 位	广州侧边跨	中跨和东莞侧边跨
主缆钢丝公称抗拉强度		MPa	1960	
钢丝公称直径		mm	5.0	
单股丝数		丝	127	
单缆股数		股	258	252
单缆净面积		cm²	6433.59	6283.97
空隙率	索夹内	%	18	
	索夹外	%	20	
缆径	索夹内	mm	999	968
	索夹外	mm	1012	1000

(3)吊索构造

坭洲水道桥吊索分为三类,第一类是除塔侧、边跨短吊索外应用较多的吊索,规格为109-φ5;第二类是受力较大和变形有特殊要求的广州塔侧长吊索和边跨次短吊索,规格为241-φ5;第三类是广州侧边跨端部的限位吊索,限位吊索规格为337-φ7。除受力较大的塔侧长吊索(1、2、W1、W2吊点)和限位装置处吊索W42吊点每侧吊点设3根吊索外,其余每侧吊点设2根吊索。吊索标准间距为12.8m,塔侧吊索距索塔中心线的距离为18.4m,限位吊索距离相邻吊索间距为17.6m。吊索均采用双层PE进行防护,钢丝标准强度均为1670MPa。

吊索构造如图3-9所示。吊索两端锚头采用叉形热铸锚,锚头由锚杯与叉形耳板构成,锚杯内浇铸锌铜合金,叉形耳板与锚杯通过螺纹连接(上、下两端螺纹旋向相反)。为了适应主缆的横向位移,在中跨锚头处设有适应横向转动的关节轴。

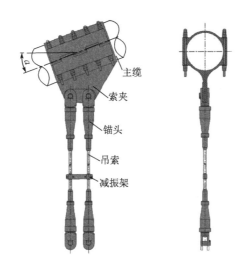

图 3-9 吊索构造

(4)索鞍构造

如图 3-10 所示,主索鞍鞍体采用铸焊结合的结构形式,鞍槽用铸钢铸造,底座由钢板焊成。广州侧主索鞍需设置两个锚梁,以锚固广州侧边跨背索。散索鞍采用摆轴式,鞍体采用铸焊结合结构。

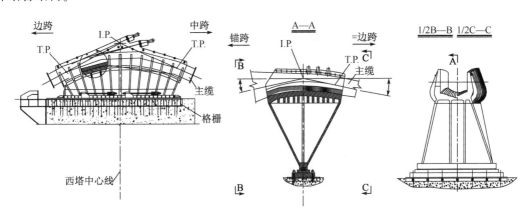

图 3-10 主索鞍和散索鞍构造

(5)施工要点

主缆通长索股:单根索股钢丝重 67t,索盘直径、规模须满足放索要求。在索股的制作、运输、存贮过程中应保证钢丝的锌铝镀层不受损伤并不受有害物的污染;做防锈保护。

索鞍:主索鞍半鞍体重 150t,散索鞍鞍体重 160t,鞍体的运输吊装存在一定困难(经向主要索鞍加工制造单位和部分土建施工单位咨询,索鞍的制造、运输和吊装均可以实现)。

(6)结构计算

表 3-13～表 3-16 为主缆、吊索、索夹和散索鞍验算的结果。

主缆验算   表 3-13

项 目	西 边 跨	中 跨	东 边 跨
缆力(t)	5.1×10^4	4.9×10^4	4.9×10^4
安全系数	2.50	2.53	2.53

吊索验算   表 3-14

项 目	吊索规格	安全系数	应力幅(MPa)
限位吊索	3-337-φ7	5.22	247.2
塔旁加强吊索	3-241-φ5	3.54	179.0
标准吊索	2-109-φ5	3.27	145.9

索夹验算   表 3-15

索夹类型	中 跨	西 边 跨
抗滑安全系数	3.39	3.32
环向应力安全系数	3.50	3.48

散索鞍验算(单位:MPa)   表 3-16

结 果	鞍槽根部应力	摆轴接触应力
计算值	111	487
容许值	146	636

如图 3-11 所示,塔顶主索鞍 von Mises 应力最大值为 136MPa,小于容许应力 167.6MPa。

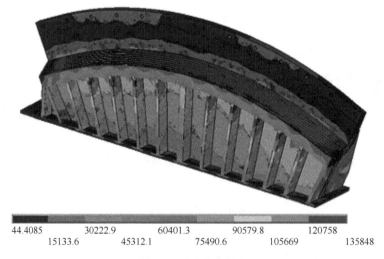

图 3-11 主索鞍应力图

5)索塔及基础

(1)索塔选型与特点

①美学设计

在众多桥型结构中,悬索桥构造中的三条线,即竖直的塔、曲线的缆索、水平的主梁,突出了悬索桥轻盈、高耸、简洁的完美形象。高耸挺拔的塔,配以轻柔的索、无限延伸的梁,形成了悬索桥突出的个性和鲜明的形象。主塔将竖向及斜向心理引诱线引向塔顶,是景观设计的重点[10,11]。

南沙大桥索塔景观设计从结构受力和建筑美学角度提倡力学线条简洁明快和比例尺度的协调。坭洲水道桥和大沙水道桥作为南沙大桥的重要组成部分,设计风格的统一也是重点考虑的因素。

索塔按材料可分为混凝土塔和钢塔两类,南沙大桥索塔采用经济性较好的混凝土塔方案。

②塔柱形式

按塔柱倾斜程度,塔柱可分为直塔柱和倾斜塔柱。由于行车道需要从两塔柱内侧穿过,所以大多数索塔为倾斜塔柱。国外部分悬索桥索塔塔柱设计为直塔柱,与常规的斜塔柱相比,直塔柱更能体现索塔的高耸挺拔,但直立式索塔因增大吊点间距的需要,主梁宽度随之增加。南沙大桥在初步设计阶段拟定了两种索塔方案,并进行了综合比选。

经过综合比较,索塔最终采用混凝土横梁门式塔方案,如表3-17所示。

索塔方案比较　　　　　　表3-17

方案	门式塔	天圆地方塔
效果图		
标志性	方案造型传统、常规,塔身高耸挺拔,力量感强,有一定标志性	塔顶为圆形截面,塔底为矩形断面,塔柱截面通过倒角由圆过渡为方形断面,塔形风格独特
文化性	方案传统、经典	采用天圆地方组合结构,体现了刚柔相济、动静相宜、阴阳平衡的建筑思想,文化内涵深厚
合理性	抗风稳定性好,截面效率高	抗风稳定性好。塔柱轴心受压,相对斜塔受力合理;塔顶高风速区采用圆形截面,下塔柱采用承载能力更强的矩形截面
施工	施工方便,经济性好	两套模版流转,施工稍麻烦,工期增加120d
索塔及基础造价	较低	较高
推荐意见	推荐	比较

③横梁位置选择和造型

根据受力和功能需要,坭洲水道桥共设置上、中、下三道横梁,大沙水道桥设置上、下两道横梁。设计中对坭洲水道桥中横梁的位置进行了分析研究,结合受力分析,按照黄金分割法原则确定了中横梁的位置。

南沙大桥的桥面宽,索塔横梁受力呈现典型的梁的受力特点,主要表现为跨中受力小、与塔柱连接处受力大。为达到受力与景观效果的统一,考虑采用变截面的横梁结构。

结合受力分析和景观效果验证,对横梁的形式进行了比较,最终采用圆弧形变化的横梁形式(图3-12),以保证横梁可以很好地与倒圆角的矩形截面索塔塔柱相适应。

图3-12 索塔横梁形式对比

塔柱为普通钢筋混凝土结构,横梁均为预应力混凝土结构。塔柱采用空心薄壁断面,塔柱在横梁、塔底等受力较大的区段设置加厚段。为提升索塔景观效果及抗风性能,塔柱截面四角设半径1.5m的圆弧形倒角,横梁四角设半径0.5m的圆弧形倒角。塔柱横梁采用圆弧形设计,由中间向两端采用圆弧过渡。下横梁顶板内侧在引桥及主桥支撑位置设置横隔板。

(2)一般构造

如图3-13,索塔采用门式结构,索塔高260m(含塔座4m),设上、中、下三道横梁。塔柱采用带圆倒角矩形截面,上塔柱为8m×12.5m,下塔柱底变化为10m×16m。上、中、下横梁采用弧形横梁。

承台采用圆端哑铃型,平面总尺寸为90.43m(横桥向)×34.8m(顺桥向),承台厚7m,承台上设承台底座,底座厚4m。基础采用64根桩径D2.8m钻孔灌注桩,按端承桩设计。根据地质情况,西塔(广州侧)桩长88.5m,东塔(东莞侧)桩长82.5m。如图3-14所示。

(3)施工要点

桩基施工时,钢护筒内壁清理完成后,应迅速下放钢筋笼,随后浇筑混凝土,浇筑一次完成不得间断;相邻两根桩不得同时成孔或浇筑混凝土,以避免扰动孔壁;承台施工建议采用钢板桩围堰施工;承台系梁均为大体积混凝土,需分层浇筑;塔柱施工应严格控制塔柱的倾斜度、高程及断面尺寸;每隔一定高度设置一道水平横撑并对索塔施加水平顶推力;注意爬梯、电梯、照明、避雷等实施预埋件的预埋。

(4)结构计算

索塔、桩基、承台计算结果如表3-18~表3-21所示。

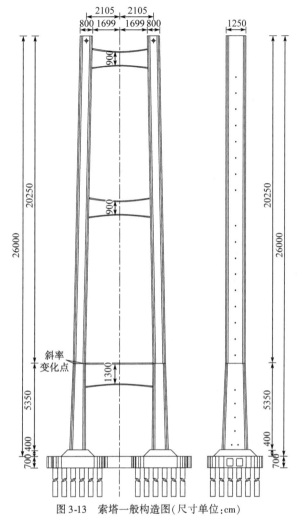

图 3-13 索塔一般构造图(尺寸单位:cm)

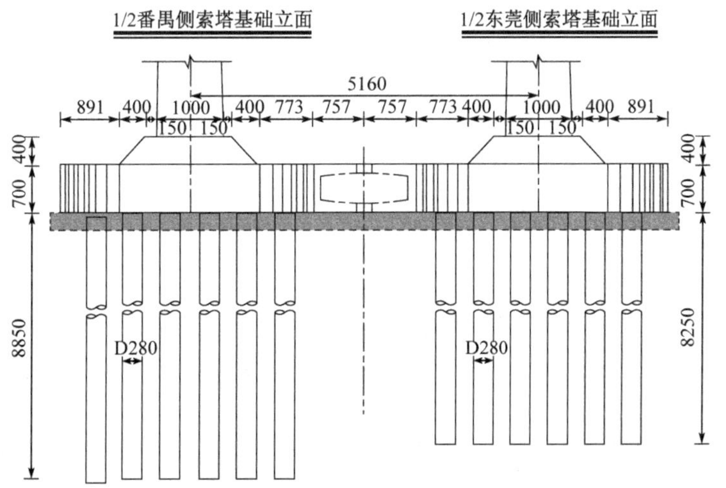

图 3-14

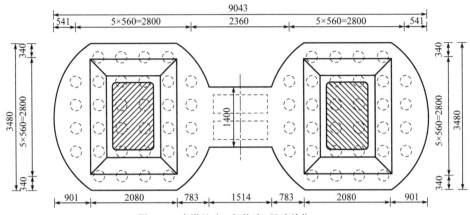

图 3-14 索塔基础一般构造(尺寸单位:cm)

索塔计算结果 表 3-18

控制组合	索塔应力(MPa)	塔柱抗弯承载能力安全系数	横梁压应力储备(MPa)
恒+活	16.5	—	—
恒+活+温度+风荷载	18.5	1.19	1.5

桩基计算结果(一) 表 3-19

控制组合	桩身抗弯承载能力安全系数
恒+温度+百年横风	1.32

桩基计算结果(二) 表 3-20

位置	单桩容许承载能力安全系数
东塔	1.21
西塔	1.22

承台计算结果 表 3-21

验算内容	安全系数
撑杆抗压	1.19
系杆抗拉	1.15
斜截面抗剪	1.08
钢筋应力(三维计算)(MPa)	54

6)锚碇及基础

锚碇锚体采用空腹式锚体,基础采用地下连续墙基础。

(1)锚碇选型与创新点

①复合地连墙锚碇基础技术

重力式锚碇在进行整体稳定性分析时作为刚体考虑,且作为悬索桥下部构造中最重要的结构,不允许发生任何滑移和倾覆。由于不考虑地下连续墙对锚碇承载力的提高,重力式锚碇一般规模巨大、造价较高。

南沙大桥单根缆力接近 5×10^4 t,锚碇受荷大,锚碇规模较大,圆形地连墙基础直径达到 90m。因此,明确复合锚碇基础适用地层,揭示地下连续墙-锚碇协同工作机理,提出相关设计参数确定方法,建立复合锚碇基础设计方法,对结构进行优化设计就变得非常有意义。复合地连墙锚碇基础设计方法主要创新点如下：

a.综合相关规范中的简化计算公式及三维有限元计算,分析了地下连续墙所受土压力、侧摩阻力及结构抗剪强度,明确了复合锚碇基础破坏模式及地下连续墙横截面剪应力及基底摩阻力分布规律;揭示了地下连续墙-锚碇协同工作模式下的荷载分担比例及承载力组成,确定了各部分承载力简化计算方法。

b.明确了不同缆力、地下连续墙不同插入深度与岩层条件下基底摩阻力分布规律、墙体抗剪强度发挥机理以及土压力、侧摩阻力的演化规律,确定各部分承载力发挥程度;研究了设计参数敏感性及设计参数变化对承载力发挥演化的影响。

c.基于地下连续墙-锚碇协同工作机理揭示了地下连续墙、锚碇变位规律,形成了复合锚碇基础考虑土压力非线性变化的地下连续墙侧壁摩阻力计算方法;提出了地下连续墙–锚碇基础承载力计算模式、计算方法及相应的设计流程。将地下连续墙承载能力纳入到锚碇基础设计中,使锚碇基础设计从传统的刚体设计模式转化为复合基础设计模式。

d.结合复合锚碇基础工作机理提出了施工期及运营过程中的监测要求,以确保复合锚碇基础的共同工作为目标,总结了相应的质量控制与检测方法,确保项目建成后达到设计要求的使用状态。

②可更换多股成品索预应力锚固系统

传统的可更换预应力锚固系统需要在管道中灌注油脂,由于管道和锚头密封性难以保证,多个项目出现油脂渗漏现象,除此之外油脂还存在老化、酸化的问题。

针对这一问题,南沙大桥首次提出了采用可更换多股成品索锚固系统(图3-15),索体采用挤压锚成品索,锚固性能优于夹片锚,且不受环境、人员等因素影响。多重防护的成品索具有优异防腐性能,不需要在孔道内灌入油脂,不再有油脂渗漏的问题,同时降低了对施工的要求。多股成品索无须重型设备即可完成穿束和张拉,在不影响运营的条件下,方便而快捷地逐根更换,更换效率是传统预应力锚固系统的5~7倍。

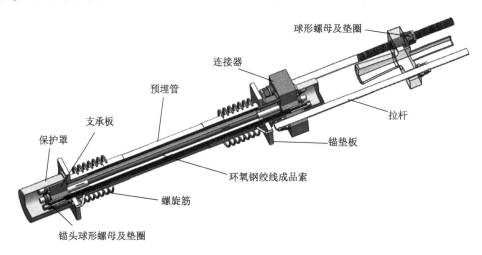

图3-15 可更换多股成品索预应力锚固系统示意图

(2)西锚碇及基础

①锚体

如图3-16所示,主缆在西锚碇的入射角为10.786°,前锚室主缆中心线的水平角为31°。

锚碇总高度为44.3m,顺桥向长73.5m,横桥向锚体为整体式,外轮廓宽68m。前锚室壁厚1m,支腿壁厚1.5m。

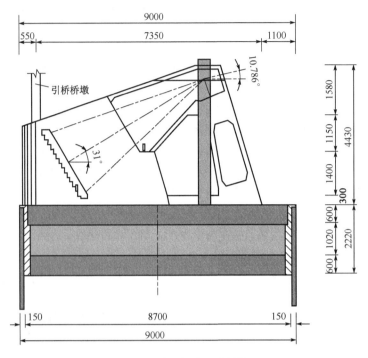

图3-16 西锚碇示意图(尺寸单位:cm)

②基础

西锚碇位于番禺区海鸥岛沙南村,地形较平坦,地面高程约为 -0.7~2.2m,相对高差2.9m,地面主要为鱼塘。持力层主要置于强风化层,局部位于中风化顶面。强风化层承载力容许值为450kPa,标准贯入60击;中风化泥岩抗压强度为5MPa。西锚碇地下连续墙基础为外径90m,内直径87m的圆形地连墙,墙厚1.5m,内衬1.5m/2m,开挖深度22.2m,墙脚进入中风化泥岩不小于6m。

③计算

锚碇基础和地连墙计算结果如表3-22和表3-23所示。锚体计算图如图3-17所示。

锚碇基础计算   表3-22

工 况	抗滑安全系数	抗倾覆安全系数	基底容许应力安全系数
施工阶段	—	5.22	1.44
恒+活	2.08	4.01	1.31
恒+活+温度+风荷载	2.00	3.87	1.60

地连墙计算   表3-23

混凝土应力(MPa)	钢筋应力(MPa)	最小嵌固深度(m)	渗水量(m³/d)
9.0	118	4.4	1365

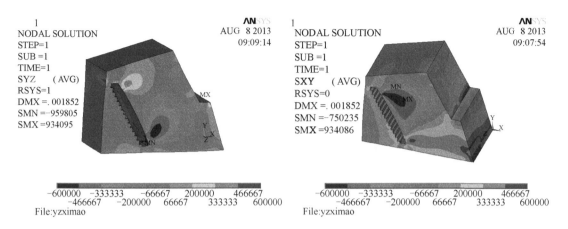

图 3-17 锚体计算图

(3) 东锚碇及基础

①锚体

如图 3-18 所示,主缆在东锚碇的入射角为 20.533°,前锚室主缆中心线的水平角为 40°。锚碇总高度为 47.8m,顺桥向长 75m,横桥向锚体为整体式,外轮廓宽 68m。前锚室壁厚 1m,支腿壁厚 1.5m。

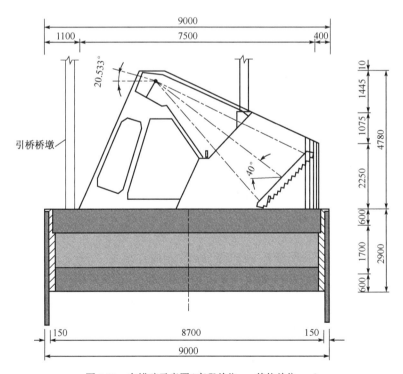

图 3-18 东锚碇示意图(高程单位:m;其他单位:cm)

②基础

东锚碇位于东莞市沙田镇福禄村,地形较平坦,地面高程约为 0.9~1.6m,相对高差

2.5m,地面主要为农田。强风化层较薄,基础底位于中风化顶面,局部在强风化层。东锚碇地下连续墙基础为外径90m、内直径87m的圆形地连墙,墙厚1.5m,内衬1.5m/2m,开挖深度29m,墙脚进入中风化泥岩不小于6m。

③计算

锚碇基础、地连墙及内衬计算结果如表3-24、表3-25所示。图3-19为锚体计算图。

锚碇基础计算　　　　　　　　　　　　　　　　　　　表3-24

工况	抗滑安全系数	抗倾覆安全系数	基底容许应力安全系数
施工阶段	—	—	1.37
恒+活	2.25	3.45	1.10
恒+活+温度+风荷载	2.23	3.42	1.37

地连墙及内衬强度计算(单位:MPa)　　　　　　　　　　　表3-25

地连墙混凝土应力	地连墙钢筋应力
12.6	179
内衬混凝土应力	内衬钢筋应力
11.6	73

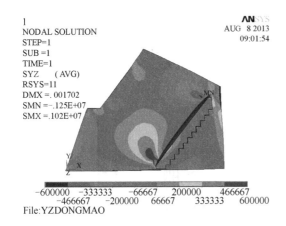
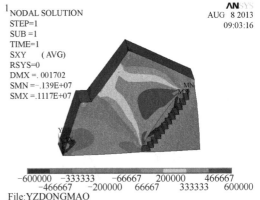

图3-19　锚体计算图

④施工要点

基础施工:地连墙周围采用粉喷桩加固,以保证地连墙施工安全。地连墙施工槽段分Ⅰ期、Ⅱ期,各30个槽段,Ⅰ期槽段采用三铣成槽。内衬分14个长度单元进行施工,每个单元内设置微膨胀后浇段,内衬钢筋通过连接器与地连墙钢筋相连。各层内衬部分竖向钢筋采用钢筋连接器连接;底板下设置垫层混凝土,顶底板浇筑须采取冷却措施。施工中应做好防浅层气和防地连墙接缝渗水的预案。

锚体施工:锚块分层分块浇筑,并采取冷却措施防止温度裂缝(平面分为4块,高度上2m一层);混凝土入模温度不高于26°;预应力管道采用直缝电焊钢管,施工时应采取有效措施保证其与锚具连接密实;锚体预埋件较多,施工中应注意避免遗漏。

3.3.2 大沙水道桥

1) 桥跨布置

桥跨布置为360m+1200m+480m(图3-20),锚碇均置于大堤以外,并远离大堤,索塔置于浅水区。矢跨比为1:9.5。

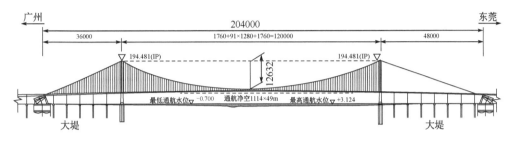

图3-20 大沙水道桥桥型布置图(尺寸单位:cm)

两个桥塔处均设置横向抗风支座、抗震竖向拉压支座和纵向限位阻尼装置。主缆的约束系统(图3-21),通过支撑于桥塔塔顶的主索鞍,实现缆、鞍、塔之间不相互滑动;通过散索鞍,将主缆索股分散锚固于锚碇。

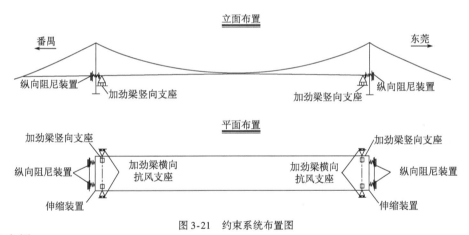

图3-21 约束系统布置图

2) 主梁

主梁选型与坭洲水道相同。

(1) 标准断面一般构造

图3-22为大沙水道桥的钢箱梁标准断面。钢箱梁全宽47.9m(含风嘴、检修道),主缆横向间距42.1m,顶板宽40.6m,风嘴宽2.38m,平底板宽31.3m,斜底板宽6.7m,风嘴外侧设置1.6m宽检修道,平底板两边设置检查车轨道及轨道导风板。为了提高主梁抗风稳定性,将风嘴迎风角度做成尖锐的45°,并且将检修道外形与风嘴融为一体:风嘴为梯形,迎风面为高430mm的板,板的外侧悬挂检修道,检修道钢板起到劈流板的作用,气流到该处一分为二并沿着风嘴上下斜板流向箱梁上下面,最后在背风侧汇流,这样由两股平行风汇合不会造成涡振。吊索锚固在钢箱梁两侧的风嘴上。

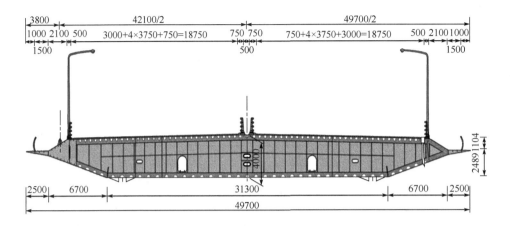

图 3-22 大沙水道桥钢箱梁标准断面(尺寸单位:mm)

(2)梁段划分

主梁形式共 4 种类型(A~D),94 个梁段,其中 A、D 梁段为端部过塔梁段,C 梁段为特殊吊索梁段,B 梁段为标准段。如表 3-26 所示。

梁 段 划 分 表   表 3-26

梁段类型	A	B	C	D
吊索类型	—	2-109 吊索	2-121 吊索	—
梁段长度(m)	10.4	12.8	12.8	8.8
梁段宽度(m)	49.7	49.7	49.7	49.7
梁段顶板厚(mm)	18	16/18	18	18
顶板 U 形加劲肋数量	8	8	8	8
梁段底板厚(mm)	12	10	12	12
底板 U 形加劲肋数量	6	6	6	6
梁段横隔板厚(mm)	10/20/20	10/14	10/16	10/20/20
梁段纵隔板厚(mm)	—	—	—	20
全桥梁段数量	1	88	4	1

(3)结构计算

钢箱梁总体计算采用 Midas 三维计算软件,局部计算采用 Ansys 计算。计算结果如图 3-23、图 3-24 所示。

总体计算:恒+活+温度+风荷载下箱梁顶板最大应力 68MPa,底板最大应力 66MPa;恒+横向百年风作用下,梁横向应力最大为 69MPa。

局部计算:标准吊索锚固区域、特殊吊索锚固区域、横向支座加劲、竖向支座加劲、阻尼加劲等关键部位都进行了 Ansys 有限元分析,等效应力控制在 210MPa 以内,应力尖点控制在 300MPa。

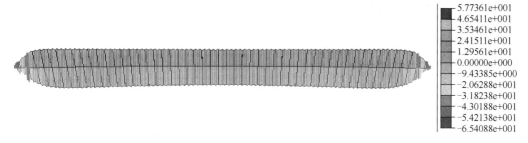

图 3-23　基本组合下钢箱梁上缘应力包络(MPa)

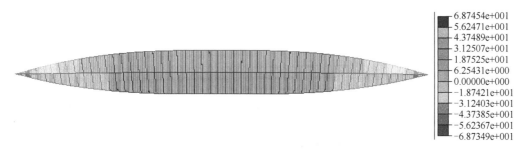

图 3-24　基本组合下钢箱梁下缘应力包络(MPa)

(4)涂装及施工要点

钢箱梁涂装及施工要点均与坭洲水道桥钢箱梁保持一致。

3)缆索系统

主缆选型与坭洲水道桥相同。

(1)主缆

单根主缆为169股通长索股。每根索股由127丝、直径为5.20mm的高强钢丝组成,公称抗拉强度为1770MPa,外表面由锌铝合金镀层防护。主缆在索夹内的空隙率为18%,在索夹外的空隙率为20%。每根主缆有效面积为0.4558m²,主缆索夹内直径为841mm,索夹外直径为852mm。主缆构造见表3-27。

主 缆 构 造 表　　　　　　　　　表3-27

项　　　目		单　　位	通长索股
主缆钢丝公称抗拉强度		MPa	1770
钢丝公称直径		mm	5.2
单股丝数		丝	127
单股净面积		cm²	26.97
单缆股数		股	169
单缆净面积		cm²	4558.13
空隙率	索夹内	%	18
	索夹外	%	20
缆径	索夹内	mm	841
	索夹外	mm	852

(2)吊索

大沙水道桥一般吊索由 109-φ5 平行钢丝组成;塔侧吊索由 121-φ5 平行钢丝组成。吊索均采用双层 PE 进行防护,钢丝标准强度为 1670MPa。吊索两端锚头采用叉形热铸锚,锚头由锚杯与叉形耳板构成,锚杯内浇铸锌铜合金,叉形耳板与锚杯通过螺纹连接(上、下两端螺纹旋向相反)。为了适应主缆的横向位移,在中跨短吊索锚头处设有适应横向转动的关节轴承。与吊索相适应,大沙水道桥索夹采用上、下对合的结构形式,上下两半索夹用螺杆相连夹紧。为保证在预紧螺栓作用下索夹能紧抱主缆,在两半索夹间留有适当的空隙,接缝处嵌填橡胶防水条防水。索夹体是铸钢件,为 ZG20SiMn。索夹壁厚均为 35mm。

(3)索鞍

主索鞍鞍体采用铸焊结合的结构形式,鞍槽用铸钢铸造,底座由钢板焊成。散索鞍采用摆轴式,鞍体采用铸焊结合结构。

(4)结构计算

表 3-28 ~ 3-32 示出了主缆、吊索、索夹、主索鞍、散索鞍的验算结果。

主缆验算　　　　表 3-28

结　果	西边跨	中　跨	东边跨
缆力(10^4t)	3.2	3.1	3.1
安全系数	2.52	2.56	2.60

吊索验算　　　　表 3-29

吊索类型	吊索规格	安全系数	应力幅(MPa)
加强吊索	2-121-φ5	3.21	60.3
标准吊索	2-109-φ5	3.36	112.2

索夹验算　　　　表 3-30

索夹类型	中　跨
抗滑安全系数	3.32
环向应力安全系数	4.45

主索鞍验算(单位:MPa)　　　　表 3-31

结　果	鞍槽根部应力	纵肋顶部压应力
计算值	104	142
容许值	146	168

散索鞍验算(单位:MPa)　　　　表 3-32

结　果	鞍槽根部应力
计算值	99
容许值	146

4)索塔及基础

索塔选型与坭洲水道桥相同。

(1)一般构造

索塔采用门式索塔(图 3-25)。塔高 193.1m(含 2m 塔座),设上、下两道横梁。塔柱采用带圆倒角矩形截面,上塔柱为 6.5m×9.5m,下塔柱底为 9m×12m。壁厚采用 1.1m、1.3m、1.5m。

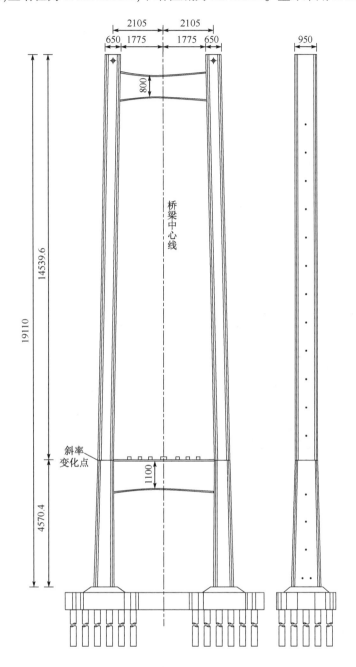

图 3-25 索塔一般构造(高程单位:m;其他单位:cm)

承台采用圆端哑铃型承台(图 3-26)。平面总尺寸为 82.55m(横桥向)×25m(顺桥向),承台厚 6m,承台下设承台底座,底座厚 2m。基础推荐采用 48 根桩径 D2.5m 钻孔灌注桩,按端承桩设计。根据地质情况,西塔(广州侧)桩长 65m,东塔(东莞侧)桩长 105m。

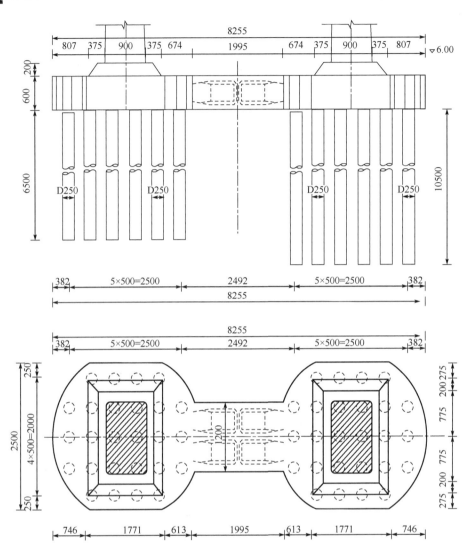

图 3-26 索塔基础一般构造(高程单位:m;其他单位:cm)

(2)施工要点

同圾洲水道桥。

(3)结构计算

索培、桩基计算结果如表 3-33 ~ 表 3-26 所示。

索塔计算结果　　表 3-33

控 制 组 合	索塔应力(MPa)	塔柱抗弯承载能力安全系数	横梁压应力储备(MPa)
恒 + 活	13.8	—	—
恒 + 活 + 温度 + 风荷载	18.1	1.2	1.0

桩基计算结果（一） 表3-34

控 制 组 合	桩身抗弯承载能力安全系数
恒+温度+百年横风	1.4

桩基计算结果（二） 表3-35

位 置	单桩容许承载能力安全系数
东塔	1.10
西塔	1.21

承 台 计 算 结 果 表3-36

检 算 内 容	安 全 系 数
正截面抗弯承载力	1.34
斜截面抗剪	1.45
角桩冲剪	1.46
边桩冲剪	1.80

5）锚碇及基础

锚碇锚体采用空腹式锚体，基础采用地下连续墙基础。锚碇创新点同坭洲水道桥。

（1）西锚碇及基础

①锚体

主缆在西锚碇的入射角为21.765°，前锚室主缆中心线的水平角为42°。锚碇总高度为43.3m，顺桥向长66.5m，横桥向锚体为分离式，外轮廓宽23m。前锚室壁厚1m，支腿壁厚1.5m，如图3-27所示。

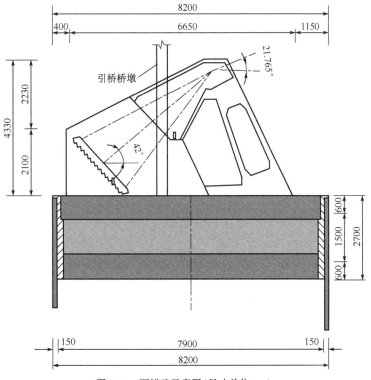

图3-27 西锚碇示意图（尺寸单位：cm）

②基础

基础底面设在强风化层,局部为中风化顶。中风化层连续区域,嵌入中风化不小于6m。强风化层较厚区域,嵌入中风化层不小于3m。西锚碇地下连续墙基础为外径82m、内直径79m的圆形地连墙,墙厚1.5m,内衬1.5m/2m,开挖深度27m,墙脚进入中风化泥岩不小于6m。

③计算

锚碇基础、地连墙及内衬强度计算结果如表3-37、表3-38所示。图3-28为锚体计算图。

锚碇基础计算　　　　　　　　　　　表3-37

工　况	抗滑安全系数	抗倾覆安全系数	基底容许应力安全系数
施工阶段	—	—	1.50
恒+活	2.11	3.40	1.64
恒+活+温度+风荷载	2.06	3.33	2.02

地连墙及内衬强度计算(单位:MPa)　　　　表3-38

地连墙混凝土应力	地连墙钢筋应力
12.5	187
内衬混凝土应力	内衬钢筋应力
11.0	43

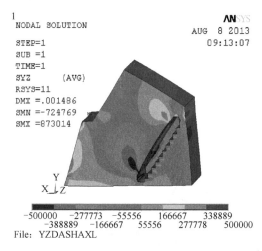
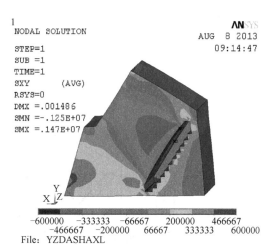

图3-28　锚体计算图

(2)东锚碇及基础

①锚体

主缆在东锚碇的入射角为16.155°,前锚室主缆中心线的水平角为36°。锚碇总高度为40.3m,顺桥向长66.5m,横桥向锚体为分离式,外轮廓宽23m。前锚室壁厚1m,支腿壁厚1.5m,如图3-29所示。

②基础

基础底面设在强风化层或中风化层。中风化层连续区域,嵌入中风化层不小于6m。强风化层较厚区域,嵌入中风化层不小于3m。东锚碇地下连续墙基础为外径82m、内直径79m的圆形地连墙,墙厚1.5m,内衬1.5m/2m,开挖深度27m,墙脚进入中风化泥岩不小于6m。

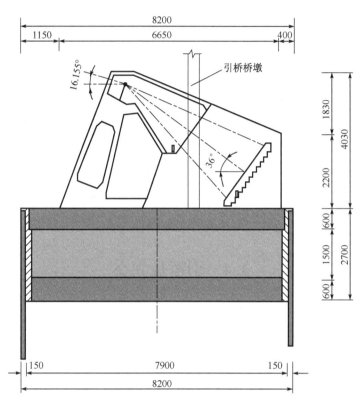

图3-29 东锚碇示意图(尺寸单位:cm)

③计算

锚碇基础、地连墙及内衬强度计算结果如表3-39、表3-40所示。图3-30为锚体计算图。

锚 碇 基 础 计 算　　表3-39

工　　　况	抗滑安全系数	抗倾覆安全系数	基底容许应力安全系数
施工阶段	—	—	1.70
恒+活	2.13	3.72	1.88
恒+活+温度+风荷载	2.08	3.63	2.32

地连墙及内衬强度计算(单位:MPa)　　表3-40

地连墙混凝土应力	地连墙钢筋应力
10.6	149
内衬混凝土应力	内衬钢筋应力
11.4	42

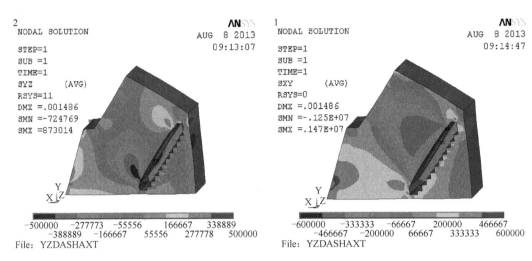

图 3-30 锚体计算图

3.4 引桥及立交

3.4.1 引桥设计

1) 设计原则

南沙大桥引桥较长、墩高变化范围较大，设计方案可选择范围较广，因此，需针对桥梁所处位置，根据墩高、地质条件等因素，对桥梁跨径布置、上下部结构、施工方案等进行详细研究比选，主要设计原则如下[12]：

桥梁方案选择应以交通功能为主要目的，以结构、材料、施工技术等为基本条件，结合环境因素，通过形态构成的规律对桥跨结构和墩台进行优化组合，在充分考虑经济性的前提下，创造出融合周围环境的桥梁形体。引桥设计主要遵循如下原则：

(1) 全面贯彻安全耐久、和谐美观、环保节约、科学创新的建设思想，充分吸取国内外桥梁建设的新理论、新材料、新工艺和先进经验。

(2) 桥型方案选择时应考虑整个工程的组织实施与施工方案，考虑主引桥施工的相互影响关系，考虑施工面划分与工期的关系，考虑桥位桥头区段场地条件(有无大型施工用地、有无大型块件起吊、运输等条件)以及是否需要在水上拼装大型架桥设备等。

(3) 考虑到桥跨结构长期营运的耐久性，大桥设计基准期为 100 年，应从结构设计、材料应用、防腐措施选择等方面综合考虑，采用成熟的施工工艺，充分考虑结构的质量保证措施及结构长期耐久性。

(4) 充分重视景观设计，力求造型美观，引桥的跨径布置、梁高和断面形式尽量与通航孔桥和周边环境相融合，减少引桥过多变化而造成的不协调。同时充分重视生态环境和自然景观的保护,力求将对其的影响程度降到最低。

(5)方案设计既要注重景观设计,又要注重经济原则,选择适应地形、地质与结构特点的施工方案,选择经济的桥跨布置方式和经济的断面布置形式。

(6)充分考虑沿线公路、轻轨、河涌、堤坝等的跨线要求,重视桥梁施工期间对已运行道路、桥梁和堤坝的安全影响。

2)引桥跨径分析及结构类型选择

(1)引桥跨径选择原则

南沙大桥引桥主线桥全长10.078km,按其与两座主桥的相对关系,可分为西(番禺)、中(海鸥岛)、东(东莞)三个部分;按墩高又可分为高墩区(墩高40m以上)、中墩区(墩高25~40m)、低墩区(墩高25m以下)。可见,本项目具有桥梁长、桥墩高、墩高变化范围大等特点(表3-41),因此,在项目的初步设计阶段针对桥梁所处位置,根据墩高、地质条件等因素,对桥梁跨径进行详细研究比选。桥梁跨径的选择合理与否对工程的经济性、美观性及施工速度有较大的影响,选择了上下部结构形式后,需要对同种墩高不同跨径之间进行全面的比选,以确定与墩高和基础对应的经济跨径。同时,跨径的布置还要考虑与主桥的配合及跨堤、跨线要求等因素[13]。

南沙大桥引桥主线桥各墩高和桥梁长度一览表(单位:m)　　表3-41

墩高范围	墩高	桥梁长度	
低墩区	≤20	2490	3532
	20~25	1042	
中墩区	25~30	445	2399
	30~35	1031	
	35~40	923	
高墩区	40~45	936	4097
	45~50	933	
	50~65	2228	

(2)布跨控制因素

引桥跨径的选择,应充分考虑墩高、地质、景观和跨越地面构造物的要求。若引桥跨径过大,虽可减少基础工程,但与主桥边跨梁高的协调性较差,且会给施工带来一定的困难。若引桥跨径过小则与主桥整体规模不协调,且桥墩林立,较高的桥墩与较小的跨径比例失衡,势必造成景观上的不协调。从经济合理性考虑,结构的经济跨径与桥墩高度相关联。结合本桥桥梁区域覆盖层较厚、基岩埋藏较深、地基承载力较低等特点,需要在不同墩高区域内选择合理的经济跨径。

①跨堤处安全距离要求

根据主桥跨径及桥位布置,大沙水道桥两侧跨堤处采用62.5m跨径,坭洲水道桥两侧采用55m跨径方可满足跨堤安全距离的要求。

②景观设计要求

参考已建成桥梁的景观效果,一般认为墩高小于跨径一定范围时可取得较好的景观效果,因此,本项目根据不同的墩高范围选择不同跨径。同时,从方便施工的角度考虑,不宜使用过多的跨径。根据墩高将本项目引桥范围分为低墩区、中墩区和高墩区,在不同墩高范围内采用不同跨径,以取得最佳景观效果。

南沙大桥桥梁区域覆盖层较厚、基岩埋藏较深、地基承载力较低,桥梁桩基长度较大,因此从经济性考虑,同时参考区域内类似桥梁的设计经验以及景观设计的考虑,引桥主线桥跨径不宜少于30m。

③经济性原则

最合理的经济跨径就是使上部结构和下部结构的总造价达到最低。经济跨径的选择宜根据墩高,对不同的跨径进行经济分析,以确定与墩高和基础对应的经济跨径组合。引桥主线桥全线桥跨布置时,考虑平均墩高和桩基长度来确定推荐方案,以取得最佳组合。

④引桥主线桥跨径初选

综合考虑以上各布跨控制因素,对引桥主线桥各墩高范围内合适跨径进行初步选定,如表3-42所示。

南沙大桥引桥主线桥各墩高范围跨径初步选定表(单位:m)　　表3-42

墩高范围	墩高	桥梁长度	初选跨径范围
低墩区	≤25	3532	30、35
中墩区	25~40	2399	40、45
高墩区	≥40	4097	50、55、62.5、75

(3)经济跨径比选

经济跨径的选择宜根据墩高,对不同的跨径进行经济分析,以取得最佳组合。综合上述各项比选分析,在南沙大桥初步设计阶段上部结构选取预应力混凝土箱梁,跨径在30~62.5m之间,下部结构选取花篮型双柱墩及薄壁花瓶墩配钻孔灌注桩基础,施工方案为节段拼装方案,进行不同跨径的经济比选,以确定与墩高和基础对应的经济跨径组合。

①跨径比选范围

根据有关部门跨越堤坝安全距离的要求,跨堤处高墩范围内跨径必须分别采用62.5m和55m方可满足。

从桥梁景观设计的角度考虑,跨径大于墩高时可以取得较好的景观效果,为保证桥梁整体协调性,除特殊跨线桥梁外,一般桥梁跨径建议按表3-43范围选取。

南沙大桥引桥主线桥不同墩高区域建议采用跨径范围(单位:m)　　表3-43

墩高	跨径						
	30	35	40	45	50	55	62.5
≤20	√	√	—	—	—	—	—
20~25	√	√	√	—	—	—	—
25~30	—	√	√	√	—	—	—
30~35	—	—	√	√	√	—	—
35~40	—	—	—	√	√	√	—
40~45	—	—	—	—	√	√	√
45~50	—	—	—	—	—	√	√
50~55	—	—	—	—	—	√	√
≥55	—	—	—	—	—	√	√

②跨径比选结果

上部结构采用连续箱梁,施工方案采用节段拼装法,对各种墩高范围内进行造价估算,得出各墩高、跨径组合条件下单位面积造价如表3-44所示。

南沙大桥引桥主线桥不同墩高、跨径组合造价估算(单位:万元)　　　　表3-44

墩高(m)	跨径(m)						
	30	35	40	45	50	55	62.5
20	3534.2	3671.7	—	—	—	—	—
25	3752.9	3881.4	4334.9	—	—	—	—
30	—	4278.6	4517.3	4664.8	—	—	—
35	—	—	4581.5	4730.1	4984.9	—	—
40	—	—	—	4812.0	5080.8	5249.8	—
45	—	—	—	—	5293.8	5490.3	5811.3
50	—	—	—	—	—	5583.5	5911.7
55	—	—	—	—	—	5861.9	6217.1
60	—	—	—	—	—	6150.5	6495.9

可以看出,相同墩高的条件下,跨径较小时经济性较好。

③全桥经济跨径选择

引桥主线桥全线桥跨布置时,考虑平均墩高和桩基长度来确定推荐方案,并适当结合施工、设计、景观要求,采取简化和统一的方案。从施工和景观角度考虑,全桥不宜采用过多的跨径,因此在中墩区和低墩区各选择一种跨径与跨堤处的大跨径进行组合,形成4种组合方案如表3-45所示。

南沙大桥引桥主线桥各墩高范围内跨径组合方案(单位:m)　　　　表3-45

墩　高	桥梁长度	跨径组合			
		方案一	方案二	方案三	方案四
≤20	2490	30	30	35	35
20~25	943				
25~30	445	40	45	35	35
30~35	1371				
35~40	923			45	50
40~45	936	55/62.5			
45~50	933		55/62.5	55/62.5	
50~65	1979				55/62.5

在以上各跨径组合方案下,估算各方案的全桥造价,如表3-46所示。

南沙大桥引桥主线桥各墩高范围内跨径组合造价估算表　　　　表3-46

方案一		方案二		方案三		方案四	
跨径(m)	造价(万元)	跨径(m)	造价(万元)	跨径(m)	造价(万元)	跨径(m)	造价(万元)
30	35640.7	30	35640.7	35	37026.9	35	37026.9
30	14333.0	30	14333.0	35	14823.6	35	14823.6
40	8141.3	45	8407.1	35	7711.1	35	7711.1
40	25438.9	45	26264.4	45	26264.4	50	27678.6
55/62.5	19624.6	45	17987.9	45	17987.9	50	18992.6
55/62.5	20812.5	55	20812.5	55	20812.5	50	20067.6
55/62.5	21097.9	55	21097.9	55	21097.9	55	21097.9
55/62.5	46982.6	55	46982.6	55	46982.6	55	46982.6
总计	192071.4	—	191526.0	—	192706.8	—	194380.9

在南沙大桥的纵坡条件下,各跨径组合方案总造价相差不大,且采用小跨径组合较为经济。采用跨径组合方案二(30m、45m和55m/62.5m),总体经济性最好,且该方案各墩高范围内跨径分布较均匀,因此,在初步设计阶段将方案二作为南沙大桥引桥主线桥的推荐跨径组合。

(4)引桥跨径比选结论

综上所述,结合南沙大桥引桥现场建设条件,综合考虑施工、景观、跨越构造物要求及经济性等控制因素,南沙大桥引桥墩高划分及最终采用的跨径布置如表3-47所示。

南沙大桥引桥主线桥跨径采用情况(单位:m)　　　　表3-47

墩高范围	≤25	25~40	≥40
推荐跨径	30	45	55/62.5

3)引桥施工方案选择

(1)施工方案选择

本项目低墩区范围采用30m跨径,上部结构采用预制小箱梁。在中、高墩区范围内,跨径45m、55m和62.5m的桥梁左右幅合计总长约10km,规模较大。根据国内典型长大桥梁调查情况,与本项目建设条件类似的工程,采用的施工方案主要有节段拼装和移动模架两种工法[14]。

①节段拼装施工工法

节段拼装法是指将梁体沿纵向划分为若干个节段,在工厂或桥位附近进行预制并留好预应力孔道,待下部结构施工完成后,将节段沿已建的桥跨轨道运输或船舶运输至桥位进行拼装,同时张拉所需的钢丝束形成结构体系。

节段拼装法的主要优点是:节段预制工作是在预制场提前进行的,可与桥梁下部结构施工同时进行;主梁是分段预制的,对起重能力要求不高,能够高效率利用现代化机械设备,加快施工速度;梁体节段工厂预制大大减少施工现场工作量,可不受天气和外界因素干扰,混凝土施工质量在预制场得到保证;节段预制拼装工艺可保证桥梁的外形美观;节段预制及吊装施工可根据需要投入设备,合理安排工期,施工组织管理比较灵活。

节段拼装法的主要缺点是：由于结构采用化整为零、集零为整的施工方法，结构整体性略差；节段预制需要大片的预制场地，预制好的块件需平移或纵移等，在软土地基处理费用较高，在运输条件差的地方实施相对困难；节段拼装法一般需采用体外预应力体系，总体造价较高。

②移动模架施工工法

移动模架系统是一种自带模板、利用纵梁支撑对混凝土桥梁进行现场浇筑的施工机械，它像一座严密而坚固的、沿桥跨布置的全封闭的桥梁工厂，在该桥梁工厂中可以完成从立模、钢筋绑扎、浇注混凝土以及张拉预应力等全套的现浇桥梁施工工艺。

移动模架法的主要优点是：周转次数多，施工周期短，施工安全可靠，结构整体性好，施工高度机械化，受天气和外界因素干扰较少，能提高工程质量；使用移动模架施工不需要中断桥下交通，与传统的满堂支架相比，使用辅助设备少，减少了人力资源的浪费，施工现场文明简洁，既保证了工程质量，又能加快施工进度。

移动模架法的主要缺点是：长距离供应原材料、水、电等有一定的难度，对曲线桥、变宽桥适用性不强；国内大于 60m 跨径、八车道桥宽的移动模架设备套数不多；由于跨径较大，设备组拼、移动较为耗时，不利于缩短工期。

③施工方案综合比选

根据本项目特点，综合上述对节段拼装和移动模架两种工法特点分析，详细比较如表3-48所示。

上部结构施工方案比较表 表3-48

比较项目			上部结构方案	
			移动模架	节段拼装
结构受力性能			整体连续性好	抗弯和抗剪性能略逊于现浇结构
施工	施工质量和控制		现场工作量大	现场工作量小
	所需施工设备		移动模架	架桥机、运梁车
	对施工环境要求		无特殊要求	需预制场地
	施工工期	45m	14~17d 一孔	约6d 一孔
		55m	15~18d 一孔	约10d 一孔
		62.5m	15~20d 一孔	约12d 一孔
	施工难易性		60m 跨径、20m 桥宽难度较大	对预制和拼装精度要求较高
耐久性的可靠度及控制措施	设计		可采用高性能混凝土、真空压浆等技术提高耐久性	可采用高性能混凝土、真空压浆技术、更换体外束提高耐久性
	施工		加强现场施工质量控制，结构耐久性较易保证	现场拼装精度要求较高，接缝处耐久性控制难度大
	后期检查及养护		质量可靠，后期养护量少	体外预应力需定期养护，接缝处可能产生病害

（2）节段拼装施工工艺

节段拼装法施工需制定几个关键方案，即节段预制方法、节段运输方案和节段架设方案。

其中不同的节段架设方案将影响设计方案,需要在设计阶段进行明确,而节段预制方法和运输方案则可在施工实施阶段,根据总体施工组织确定,设计阶段可根据现场条件,提出推荐方案。

①节段预制方法

混凝土桥梁节段的预制方法基本可归纳为两大类:长线法和短线法。

长线法的优势在于节段的线形控制比较简单,但由于底模纵横向预制线形无法变化,故各跨的线形必须一致,只适用于无水平曲线的直线桥梁。长线法虽然可在墩顶节段的底模结构上改进,在增加模板数量后可做到多点施工,但底模的利用率仍然较低。

短线法的优势在于节段生产周期短,适用于直线桥梁和各种跨径的桥梁,对节段数量很大的多跨长桥和有水平曲线的桥梁尤其适合。由于内外模板均可方便地移动,故短法线一般均采用在钢筋胎模上预制节段的钢筋骨架再吊入台座。与长线法相比,短线法将绑扎钢筋这一工序由顺序工作改为并行工作,这就大大缩短了节段的预制周期,生产效率比长线法高。但短线法预制精度要求高,需有计算机和专用程序辅助工作,用高精度仪器进行线形测量,调整模板的工作较多。

②运梁方式的选择

节段在待施工桥跨位置的运输方式可以采用梁上运梁或梁下运梁的方式进行。

预制节段进行拼装时若通道上箱梁已经建设完成则可进行梁上运梁。采用梁上运梁方式,需针对性设计所使用的悬拼吊机以满足喂梁的需要。运梁通道结构设计时,需考虑最大节段量及运梁车重量此种不利工况。

南沙大桥现场河涌较多,在施工过程中为了便于组织,施工便道除大沙水道和泥洲水道外均需沿桥线贯通,跨越河涌部分根据水文情况采用涵管和钢栈桥的方式跨越;如要采用梁下运梁,运梁通道需进行加固,投入较大。

因此,本项目设计阶段推荐采用梁上运梁的方式,以减少地面运梁通道的加固成本,目前承包商也是按梁上运梁进行施工组织设计。

③节段安装施工工艺

根据梁段拼装工艺的不同,可以分为平衡悬臂拼装法和逐跨拼装法两种方法。

平衡悬臂拼装法是指拼装施工时用吊机将预制梁段在桥墩两侧对称起吊,安装就位后,固定紧固件或张拉预应力筋,继续下一节段施工,使悬臂不断接长至最大悬臂状态,直至合拢。整个过程的结构体系先形成悬臂结构,合拢后形成连续体系。逐跨拼装法是指采用能够承受全跨重量的架桥机或承重梁,将全跨的预制节段放置就位后用体内或体外预应力进行串联拼装形成简支结构,最后张拉墩顶负弯矩束形成连续体系。两种拼装工艺比较见表3-49。

节段拼装施工工艺比较表　　　　表3-49

比较项目	施工工艺	
	悬臂拼装	逐跨拼装
架桥设备	边跨的一半需悬挂拼装,架桥机仅需支撑边跨跨径一半即可,设备规模小,重量较轻。	架桥机需支撑全跨的重量,跨径较大时架桥机设备规模较大,初期组装费时费力,移动稍缓慢
一般适用跨径	>50m	≤50m

续上表

比较项目	施工工艺	
	悬臂拼装	逐跨拼装
施工速度	10~12d/孔	5~7d/孔
线形控制	节段预制及拼装施工精度要求较高,施工控制难度稍大。	线形控制较易,难度不大。
采用情况	55m、62.5m采用	45m采用

4) 预制节段拼装箱梁结构设计

(1) 梁高的选择

为提高体外预应力效率、满足标准化设计要求,为体外预应力系统维护及更换留有足够的净空,体外预应力混凝土箱梁的梁高不宜太小,根据计算比较,本项目梁高设计值基本按跨径的1/17左右控制[15]。引桥节段拼装构造设计参数见表3-50。

引桥节段拼装构造设计参数表　　表3-50

序号	结构参数	跨径		
		62.5m	55m	45m
1	梁高(m)	3.6(1/17.4)	3.3(1/16.7)	2.7(1/16.7)
2	顶板厚度(cm)	28		
3	底板厚度(cm)	27/32/37/42/47		27/47
4	边腹板厚度(cm)	45/50/55/60/65		45/65
5	中腹板厚度(cm)	40/45/50/55/60		40/60
6	中横梁厚度(cm)	320	320	280
7	端横梁厚度(cm)	225	200	240
8	节段长度(cm)	300/255/200	350/265/170	350/325/300/247.5
9	现浇湿接缝长度(cm)	20		

(2) 箱梁横断面设计

为减小上部结构的自重,上、下行双幅桥采用两个分离的箱梁,单幅四车道则采用单箱双室截面。为优化景观,减少上部结构重量,本项目箱梁采用了3.6m的挑臂构造,从而引起了边、中腹板受力不均衡,因此,根据腹板不同的受力特性,对于腹板厚度进行了差异化设计,同一断面上边腹板厚度比中腹板厚度大5cm,以便与结构的横向受力特点相匹配。62.5m跨径箱梁跨中标准横断面如3-31所示。

为满足受力及纵向预应力筋弯起锚固等要求,在靠近墩顶的几个节段,腹板和底板厚度均逐步增大。同时为便于节段标准化制造,腹板和底板厚度变化采用突变的方式来实现。因本项目部分节段拼装箱梁位于2000m的平曲线半径上,路线设计时设置了超高渐变段,超高由-2%变化为3%,变化长度为250m,超高渐变率为每50m变化1%。经比较认为,箱梁的横坡若采用底板水平、腹板不等高的方式形成,则预制难度较大。考虑上述影响因素,选择了箱梁顶、底板保持平行,箱梁整体旋转形成横坡的方式。超高渐变处箱梁节段的预制可以通过稍微扭转模板来实现,且超高渐变处箱梁的节段预制无须单独定制模板,节省了模板种类及数量,简化了施工。

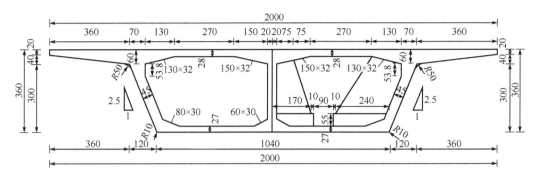

图 3-31 62.5m 跨径箱梁跨中标准横断面(尺寸单位:cm)

(3)箱梁节段划分

为方便预制,减少节段类型,节段设计时尽量采取简化和统一的原则。预制节段长度的划分不宜太大或太小,节段太大则对吊装和运输条件要求较高,节段太小则施工工序增多,工期延长,参考国内建设经验及项目的现场条件,南沙大桥设计节段重量控制在 120~140t。

节段拼装箱梁现浇湿接缝主要有两种形式,一种为悬拼施工时跨中的合拢段,长度一般在 2.0m 左右,其构造及施工要求与悬浇箱梁跨中合拢段基本相同;另一种为用于预制节段拼装偏差调整及合拢而设置的小宽度现浇缝。后者的湿接缝可不设纵向普通钢筋,在满足体内预应力管道连接和混凝土浇筑振捣要求的情况下接缝的宽度应尽量小,一般在 10-20cm 左右,与现浇缝连接的预制节段的端面设剪力键或仔细凿毛露出粗骨料。

本项目考虑加快拼装速度,合拢段均采用了宽度为 20cm 的现浇湿接缝,主要用于边跨或中跨的合拢,并调整节段拼装过程中的线形误差。

(4)节段接缝设计

因本项目预应力设计为体内外混合配束,为保证接缝位置体内束的耐久性,采用了环氧树脂胶结接缝。

为增强接缝面的抗剪性能,接缝面上设置了剪力键。剪力键由以下几部分组成:腹板内剪力键,主要承受并传递接缝上的正常受力情况下的截面剪力,由多个小尺寸的键块组成,范围限定在腹板内部;顶板内剪力键,由多个长条形键块组成,主要用于传递桥面接缝上的车辆荷载引起的剪力,有助于节段拼装时镶嵌对接定位。底板内剪力键,也由多个长条形键块组成,主要用于节段拼装时镶嵌对接定位。

为美观和便于环氧胶体挤出,腹板剪力键均靠内边设置;顶板剪力键应承受桥面局部荷载,设在顶板的中间位置,为便于环氧胶体挤出在上侧设置出胶槽;底板及其他位置的剪力键均由箱内设出胶槽。

为了便于接缝密接匹配预制时脱模、拼装时镶嵌对接及环氧胶体挤出,剪力键设计成凹凸密接匹配的棱台状。因重力作用及胶体固化前的润滑效应,键槽与键块上、下侧面将接触压紧,截面部分剪力由此传递。因此,为了使键块的受力传递至节段端面受力钢筋,键块上、下侧面斜角均为45°。

(5) 箱梁墩顶节段设计

箱梁中间墩及过渡墩墩顶节段因为设置了横隔梁,其重量较大,同时本项目为陆上桥梁,该类节段整体预制使得运输设备及架桥机的起重能力难以适应。因此,为减轻节段重量,适应现场施工条件,墩顶节段设计为两次施工的形式,预制部分仅为顶板、腹板和部分底板,待节段就位后现场浇筑横隔梁,形成墩顶节段。

横隔梁预制部分与现浇部分的接触面设置了10cm深的凹槽,以增强接触面不同龄期混凝土的黏结性能,加强接触面在体外预应力作用下的抗剪能力。在现浇部分的顶板位置设置了混凝土浇筑孔,以方便混凝土浇筑施工。因中间墩顶节段与墩身固结,故该节段仅预制顶板和腹板,底板不预制,仅设两道横肋以支撑腹板,保持节段箱梁整体形状。

(6) 预应力体系设计

由于体外预应力具有减轻上部结构重量,方便主梁制作以及可以更换等诸项优点,预制节段拼装桥梁使用体外预应力的实例愈来愈普遍。既有全部使用体外预应力束的,也有兼用体内与体外束的。

本项目箱梁为双向预应力混凝土结构,主梁除布置纵向预应力束外,在桥面板内设有横向预应力束。其中,纵向预应力采用体外+体内混合配束的形式,同时预留一定数量的体外束转向及锚固构造,以方便后期体外束的更换及补充。

体内、体外钢束配合比的设计与节段架设方案紧密相关,一般而言,架设阶段采用的钢束比例要高于成桥阶段钢束比例。对于本项目而言,45m跨径的逐跨拼装桥梁,采用体外束作为架设阶段钢束,其所占比例较高。55m和62.5m跨径的悬臂拼装桥梁,采用体内束作为架设钢束,其所占比例较高。本项目钢束配合比设计如表3-51所示。

体内、体外预应力配合比设计　　　　表3-51

拼装工艺	跨径(m)	体内束比例(%)	体外束比例(%)
逐跨拼装	45	30	70
悬臂拼装	55	67	33
	62.5	70	30

(7) 体外束构造设计

①锚固构造

体外预应力束的锚固,是保证体外预应力体系安全、耐久的关键构造。体外预应力主要锚固在锚固横梁上,锚固横梁是一种三边支承的深梁,也是局部承压的锚固块,通过深梁与局部承压的共同作用,将体外束强大的锚固力传递至箱梁的腹板、顶板及底板。

为使体外预应力筋的拉力波动不直接传至锚具夹片,同时也能使锚具的张拉端处于施工便利的方位,本项目的体外预应力锚具均按水平方向设置,而在出横梁处设转向构造以满足钢束转向的要求。

锚固横梁的厚度主要由体外预应力筋锚固及转向的构造要求、横梁在体外预应力作用下的受力要求以及墩梁固结或墩顶设支座的尺寸要求共同确定。其中45m跨径的端横梁厚度大于55m和62.5m跨径的端横梁,主要因为45m跨径以体外预应力为主,体外预应力数量最多,故其横梁受力最大。

另外,考虑体外预应力锚头保护罩的长度较长,为方便体外束在施工期间的张拉操作以及后期可能需要的更换施工,位于同一伸缩缝两侧的两联箱梁,其端横梁的体外预应力锚固位置在空间上适当错开。

②转向构造

因结构受力需要,体外预应力一般须在跨内设转向装置,跨内转向构造的位置在箱梁恒载弯矩零点附近。本项目因跨径不大,体外预应力配置数量不多,转向装置采用集中转向的方式,在每跨内均设置两个转向构造,以减少转向节段种类,简化施工。体外预应力筋通过预埋的转向管道进行弯转,转向管道采用分丝管形式,与梁体内的钢筋固定在一起。

③减振构造

在营运阶段,由于车辆通行等各种因素会引起结构与索体产生振动,如果索体的自振频率与整个结构的振动频率相近时,可能出现共振,给整个结构的安全带来隐患。为使索体自由段的振动频率不同于整个结构的振动频率,必须在适当的距离安装减震装置使索体自由段的振动区间变短并给索体适当减振,以避免索体产生有害的振动。同时,通过设置减振定位装置,限制体外预应力束发生相对梁体的位移并使体外预应力钢束偏心保持不变,使截面抗弯承载力得到充分发挥。经计算,本项目体外束减振装置间的距离按不大于8m控制,即可满足要求。

(8)临时预应力设计

为保证胶接缝的强度,在匹配面上涂抹环氧树脂后,要在相邻节段上张拉临时预应力束,使匹配面承受0.3~0.5MPa的压应力,直到梁体永久预应力张拉完毕后,再拆除临时预应力束。临时预应力通过临时张拉台座来传力,本项目设计采用在顶板和底板上预留孔洞,安装可拆卸的钢构件作为张拉台座,通过精轧螺纹钢的张拉来施加临时预应力。

5)预制节段拼装箱梁耐久性设计

(1)预制节段拼装桥梁的耐久性现状

由于国内预制节段拼装桥梁的起步较晚,目前服役年限尚短,尚未见有关其耐久性的公开报道。在英国,有黏结的后张预应力桥梁由于腐蚀而引起的第一起严重事故是1967年汉普郡Bickton Meadows人行桥的倒塌,另一起由于腐蚀引起的塌桥事故是格拉摩根郡西部Ynys-Y-Gwas桥。Bickton Meadows人行桥的垮塌是由于顶板预应力筋被严重腐蚀。有报道称该桥预制单元在送到工地时就已经发现有裂缝以及蜂窝状麻面,以至于在后来的压浆操作过程中发现有水泥浆从顶面冒出来;另外,还有报道称该桥超应力了。该桥只运营了15年就倒塌了。Ynys-Y-Gwas桥倒塌是由于纵向预应力筋在节段拼缝处被腐蚀,接缝处的水泥浆是高渗透性的,从而让湿气、氯化物及氧气等能够进入到体内而引起预应力筋腐蚀。该桥建成已有32年,垮塌之前没有任何危险的征兆。

据分析,英国节段预制桥梁出现的问题与薄的砂浆接缝以及缺乏设计和施工经验有特殊的联系。有黏结的后张预应力结构出现的问题也与桥梁设计或施工中的失误有关。因此,英国的后张预应力结构特别是预制节段拼装桥梁所经历的问题与缺乏设计与(或)施工经验有关,而并不是由于使用体内索进行预制节段拼装施工就与生俱来存在重大的耐久性问题。

美国预制节段桥梁委员会(ASBI)组织了一次预制节段混凝土桥梁耐久性方面的调查。总共调查了109座预制节段桥梁,其中大多数建造在美国境内。所有调查结果显示桥梁结构具有良好的耐久性能,后张预应力筋没有发生大的腐蚀问题。当然,这次调查结果只是基于目测检视的基础。与英国不一样的是,美国的预制节段桥梁中没有发现有关后张预应力筋被腐蚀的情况。

(2)南沙大桥节段拼装箱梁的耐久性措施

尽管英国的预制节段桥梁出现了个别问题,但并非由于预制节段拼装这种体系引起的,现在的实践经验表明:预制节段拼装桥梁,只要正确地设计和施工,就会有好的长期耐久性。

因此,在南沙大桥项目节段拼装设计过程中,主要从预应力体系设计、预应力筋防腐方案、接缝防腐措施等方面,增强结构耐久性。

①预应力体系

由于体外预应力具有减轻上部结构重量,方便主梁制作以及可以更换等诸项优点,预制节段拼装桥梁使用体外预应力的实例愈来愈普遍。既有全部使用体外预应力索的,也有兼用体内与体外索的,体外索的使用根据架设方法的不同而有所差别。在兼用体内与体外索时,一般而言对架设过程中所需的预应力钢材主要采用体外索,对成桥后所需的预应力则使用体内索。

本项目节段箱梁的设计采用体内+体外混合配束的方案,同时设计预留一定数量的体外索转向及锚固构造,以方便后期体外索的更换及补充。

②体外束防护方案

目前,体外预应力的设计方法及施工工艺已可保证其可达、可检、可修、可换,其耐久性已成为其设计采用的优点之一。本项目设计要求体外预应力体系应满足可更换要求,设计使用寿命不小于30年。据调查了解,目前国内体外预应力主要采用填充型环氧钢绞线、单丝喷涂环氧钢绞线体系和单根涂油脂或蜡外包PE层的钢绞线,这几种预应力体系均可满足本项目的耐久性要求。

③体内束防护措施

一般来说,因体外束的使用,体内束数量大大减少,体内+体外混合配束节段预制拼装桥梁相对现浇桥梁有更好的耐久性,但由于接缝的存在和部分体内预应力的使用,体内束的耐久性问题仍值得关注。同其他混凝土桥梁相比,管道压浆密实性及节段拼缝对预制节段拼装桥梁耐久性的影响尤为突出。

灌浆是防止侵蚀的主要防线,因此正确的灌浆非常重要。管道的压浆是体内的后张预应力结构必不可少的一道环节。国外发现以前建造的后张预应力桥梁出现了不少的灌浆问题,主要是灌浆不密实、水泥浆中存在气泡以及锚头的防护等,但目前对其工作状况仍无法通过检测手段准确获取。

针对本项目,设计要求体内预应力孔道采用真空压浆工艺,浆体质量以及压浆设备必须满足《公路桥涵施工技术规范》(JTG F50—2011)相关要求。在注浆前,应在张拉、锚固端用环氧砂浆封闭外露锚头,防止锚头处漏气。

④节段接缝防护措施

由于预应力管道在节段拼缝之间缺乏连续性,故而节段接缝被认为是预制节段桥梁体内索防腐潜在的薄弱环节。

考虑到箱梁节段拼接时，由于可能存在的偏差，两边孔道的位置会有一定的错位，采用真空辅助压浆时，可能会发生孔道漏气漏浆的现象。此外，施加临时预应力时胶体也有可能被挤入孔道，造成穿束困难。因此，设计科学合理的接缝密封措施成为确保工程耐久性的一个关键环节。

根据密封性能的要求，本项目提出如下几个方案：

方案一：橡胶密封圈＋涂胶方法，制作构件时在孔道处预留凹槽，槽内粘贴密封圈。

方案二：密封垫圈＋涂胶方法，制作构件时不需留槽，垫圈粘贴于节段表面。

方案三：接缝顶面设置V形凹槽，节段临时预应力张拉完成后在凹槽内注满环氧树脂胶并抹平表面。顶面设V形凹槽也可防止顶面直角在预制或运输过程中意外碰损。

方案四：预制节段采用变径波纹管，接缝位置处管径稍大，节段拼接时在大管径内插入小管径波纹管，此构造设计可将波纹管接缝位置与箱梁节段接缝位置错开，加大水汽进入的难度，同时不增加穿束的难度。

节段截面接缝胶黏剂的耐久性也是接缝耐久性的一个关键控制因素，桥梁结构黏结剂国内目前无专用标准，通常采用符合国际预应力协会标准（FIP）的胶。

⑤关于混凝土防水层的设置

考虑到箱梁节段拼接时，接缝位置可能成为耐久性的薄弱环节，个别节段拼装桥梁设置了混凝土防水层，同时兼具调平的作用。据了解，目前国内设置防水层的桥梁较少，苏通大桥引桥节段拼装箱梁采用了5cm的防水层。

由于设置的防水层一般不考虑参与结构受力，只是增加了结构恒载，因此相应的需要增加费用。据调查，自苏通大桥之后，国内大部分节段拼装箱梁均不再设置防水层，如嘉绍大桥、崇启大桥、泉州湾大桥等。因此，南沙大桥亦不考虑设置混凝土防水层。

6）引桥组合式钢护栏设计

（1）海鸥岛的景观定位

本项目穿越的海鸥岛是广州新城的重要组成部分，其景观定位为具有国际知名度的度假、观光及会议旅游目的地，国家4A级旅游区，成为兼具生态休闲岛和度假目的地的旅游形象。

海鸥岛为珠江主航道和莲花山水道所环绕，地处珠江入海口，面临狮子洋，是一个典型的珠三角河流冲积而成的内河岛，西距番禺市桥中心城区约10km，用地面积约36km^2。海鸥岛所在的位置，是珠三角9个城市的几何中心，华南快速干线、京珠高速公路、广深高速公路、南沙大桥等大大便利了海鸥岛的对外联系，距离每一个城市都在两个小时车程之内，为海鸥岛发展旅游业奠定了非常难得的基础。

海鸥岛是目前广州城市范围内保持着原生态的唯一大型岛屿，是城市发展的生态节点。未来广州新城开发建设展开后，广州新城将与海鸥岛形成"城市"与"郊野"的鲜明景观对比。同时海鸥岛发展成为郊野休闲基地也将突出展示珠江母亲河的水域生态特色。海鸥岛将作为广州大都市郊区的一个重要的休闲旅游区，为广州市民及周边城市的居民提供一个休闲场所。

南沙大桥项目采用桥梁方案横穿海鸥岛南端，设两座特大桥跨越两条水道，并通过海鸥岛立交将岛与广州、东莞相连，为岛屿的旅游开发提供更加便利的交通条件。同时，南沙大桥也作为景点之一，丰富海鸥岛景观，对其景观设计亦提出了更高的要求。本项目设计过程中，除了对桥梁主体结构的主塔、箱梁、桥墩进行了景观设计的比选之外,亦对桥梁防撞护栏进行了景观设计优选。

(2)护栏方案比选

桥梁防撞护栏纵向吸能,通过自体变形或者车辆爬高来吸收碰撞能量,从而改变车辆行驶方向、阻止车辆越出路外或者进入对向车道、最大限度地减少对乘员的伤害。

①桥梁护栏防撞等级

根据车辆驶出桥外或者进入对向车道可能造成的交通事故等级,依据《公路交通安全设施设计规范》(JTG D81—2006)选取桥梁护栏的防撞等级。桥梁护栏防撞等级适用条件见表3-52。

桥梁护栏防撞等级适用条件　　　　表3-52

公 路 等 级	设计速度(km/h)	车辆驶出桥外有可能造成的交通事故等级	
		重大事故或特大事故	二次重大事故或二次特大事故
高速公路	120	SB、SBm	SS
	100、80		SA、SAm

因桥梁线形、运行速度、桥梁高度、交通量和车辆构成等因素易造成更严重碰撞后果的路段,可在此表的基础上提高护栏的防撞等级。

本项目为标准八车道高速公路,设计速度100km/h。同时,结合我省标准化设计成果,本项目桥梁外侧护栏采用SS级、中央分隔带侧护栏采用SAm级。

②常用护栏形式及比选

a.混凝土墙式护栏

混凝土墙式护栏采用我省颁布的标准图,护栏迎撞面截面形状满足《公路交通安全设施设计规范》(JTG D81—2006)的要求,护栏背面形状适当调整。

桥梁外侧选用SS级加强型钢筋混凝土墙式护栏,底宽500mm,带100mm挂壁,高出桥面铺装1100mm;内侧选用SAm级F型钢筋混凝土墙式护栏,底宽450mm,距桥面边缘50mm,高出桥面铺装1000mm。

b.钢护栏

钢护栏的立柱及横梁布置与主桥基本一致,护栏迎撞面满足《公路交通安全设施设计规范》(JTG D81—2006)的要求。

桥梁外侧选用SS级加强型钢护栏,混凝土底座宽500mm,高出桥面铺装100mm,带100mm挂壁,整个护栏高出桥面铺装1500mm;内侧选用SAm级F型钢护栏,混凝土底座宽500mm,高出桥面铺装100mm,整个护栏高出桥面铺装1250mm。立柱间距1.5m。

c.组合式钢护栏

组合式钢护栏的立柱及横梁布置与主桥基本一致,取消最下面横梁而用高度0.4m的混凝土底座代替,护栏迎撞面满足《公路交通安全设施设计规范》(JTG D81—2006)的要求。

桥梁外侧选用SS级加强型组合式钢护栏,混凝土底座宽500mm,高出桥面铺装400mm,带100mm挂壁,整个护栏高出桥面铺装1500mm;内侧选用SAm级F型钢护栏,混凝土底座宽500mm,高出桥面铺装400mm,整个护栏高出桥面铺装1250mm。立柱间距1.5m。

③方案综合比选

上述各方案综合比较如表3-53所示。

方案比选　　　　表3-53

护栏方案	混凝土墙式护栏	组合式钢护栏	钢护栏
施工	统一模板,难度不大	增多一个施工步骤,施工稍麻烦	工厂制作管材,现场安装,速度快
景观效果	一般	相比混凝土护栏方案有改善	桥上行车视野开阔,与主桥形式一致,景观效果好
建安费(万元)	1481.1	2865.1	3486.7
养护	混凝土结构,养护工作量小	钢结构需养护	钢结构需养护

④护栏细节设计

组合式护栏结构主要有钢筋混凝土底座和上部梁柱式钢护栏两部分。钢筋混凝土底座有预埋钢板及预埋螺栓组以及预埋钢筋,通过立柱连接板与上部梁柱式护栏连接;梁柱式护栏横梁通过连接螺栓及支架与立柱连接,立柱采用H形等截面立柱。

⑤护栏安全性检验

本方案为新型护栏,在《公路交通安全设施设计规范》(JTG D81—2006)、《公路交通安全设施设计细则》(JTG/T D81—2006)中,没有针对该方案的相应规定,从保障安全及优化景观的需要,依据前述两个规范及《公路护栏安全性能评价标准》(JTG/B05-01—2013)的相关规定,对方案进行了专题工作,并开展了碰撞试验(图3-32)。实车碰撞试验结果表明,各项指标满足规范的相关要求。

图3-32　碰撞试验

3.4.2　立交设计

1)东涌枢纽立交设计

(1)立交概况

如3-33所示,东涌枢纽立交位于广州市南沙区东涌镇庆盛村,为本项目起点,与国道主干线广州绕城公路南环段顺接,同时与广珠北线高速公路相连接的互通立交。

图 3-33　东涌枢纽立交平面设计图

由于南环高速实施时,对本立交采用一次设计、分期实施,已完成了本立交总体方案设计,并通过了初步设计审查。目前东涌枢纽立交广珠北线往返南环高速顺德方向的 4 条转向匝道已由南环高速实施并建成通车,广珠北线往返本项目东莞方向的 4 条转向匝道设计预留由南沙大桥项目实施。

(2)立交设计方案

立交采用涡轮型枢纽,各转向匝道均采用定向和半定向匝道,匝道设计速度为 60km/h,本项目实施部分匝道平曲线最小半径为 155m,最大纵坡 4.312%。

初步设计阶段还对原南环高速设计方案的细部进行了局部微调,根据最新的联网收费情况及交通工程设施设计情况,取消了原立交转向匝道上的标识站;同时结合本项目主线的平纵线形设计及最新的交通量预测情况,合理调整了匝道出入口路段的线形设计及匝道长度。

(3)立交具体设计要点

①平面布置

东涌枢纽立交基本维持原南二环高速公路的设计方案实施二期工程,立交形式采用涡轮型枢纽。同时,对原南二环高速公路设计方案的细部进行了局部微调,根据最新的联网收费情况及交通工程设施设计情况,取消了原立交转向匝道上的标识站;同时结合本项目主线的平纵线形设计及最新的交通量预测情况,合理调整了匝道出入口路段的线形设计及匝道长度。

南沙大桥主线在广州南二环终点至东涌立交东莞方向出入口段采用双向六车道标准横断面,整体式路基宽度 33.5m,桥梁与路基同宽。双车道匝道(D、E 匝道)与南沙大桥主线分合流的加减速车道均采用直接式,在双车道匝道分汇流处主线由双向六车道标准横断面渐变为双向八车道标准横断面(整体式路基宽度 41m,桥梁宽度 40.5m)。由此往东至项目终点采用双向八车道高速公路标准。横断面变化分界桩号具体如下：

主线左幅：从项目起点至LK0+450.935段为标准半幅三车道横断面；K0+823.618至项目终点段为标准半幅四车道横断面；LK0+450.935至K0+823.618段为渐变段。

主线右幅：从项目起点至K0+586.979段为标准半幅三车道横断面；K1+003.618至项目终点段为标准半幅四车道横断面；K0+586.979至K1+003.618段为渐变段。

考虑到本路段技术标准较高，平纵面指标较好，且交通量比较大，双车道减速车道长度按设计速度120km/h设置，E匝道出口双车道减速车道长度不小于225m，D匝道入口双车道加速车道长度不小于400m。E匝道出口双车道从内侧车道的分流点开始，通过设置渐变段减少南沙大桥主线的一条外侧车道，车道减少段的渐变率不大于1/50。

东涌枢纽立交在本期实施时，需要在被交路广珠北线（设计速度100km/h）珠海方向出口、往广州市区方向出入口设置辅助车道。入口加速车道长度不小于400m，辅助车道长度不小于400m，渐变段长度不小于180m；出口减速车道长度不小于225m，辅助车道长度不小于300m，渐变段长度不小于90m。

若按照南环高速公路广珠北线往广州市区方向出入口原端部位置预留条件，在广珠北线辅助车道拼宽段起点将存在局部三角渐变段侵入整联连续刚构桥的情况（左幅侵入约19m，右幅侵入约9m）。根据设计规范，将往广州市区方向出入口原端部位置进行了适当调整，左幅加速车道起点端部由原设计DXK27+750.059调为GZK27+769；右幅减速车道终点端部由原设计GZK27+715.038调为GZK27+724。本期实施时需采取铲除连接部部分标线、涂沥青漆的措施，调整端部位置、恢复部分加（减）速车道。

先行标主线长2236.674m，其中南沙大桥项目部分主线长1663.618m。本标段主线-K0+573.056~K1+663.618范围位于南沙大桥主线（JD1：$R=8000m$）、（JD2：$R=5500m$）的平曲线上（左幅J：$R=6280m$）。各新建匝道（设计速度60km/h）最小圆曲线半径为155m。

②纵断面布置

东涌枢纽立交区范围，南沙大桥主线最大纵坡为1.45%，最小凸曲线半径42129.364m（接前竖曲线）；广珠北线主线最大纵坡为0.383%（根据实测高程拟合），最小凸曲线半径70000m。

东涌枢纽立交各新建匝道最大纵坡为4.312%（接顺已建匝道部分），最小凹曲线半径为4000m，最小凸曲线半径为2150m。

东涌枢纽立交E匝道接顺已建成通车G匝道连接部，接线处纵坡为4.312%，施工图阶段通过增大竖曲线半径、减短竖曲线直线段长度等，使得实际平均纵坡为2.457%，其中实际大于4%的纵坡段长度只有15.1m。

③横断面设计

南沙大桥主线：双向六车道整体式路基宽度33.5m（广州南二环终点至东涌立交东莞方向出入口段，桥梁与路基同宽），其中：中央分隔带宽2.0m，左侧路缘带宽2×0.75m，行车道宽

2×(3×3.75)m,硬路肩宽2×3.0m,土路肩宽2×0.75m;双向八车道整体式路基宽度41m(东涌立交至终点,桥梁宽度40.5m),其中:中央分隔带宽2.0m,左侧路缘带宽2×0.75m,行车道宽2×(4×3.75)m,硬路肩宽2×3.0m,土路肩宽2×0.75m。

被交路广珠北线主线:双向六车道整体式路基宽度35.0m,其中:中央分隔带宽3.0m,左侧路缘带宽2×0.75m,行车道宽2×(3×3.75)m,硬路肩宽2×3.25m,土路肩宽2×0.75m。

各立交匝道A、D、E、H的桥梁断面均采用双车道断面形式,一般段标准横断面宽度为10.5m(右侧硬路肩1.0m),E匝道分流前和D匝道汇流后采用右侧硬路肩2.5m的双车道横断面,横断面宽度为12.0m。H匝道入口为路基段,布置为超车需要的单入口双车道匝道。

④匝道的超高设计

本立交匝道超高设计时充分考虑了各匝道的设计速度、同匝道不同路段的运行速度、不同车型的行驶特性、平纵线形指标、结构物设计等对匝道超高设计的影响。东涌枢纽立交的匝道超高设计时,充分考虑了以下因素:

a.匝道最大超高值的确定:从单纯的行驶力学分析,对于小型车,曲线路段道路超高值越大,一般情况下所能提供的向心力越大,车辆越是可以以较高的速度运行;而对于大型车,运行速度更多地受制于车辆自身动力性能、载重状况、道路纵坡度等因素影响,一般情况下运行速度相对较低,且目前高速公路上的大型车普遍存在超载现象,车辆重心较高,若道路的超高值过大,将增大车辆侧翻的概率。参考我省多个项目的实际经验,东涌枢纽立交匝道的最大超高值取为6.0%。

b.横向力系数的确定:横向力系数的大小直接影响乘车人的舒适感,横向力系数越小,对车辆转弯的不舒适感越小,而横向力系数过大,则不舒适感将越强烈。本立交各匝道的横向力系数不宜取值过大,参照《公路工程技术标准》(JTG B01—2003)的相关规定,本立交设计中,其横向力系数一般不大于0.09。

c.各匝道的超高渐变均采用线性渐变的方式。

2)海鸥岛互通立交设计

(1)立交概况

本项目路线在跨越大沙水道及坭洲水道的中间路段,穿越了番禺区石楼镇海鸥岛。目前海鸥岛上基本无较大的工业生产企业,交通基础设施也较落后,仅在岛的北侧有一座海鸥大桥与外界相连,岛上由北往南贯通的海鸥公路(省道S296)为岛上的主要道路。本互通立交的建设,主要提供海鸥岛及番禺区石楼镇周边交通(经南沙大桥往返东莞或广州南沙)的新路线[16]。

(2)立交设计方案

海鸥岛互通为项目与海鸥岛连接的一座服务性立交,该互通特点如下:①互通位于珠江口两座通航净空较高的特大桥之间,地面与主桥存在50多米的高差;②规划部门要求互通满足交通转换功能,适应一定的通行能力和服务水平;③立交匝道几乎全部是桥梁结构,设计施工较为复杂,同时空间布置优化余地较大;④作为珠江口的高耸结构,应注重互通立交的景观设计。

在该立交的设计中,研究了多种新型螺旋形互通立交布置方案。螺旋形立交具有克服大高差、增大匝道长度、减缓匝道纵坡、布置紧凑、节省用地的特点,而且造型美观、结构对称、行车转向明确。

其中,螺旋式环形立交需要设置复杂的双层或多层框架墩,设计施工较为复杂。最后实施采用新型螺旋式定向型互通立交方案,通过匝道布置空间优化调整,避免了深厚软基路段多层框架桥的设计与施工难度。各转向匝道设计速度均为40km/h,最大纵坡为3.999%(入口上坡匝道),环形匝道下坡匝道最大纵坡为3.5%。与海鸥公路相接的连接线及收费站布置于主线桥下,进一步节省用地,互通立交占地仅约15.0hm^2。

(3)立交具体设计要点

①平面布置

结合交通量预测、工程造价、施工难度等因素,经过前期比选和评审,海鸥岛互通立交施工图阶段采用环形互通立交形式,在定测基础上优化了B匝道平面线位,经过优化,本立交施工图方案桥梁设计取消了框架墩结构。同时,完善了之前平面设计,将B、D、E匝道调整为单出入口的单向双车道匝道,以利于超车。

出入口设计按照《公路路线设计规范》(JTG D20—2006)设计,减速车道采用直接式,单车道出口其长度不小于145m,渐变段长100m;加速车道采用平行式,其长度一般不小于230m,渐变段长90m。考虑出入口指标已提升至120km/h设计标准及桥梁规模控制,本立交单车道入口的双车道匝道加速车道未采用增加10~20m的做法。

本立交南沙大桥主线位于R=2000的平曲线和直线上,A匝道与被交路接线位置位于海鸥公路直线段上。各匝道最小平曲线半径采用75m(不含平交口及收费站交叉口范围)。

②纵断面布置

海鸥岛互通立交区范围,南沙大桥主线最大纵坡为2.5%(出入口及加减速车道范围最大纵坡为1.999%),最小凹曲线半径25000m;

海鸥岛互通立交各匝道最大纵坡为3.999%(入口上坡匝道),环圈部分下坡匝道最大纵坡为3.5%。

③横断面设计

南沙大桥主线:双向八车道整体式路基宽度41m(海鸥岛互通立交范围桥梁宽度40.5m),其中:中央分隔带宽2.0m,左侧路缘带宽2×0.75m,行车道宽2×(4×3.75)m,硬路肩宽2×3.0m,土路肩宽2×0.75m(桥梁范围2×0.50m)。

被交路海鸥公路:单幅双向单车道8.5m宽,其中:行车道宽2×3.50m,硬路肩宽2×0.25m,土路肩宽2×0.50m。

根据预测交通量及匝道长度,B匝道、D匝道和E匝道应布置为超车需要的单出、入口的双车道匝道;为简化桥梁的施工,配合桥梁的结构设计经济的要求,三条匝道桥梁结构做成等宽段,单车道出入口通过车道标线的形式实现。

④匝道的超高设计

海鸥岛互通立交匝道的最大超高值取为6.0%。本立交设计中,其横向力系数一般不大于0.09。各匝道的超高渐变均采用线性渐变的方式。

3)沙田复合式枢纽立交设计

(1)立交概况

沙田枢纽立交位于东莞市沙田镇民田最丰村,是本项目与广深沿江高速公路以及本项目远期东延线番莞高速公路沙田至厚街段相连接的枢纽立交。

由于与本项目顺接的番莞高速公路沙田至厚街段尚处于规划阶段,因此本立交考虑一次设计,分期实施;对于广深沿江高速公路往返南沙大桥主线番禺顺德方向匝道,由本项目先行实施;对于广深沿江高速公路往返本项目东延的番莞高速厚街寮步方向匝道,则预留由远期番莞高速项目实施;对于由于立交实施引起的沿江高速公路主线和立交改造工程以及由于方案交织运行所需在广深沿江高速公路两侧设置的集散车道,也由本项目先行实施。

(2)立交设计方案

如3-34所示,沙田立交采用半苜蓿叶+涡轮形枢纽的复合立交方案。对于高速公路与进港北路连接部分,利用已建沿江高速公路民田立交的西北侧部分匝道,同时将东南侧匝道废弃,对称地在进港北路北侧改建,形成一对半苜蓿叶立交将沿江高速公路与进港北路相接;在沿江高速公路两侧都设置了集散车道,将沿江高速公路主线上进出此两处立交的交通流全部引入集散车道,在集散车道上完成车流交织,避免对主线的直行车流产生影响。

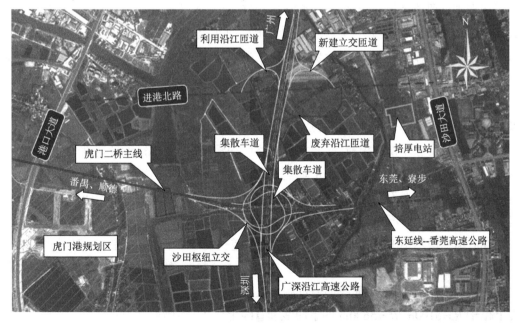

图3-34 沙田复合式枢纽立交方案

(3)立交具体设计要点

①平面布置

沙田枢纽立交采用半苜蓿叶+涡轮形枢纽的复合立交方案。对于高速公路与进港北路连接部分,利用已建沿江高速公路民田立交的西北侧部分匝道,同时将东南侧匝道废弃,对称地在进港北路北侧改建,形成一对半苜蓿叶立交将沿江高速与进港北路相接;对于沿江高速与南沙大桥相接部分,则由于两高速公路主线交叉角度接近90°,因此采用了最适合于此主线交叉角度的涡轮形枢纽方案;由于涡轮形枢纽部分与半苜蓿叶部分距离过近,为保证匝道相邻出入口间交织运行的安全,在沿江高速公路两侧都设置了集散车道,将沿江高速公路主线上进出此两处立交的交通流全部引入集散车道,在集散车道上完成车流交织,避免对主线的直行车流产生影响。

南沙大桥主线在沙田枢纽立交范围内标准横断面存在八车道过渡到六车道的过程。横断面变化分界桩号具体如下:

主线左幅:从沙田立交设计起点 K11+426.618 至 K11+925.851 段为标准半幅四车道横断面;K12+662.565 至沙田立交设计终点 K13+811.618 为标准半幅三车道横断面;K11+925.851 至 K12+662.565 段为匝道出入口及车道渐变段范围;本项目实施终点为 K12+941.618。

主线右幅:从沙田立交设计起点 K11+426.618 至 K12+052 段为标准半幅四车道横断面;K12+424.327 至沙田立交设计终点 K13+811.618 为标准半幅三车道横断面;K12+052 至 K12+424.327 段为匝道出入口及车道渐变段范围;本项目实施终点为 K12+941.618。

考虑到本路段技术标准较高,平纵面指标较好,且交通量比较大,南沙大桥主线加减速车道长度按120km/h速度设计,A匝道出口双车道减速车道长度不小于225m,A匝道出口双车道从内侧车道的分流点开始,通过设置渐变段减少南沙大桥主线的一条外侧车道,车道减少段的渐变率不大于1/50;D匝道入口双车道加速车道长度不小于400m(含渐变段长度180m),渐变为标准半幅四车道断面;C、H匝道入口单车道加速车道长度230m;G匝道入口单车道入口的双车道匝道加速车道长度240m;E匝道出口单车道减速车道长度不小于145m。

沙田枢纽立交在本期实施时,需要在被交路广深沿江高速公路(设计速度100km/h)设置加减速车道、辅助车道以及渐变段。A匝道双车道入口加速车道长度不小于350m,辅助车道长度350m,渐变段长度不小于160m;D匝道双车道出口减速车道长度不小于190m,辅助车道长度250m,渐变段长度不小于90m;东集散车道为单车道入口的双车道入口加速车道长度不小于210m,渐变段不小于80m;G匝道出口减速车道长度不小于125m,渐变段不小于90m。

本立交南沙大桥主线在平面上位于 $R=3000\mathrm{m}$,$Ls=330\mathrm{m}$ 的平曲线和直线上;由于广深沿江高速公路已建成通车,其平面线形通过测量数据拟合完成,拟合后广深沿江高速公路主线在平面上位于 $R=5100\mathrm{m}$、$R=5600\mathrm{m}$ 的平曲线和直线上。

根据地形和交通量预测,并结合立交的建设规模、工程造价、设计速度、超高设计等多方面因素,涡轮型部分各立交匝道最小半径为150m;半苜蓿叶部分各立交匝道最小半径为72m。

②纵断面布置

沙田枢纽立交区范围,南沙大桥主线最大纵坡为1.0%,最小凸曲线半径30000m;广深沿江高速主线最大纵坡为2.0%(根据实测高程拟合),最小凸曲线半径17942.813m。

沙田枢纽立交各新建匝道最大纵坡为3.5%,最小凹曲线半径为1200m,最小凸曲线半径为2000m。

③横断面设计

南沙大桥主线:双向八车道整体式路基宽度41m(沙田立交起点至A匝道出口前、D匝道入口后,桥梁宽度40.5m),其中:中央分隔带宽2.0m,左侧路缘带宽2×0.75m,行车道宽2×(4×3.75)m,硬路肩宽2×3.0m,土路肩宽2×0.75m(桥梁段为2×0.5m)。双向六车道整体式路基宽度33.5m(A匝道出口后、D匝道入口前至沙田立交终点,桥梁宽度33m),其中:中央分隔带宽2.0m,左侧路缘带宽2×0.75m,行车道宽2×(3×3.75)m,硬路肩宽2×3.0m,土路肩宽2×0.75m(桥梁段为2×0.5m)。

被交路广深沿江高速公路主线:双向八车道整体式路基宽度41m(桥梁宽度40.5m),其中:中央分隔带宽2.0m,左侧路缘带宽2×0.75m,行车道宽2×(4×3.75)m,硬路肩宽2×3.0m,土路肩宽2×0.75m(桥梁段为2×0.5m)。

各立交匝道A、B、D、F、G的桥梁断面均采用双车道断面形式,一般段标准横断面宽度为10.5m(右侧硬路肩1.0m),C、E、H匝道均采用单车道断面形式,标准断面宽度为8.5m。东、西集散车道的断面宽度根据是否有匝道汇入分别两种断面,一种为单车道标准断面8.5m,一种为双车道标准断面10.5m。半苜蓿叶匝道J、M、N、O匝道采用8.5m单车道标准断面;I、P匝道采用15.5m对向行驶的双车道标准断面。

④匝道的超高设计

沙田枢纽立交匝道的最大超高值取为6.0%;本立交设计中,其横向力系数一般不大于0.09;各匝道的超高渐变均采用线性渐变的方式。

第 4 章 科研专题

4.1 组织体系

南沙大桥施工环境复杂,施工组织困难,施工协同管理难度大。虽然我国在建造超大跨度悬索桥有着丰富的经验,但是,在台风频发、航运繁忙的珠江入海口同时修建两座超大跨度悬索桥,在世界范围内尚属首次。技术难度高、工程规模大、复杂地质条件都对南沙大桥的施工带来极大的威胁和挑战,因此,需要积极创新,开展一系列科学技术研究,为南沙大桥建设管理注入新能量,进一步提升项目管理效率,支撑工程建设,强化管理过程,提高项目实际效益,技术路线见图 4-1。

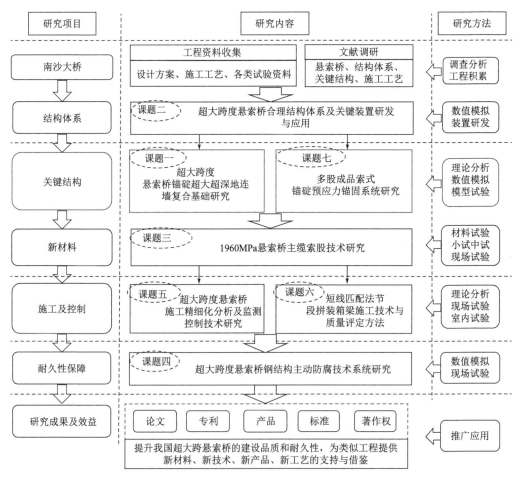

图 4-1 技术路线图

4.2 1960MPa 超大跨径悬索桥用主缆索股技术研究

4.2.1 概述

悬索桥主缆是悬索桥的生命线,它是悬索桥中最重要的受力构件,承担了全桥上部结构所有的静载和动载。要使悬索桥主缆长期处在正常的工作状态,保证构成主缆的材料的性能优异和稳定十分重要。在 2004 年以前,我国的桥梁缆索用盘条均采用进口盘条,自 2004 年开始,以宝钢集团有限公司、江阴兴澄特种钢铁有限公司为代表的各大钢厂开始进行桥梁缆索钢丝用高强度、高性能盘条的开发,并取了一定的成绩。2015 年,经过 10 年的努力,我国成功开发出了 1960MPa 钢丝及其盘条,同时开发出了抗腐蚀性能更好的锌铝合金镀层,提高了桥梁缆索的寿命,并将其应用于南沙大桥。

从 4-1 技术性能指标上可以看出,主缆用高强热镀钢丝比普通钢丝在技术性能指标方面,要求得更为严格。

坭洲水道主缆 PPWS 索股用锌铝合金镀层钢丝主要技术指标　　　表 4-1

序　号	项　　目	单　位	技术指标
1	公称直径	mm	$\Phi 5.0\pm 0.06$
2	钢丝不圆度	mm	≤0.06
3	公称截面面积	mm^2	19.63
4	每米参考质量	g/m	153
5	标准抗拉强度	MPa	1960~2160
6	规定塑性延伸强度	MPa	≥1570
7	弹性模量	MPa	$(2.0\pm 0.1)\times 10^5$
8	伸长率	%	≥4.0
9	扭转性能	次	≥14
10	缠绕	圈	$3d\times 8$ 圈不开裂
11	反复弯曲	次	≥4
12	松弛率	%	≤7.5
13	镀层中的铝含量	%	≥4.2≤7.2
14	镀层单位质量	g/m^2	≥300
15	硫酸铜试验	次	≥4,每次 45s,不挂铜
16	镀层附着性	圈	$5d\times 8$ 圈,镀层不开裂
17	自然矢高	mm	≤30
18	自由翘高	mm	≤150

注:1. 规定塑性延伸强度以塑性延伸为 0.2% 时测定。
　　2. 计算锌铝合金镀层钢丝抗拉强度、规定塑性延伸强度及弹性模量的钢丝面积为包含锌铝合金的钢丝公称截面面积。
　　3. 松弛率是指钢丝在 70% 公称破断索力下,经 1000h 后的钢丝松弛率。I 级松弛试验每 3000t 抽取 1 根试样,供方在保证 1000h 松弛性能合格的基础上,可用不少于 120h 的测试数据,推算 1000h 的松弛值。

4.2.2 1960MPa缆索钢丝用盘条研制

1)国外同类盘条产品性能分析

影响桥梁缆索用镀锌钢丝盘条质量的因素主要包括化学成分、非金属夹杂物、力学性能、珠光体团尺寸、珠光体片层间距、索氏体化率和金相组织。国外的产品的珠光体片层间距小且均匀、索氏体化率高,可保证钢丝的综合性能。其具体参数与国内产品比较具体如下:

(1)索氏体化率

国外盘条表面和心部索氏体化率变化不大,表面索氏体化率94%,1/4部位索氏体化率92%,心部索氏体化率90%,索氏体化率平均92%。国内盘条表面和心部索氏体化率变化较大,表面索氏体化率91%,1/4部位索氏体化率87%,心部索氏体化率86%,索氏体化率平均88%。

(2)珠光体片层间距

国外各钢厂珠光体片层间距小且差别较小,从0.10μm到0.15μm不等。国内各钢厂珠光体片层间距小且差别较大,从0.25μm到0.35μm不等。有时为减小珠光体片层间距,在合金和控冷工艺上控制不当,还会产生有害的低温转变组织,严重损害钢的性能。

2)盘条产品设计

根据对高碳钢盘条的研制、经验及桥梁工程建设对1960MPa级桥梁主缆钢丝的要求,系统研究了C、Si、Mn、Cr、Ni、V等合金元素以及S、P、O、N对材料组织和力学性能尤其是塑性的影响,最终研发出B87SiQL新钢种。通过Gleeble3800热模拟试验机对盘条合金动态CCT和TTT曲线进行测试,确定合金相变温度和时间。等索氏体处理后盘条典型金相组织如图4-2所示,盘条索氏体化率高于95%,接近100%,基本看不到珠光体组织,同时通过扫描组织(图4-3)统计,盘条索氏体片层间距均值约159nm,略窄于新日铁DLP盘条的200nm,同时组织均匀性大幅提升。

图4-2 索氏体处理盘条典型金相组织

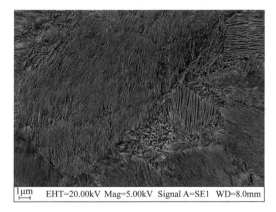

图4-3 索氏体处理盘条扫描组织

3)试制结果分析

盘条入厂后按照盘条技术参数对盘条进行抽样检测,检测内容包括尺寸、力学性能、化学成分、脱碳层、非金属夹杂物及表面质量等,检测情况见表4-2～表4-5,盘条成分满足技术条件和规范要求。

盘条直径及不圆度(单位:mm)　　　　　　　　　　　　　　　表4-2

直径	不圆度	直径	不圆度
12.50±0.30	≤0.48	12.50±0.30	≤0.48
12.50	0.06	12.48	0.08
12.60	0.08	12.72	0.10
12.56	0.06	12.66	0.08

盘条化学成分(单位:%)　　　　　　　　　　　　　　　　　　表4-3

化学成分	技术要求	抽检盘条1含量	抽检盘条2含量	抽检盘条3含量
C	0.85～0.95	0.88	0.87	0.89
Si	0.10～0.50	0.26	0.23	0.23
Mn	0.30～0.90	0.84	0.84	0.85
P	≤0.012	0.009	0.007	0.010
S	≤0.005	0.001	0.004	0.002
Cu	≤0.20	0.01	0.01	0.01
Cr	0.10～0.40	0.19	0.18	0.18

盘条力学性能　　　　　　　　　　　　　　　　　　　　　　　表4-4

盘条类别	抗拉强度(MPa)	断面收缩率(%)
抽检盘条1	1320	38
抽检盘条2	1340	34
抽检盘条3	1320	35

盘条脱碳层、非金属夹杂及表面缺陷　　　　　　　　　　　　　表4-5

炉号	脱碳层深度(mm)	非金属夹杂含量(%)	表面缺陷
001	0.04	0.04	无缺陷
	0.03	0.06	无缺陷

4.2.3　1960MPa悬索桥主缆用高强度钢丝开发

1)桥梁缆索用热镀铝合金镀层钢丝生产工艺

热镀铝合金镀层钢丝试制生产工艺流程如4-4所示。

2)力学性能研究

通过开展钢丝在生产流程中的抗拉强度变化和韧塑性能对比试验,对试制的1960MPa级钢丝进行力学性能研究。

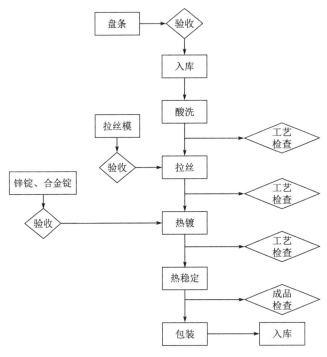

图 4-4 钢丝生产工艺流程

(1) 钢丝的抗拉强度变化

加工硬化试验分别检测热轧盘条、光面钢丝及热镀铝合金镀层钢丝的抗拉强度性能,检测结果见表 4-6。

加工硬化试验研究力学性能　　　　　　　　　　表 4-6

序号	热 轧 盘 条		光 面 钢 丝		热镀锌铝合金镀层钢丝		热镀强度损失	
	直径(mm)	抗拉强度(MPa)	直径(mm)	抗拉强度(MPa)	直径(mm)	抗拉强度(MPa)	平均强度损失(MPa)	损失率(%)
1	12.50	1320	4.91	2093	5.04	2037	57	2.72
	12.60	1324	4.92	2092	5.05	2035		
	12.56	1340	4.90	2091	5.00	2033		
2	12.48	1304	4.92	2087	5.02	2015	54	2.60
	12.72	1320	4.91	2065	5.00	2017		
	12.66	1320	4.90	2057	5.00	2017		
3	12.67	1318	4.91	2084	5.01	2036	51	2.44
	12.50	1300	4.92	2087	5.00	2038		
	12.52	1310	4.90	2091	5.03	2035		

由表 4-8 可见,3 卷热轧盘条平均强度分别为 1321MPa、1314MPa、1309MPa,经拉拔至 4.91mm 左右,其钢丝的拉拔应变约为 2.86。经拉拔后,光面钢丝的平均强度分别达到

2092MPa、2070MPa、2087MPa,强度分别提高了764MPa、755MPa、778MPa,强度提高率约为58.13%。再经热镀后,平均强度分别降低了57MPa、54MPa、51MPa,强度损失率约为2.59%。

(2)不同工艺后的韧塑性能对比试验

对比试验选取组钢丝,分别对光面钢丝、镀锌铝后钢丝及稳定化处理后钢丝进行韧塑性能(反复弯曲和扭转)检测试验,5组钢丝的韧塑性能检测均值见表4-7。

不同工况下的韧塑性能均值统计结果　　表4-7

钢丝卷号	光面钢丝		镀锌铝后钢丝	稳定化处理后钢丝
	扭转(次)	扭转(次)	反复弯曲(次)	反复弯曲(次)
HMC-5393-1	33	27	14	11
HMC-5393-2	28	25	12	10
HMC-5393-3	26	26	13	10
HMC-5393-4	27	25	13	11
HMC-5393-5	32	26	11	12
HMC-5393-6	31	25	13	11
HMC-5393-7	32	24	12	11
HMC-5393-8	32	23	11	10

由以上数据分析可知,光面钢丝经过热镀锌铝合金后,扭转次数平均降低了5次,扭转次数损失率约16.6%。通过对比镀锌铝及稳定化处理后的反复弯曲次数,发现其并未发生较大变化。

3)试制与试验检验

通过对试制的1960MPa级钢丝进行通条性能试验和性能统计分析,确保其能够满足相应的工程应用要求。

(1)通条性能试验

投入14个炉号的盘条,共试制出458件成品钢丝。随机选取20件钢丝进行了通条力学性能试验。经检测,20件钢丝中有1件钢丝在连续取样的3个试样中出现一个试样扭转次数在14次以下的情况,扭转样本(600个试样)合格率为98.3%,抗拉强度全部满足要求。

通过对钢丝的力学性能进行通条性检验,5mm1960MPa钢丝通条质量稳定,离散度小,且抗拉强度和扭转富余量较大。钢丝通条性试验中抗拉试验、扭转试验的正态分布图见图4-5。

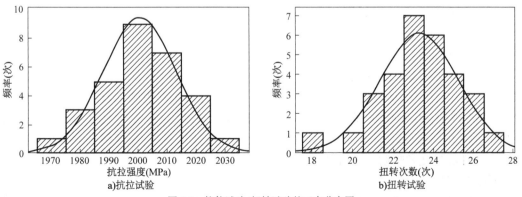

图4-5 抗拉试验、扭转试验的正态分布图

(2) 主要性能统计分析

钢丝的抗拉强度、弹性模量、扭转性能、镀层均匀性以及镀层质量的指标统计情况见表4-8。

钢丝主要检测指标统计　　　　　　　　　　　　表4-8

检测项目	技术要求	最大值	最小值	平均值	标准差
镀层质量（g/m²）	≥300	345	330	315	8.3
抗拉强度（MPa）	≥1960	2078	1968	2015	20.93
弹性模量（10^5MPa）	（1.90~2.10）	2.03	2.01	1.98	0.018
扭转性能（次）	≥14	34	14	23	3.1
镀层均匀性（次）	≥4次	5	4.5	4	0.36

汇总486件成品钢丝试验结果，对于每一批试件中出现不合格单项指标，即认为该试件不合格，则计算得其综合合格率为95.5%，能够满足工程应用需要。在工程应用中，通过采取生产厂家自检、工程应用单位抽检和第三方检测等质量控制措施，不允许不合格钢丝出厂，保证工程建设应用合格产品。

4）拉拔工艺与热镀技术

提出高碳钢大直径盘条新型磷化处理工艺，主要是提高高碳钢盘条拉拔前的润滑涂层性能。其工作原理是盘条表面在磷化液的化学和电化学作用下，形成一层以磷酸盐为主的薄膜，这层磷酸盐薄膜的微观组织具有多孔性，可以在后续的拉拔过程中使润滑剂附着在孔隙中，从而使钢丝基体与拉拔模具之间形成润滑膜，起到良好的润滑效果；涂层和润滑剂的结合力较好，解决了高碳高强度钢丝的拉拔损伤问题。

研究中热镀锌铝生产线的抹拭系统采用的是电磁抹拭（EMW），电磁场的强弱通过调节电流而改变，电磁场控制镀层厚度提高了镀层的均匀性和致密性。

4.2.4　1960MPa超高强度热镀钢丝主缆索股的锚固技术研究

1）锚具选材

主缆锚具是主缆的主要传力构件，主缆所受的力通过锚具传到锚碇，所以锚具的锚固性能和安全性能决定着主缆索股的安全性能，因此主缆锚具的研究是不可或缺的，也是极为重要的一个环节。ZG20Mn的碳含量在0.18%左右，且经过热处理后具有良好的力学性能，材料的可焊性好，易于机械加工等，比较适合制作锚具。故1960MPa超高强度热镀钢丝主缆索股的锚具采用铸钢ZG20Mn材料来制作。

热处理是锚具制造中的重要工艺之一，热处理不改变工件的形状和整体的化学成分，而是通过改变工件内部的显微组织赋予或改善工件的使用性能。其特点是改善工件材料的内在质量。ZG20Mn钢热处理工艺可分为正火+回火和淬火+回火（调质）处理两种。针对以上两种工艺进行了系统的试验研究，选择适用于1960MPa超高强度锚具的热处理工艺。通过两种热处理工艺的铸钢ZG20Mn材料进行的力学性能试验对比和金相组织分析研究表明：对ZG20Mn钢选用调质处理，不但可以使锚具符合相关强度计算要求，还使锚具具备良好的冲击性能，即铸件的强度和塑韧性获得良好的搭配，可以确保这种锚具在多变气候下的安全使用。

2）锚具设计

锚具的结构尺寸主要是指它的锚具锥度、锚固长度、锚具壁厚、外形尺寸等。在满足受力的情况下,从综合成本的角度出发,最终锚具结构尺寸是在考虑受力、与相关构件连接尺寸、成本、铸造加工制造等很多因素综合分析之后形成的。南沙大桥 1960MPa 主缆索股的锚具尺寸如图 4-6 所示。表 4-9 为锚具应力计算结果。

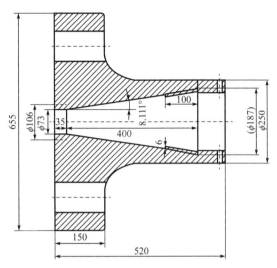

图 4-6　1960MPa 主缆索股锚具尺寸(尺寸单位:mm)

锚具应力计算(单位:MPa)　　　　　　　　　　　　表 4-9

序号	项　目	计算结果	材料的许用应力	判　定
1	合金对钢丝黏结应力 τ_b	9.2	20	满足
2	锌铜合金锥体压缩应力 σ_c	69.7	130	满足
3	锚杯环向应力 σ_r	123.1	250	满足

为了验证 1960MPa 的高强度热镀钢丝主缆索股锚具在主缆索股破断荷载下的空间应力分布情况,验证锚具结构设计和选材的合理性,对 1960MPa 主缆索股锚杯进行了有限元分析,分析过程如下:

利用 Solidworks 软件,对锚具进行三维参数化实体建模,然后将模型转化为 Parasolid 格式;将生成的 Parasolid 格式文件导入 Ansys 软件的 Meshing 模块进行网格划分。对于接触处,为了保证接触计算的准确性,全部采用六面体网格或 10 节点四面体网格划分;在 Solution 模块中,对各模型依据实际工况分别施加荷载、约束和边界条件;利用 Ansys 软件中 Solution 模块对计算模型进行弹塑性接触有限元分析,计算接触状态及应力应变场。

计算结果表明在最大破断荷载下,锚具最大应力位置在螺杆孔位置,局部应力值为 309MPa,位移量为 0.65mm,此位置的局部应力满足材料的屈服强度要求,锚具选材及结构设计比较合理。

3) 锚具浇铸工艺

锌铝合金镀层钢丝加工、转运、制索时表面可能存在一定的锈层(铁盐、氧化物等),在钢丝浇铸锚固工序,这些问题可能会导致钢丝与锌铜合金料黏结强度降低,无法完全附着,影响锚固性能。针对锌铝合金镀层特点,选用不同的清洗助镀液配方,对钢丝表面进行清洗后,通过单丝锚固性能研究试验和索股锚固试验,甄选出较优性能的清洗助镀液。

根据助镀液浓度不同分组进行试验,华新金属热处理有限公司加工锌铝合金镀层钢丝编号为1~5组;宝通五金加工公司加工钢丝编号为6~10组。每组试样试验针对不同助镀液对应三个温度等级(分别为440℃、460℃、480℃),每种温度等级取3根试样进行试验验证,即每组有9根试样。共进行90根试样试验。通过试验获取试验结果,对90组拉拔试验数据进行比较分析,根据试样的"平均黏结强度平均值"得出三组试验中100g/L浓度的$ZnCl_2 \cdot NH_4Cl$助镀液清洁助镀功能较好,460℃的浇铸温度比较合适。

4.2.5　1960MPa超高强度索股的抗疲劳性能试验研究

许多既有悬索桥的主缆检测发现了主缆存在不同程度的断丝和腐蚀退化现象。主缆钢丝的腐蚀、退化等病害,导致其有效受力面积降低,在疲劳荷载作用下,其应力幅将会加大,造成新的损伤。随着损伤的累积,将会有更多钢丝退出工作,由此造成恶性循环。主缆在疲劳荷载作用下的应力幅的变化情况直接影响主缆的使用寿命和桥梁整体的安全运营。本研究对1960MPa超高强度热镀钢丝索股的抗疲劳性能进行了相关试验研究,为悬索桥主缆全寿命期的安全运营提供参考。

试验要求如下:疲劳应力上限不小于40%抗拉强度,应力幅值不小于200MPa,动载循环次数不小于200万次,试验后断丝率不大于5%。

1960MPa超高强度钢丝主缆索股,经过上限荷载为1955kN($0.4P_b$)、下限荷载为1456kN、应力幅值为200MPa的200万次循环加载试验,索股无断丝,铸体及锚具无异常。疲劳试验后进行静强度试验,试验最大荷载为4892kN,达到公称破断荷载的100.1%,索股无断丝,铸体及锚具无异常。

4.2.6　小结

通过对用于南沙大桥坭洲水道桥1960MPa高强度热镀钢丝主缆索股关试验检测分析,具体工程应用情况如下:

(1)采用国产盘条研制出桥梁缆索直径5mm钢丝抗拉强度达到1960MPa,扭转次数≥14次,钢丝既有较高的强度,又具有良好的韧塑性,提高了产品的综合性能;试制1960MPa钢丝抗疲劳性能优异,具有极好的抗疲劳性能。锌铝合金镀层的质量≥300g/m²,镀层均匀性试验次数不小于4次;镀层附着性好,经过5d×8圈的缠绕试验,不起层、不剥落,使钢丝的耐腐蚀性能在镀锌钢丝的基础上进一步提升。

(2)通过对1960MPa高强度热镀钢丝主缆索股锚具的研究,确定的ZG20Mn材料、锚具的调质(淬火+高温回火)处理工艺和锚具结构尺寸可满足1960MPa高强度热镀钢丝主缆索股的要求;试制出的1960MPa高强度热镀钢丝主缆索股抗疲劳性能优异,满足相关要求。

(3)南沙大桥1960MPa高强度热镀钢丝主缆索股为国内首次研发成功并得到工程应用的高强度钢丝,同时实现了钢丝用盘条的国产化,既推动了我国钢铁冶炼技术的进步,又提升了我国的桥梁建设水平。

4.3　特大型桥梁工程互联网+BIM关键技术研究

4.3.1　概述

南沙大桥施工环境复杂,施工组织困难,施工协同管理难度大,主要体现在以下几个方面:

两座世界级千米悬索桥,施工难度大,安全风险高;工程质量检验数据庞大,交叉检验难;短线预制拼装桥梁比重大,节段梁唯一性,准确施工难;三座巨型互通枢纽施工环境多变,交叉作业干扰严重,工期滞后严重;设备维护繁重,安全监管难;构件多工序繁,经营计量难;钢结构构件异地生产,协同配合难。还存在标准化管理难,主要体现在质量责任制追责难、原材料追溯难、班组标准化推进难。同时南沙大桥工期紧张,常规的管理方法很难保障工期。

为此,南沙大桥项目管理团队积极创新,寻求新的管理方法[23]。率先引进 BIM 技术应用到实际施工管理中。积极展开基于互联网+BIM 的多维信息协同管理平台应用研究。以南沙大桥项目 BIM 应用试点为依托,从三维建模图纸校核、钢筋下料深化指导设计、东涌和海鸥互通立交枢纽施工方案优化模拟推演、BIM 模型指导预埋件加工及定位安装、从 BIM+物联网产品全寿命周期可溯源性管理、项目协同信息化管理 BIM 平台研究运用以及安全信息化 BIM 管理平台研究等方面出发,形成了特大型桥梁工程互联网+BIM 关键技术应用研究成果[24]。

4.3.2 特大型桥梁工程互联网+BIM 标准化应用模式

区别于房建领域,公路桥梁建设有着自己独有特点。特大型公路工程在建设过程中具有建设周期长、参与方多的特点,在工程管理中往往呈现出"三多问题":第一多是工程资料文档多,工程资料、图档等数以万计,海量图纸和资料如何管理;第二多是沟通协调会议多,方案审查、设计交底、设计变更、技术交底、技术研讨等;第三多是工程建设数据多:施工制造数据、质检数据、计量数据、监控数据、海量数据如何管理分析。

1) BIM 模型技术应用研究

BIM 模型技术的应用,是以模型及模型携带的信息为核心的。BIM 模型技术具备三个突出的优势,即高可视性、可计算性以及模型的互用性[25],具体如下:

(1) 图纸校核

三维的直观表现,比传统二维图纸更加准确、易于观察理解。根据建立的 BIM 三维模型,对设计进行初步检验,进行各专业间的碰撞检查,帮助优化项目设计,规避一些错误从而减少之后更改带来的浪费。

(2) 工程算量

工程量复核是造价管理中的重要内容。公路工程的造价管理报告包括投资估算、概预算、招投标清单、施工结算、竣工决算,工程量统计是否准确直接影响了造价管理工作。传统的人工算量经常会出现不同程度偏差,所以工程量的复核非常必要。在 BIM 设计时将工程量清单中的算量信息输入到三维构件中,当模型的设计发生变更时,工程量也自动更新,统计工程量,实现对人工算量的复核。

(3) 三维展示

三维模型建立完成之后,通过现有 BIM 软件的漫游、飞行和驾驶模拟实现对桥梁各部位构件外形轮廓尺寸、非几何信息(如材料信息)等的便捷查询。同时结合虚拟现实技术(VR),增强交互漫游的真实感。

(4) 专项施工技术方案 4D-BIM 施工

针对重要的专项施工方案进行 4D-BIM 施工仿真模拟。将设计阶段所完成的 3D-BIM 模型附加时间维度、大型施工临时设施和机械设备,对专项施工技术方案进行真实的可视化推演,检验专项施工技术方案的合理性。在施工图设计阶段BIM模型的基础上附加建造过程、施工顺序等信息,进行施工过程的可视化进度模拟,充分利用BIM模型对设计方案进行分析和优化,可提高设计方案审核的准确性,实现设计阶段施工方案的可视化交底。

2)BIM协同管理模式研究

BIM模型可以将设计、施工、运维方方面面的信息,随着工程的进展即时集成到统一的电子三维模型上。工程参建各方可以依据BIM模型直观查阅工程总体信息和各阶段分项工程的局部构件质量、安全、进度信息,彻底改变过去依赖目录查阅文件和数据的海选方式。通过BIM模型实现了数据协同管理,避免过去数据重复录入、相互冲突、时效性差的现象;也避免多个程序同时应用带来的操作不便问题,可极大程度上提高管理效率和管理质量。

(1)技术路线

建立项目分项工程最小单元与BIM构件的映射关系,将分项工程的数据按属性关联到BIM构件上,统一各业务的编码,实现以BIM构件为最小单元的全业务数据关联,如图4-7所示。

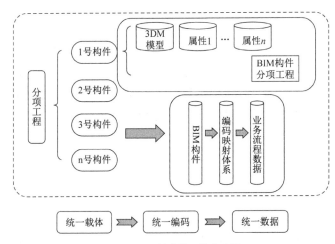

图4-7 BIM技术管理技术路线

(2)应用模式

在各业务系统编码统一的基础上,将数据按构件汇总到统一的云数据库中,打通全业务系统的信息,从而实现数据构件化、构件BIM化、BIM平台化,使用者可以通过BIM模型查询、分析、汇总、梳理所有的数据,如图4-8所示。

(3)应用成果

南沙大桥主要将BIM模型技术应用到以下几个方面:建立南沙大桥参数化信息模型;碰撞检测及深化设计应用;施工方案模拟及优化;三维可视化技术交底;高效工程量统计及复核;可视化漫游及交互体验。

4.3.3 互联网+BIM特大型桥梁群工程项目协同管理平台

1)基于工程全寿命管理的BIM平台架构体系研发

桥梁建设期的BIM协同管理平台的体系框架主要包括核心的数据层、模型层、交互层、功能模块层。其中数据层处在最底层,是整个体系框架的"基石",为其他层次提供基础支撑;模型层处于数据层的上一层,是一切数据的载体和功能模块层的模型基础;交互层处于模型层的上一层,该层的主要作用是通过相应的平台实现人机的"交互";功能模块层处于所有层次的顶层,是数据层、模型层、功能模块层共同作用所产生的实际作用,是现场实际需求的具体表现。BIM 框架体系如图 4-9 所示。

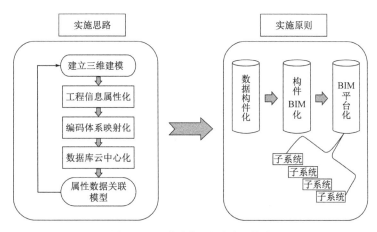

图 4-8 BIM 集成管理技术应用模式

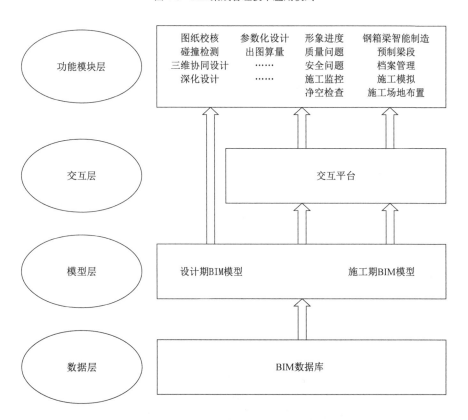

图 4-9 建设期 BIM 框架体系

2）BIM 三维图形引擎底层支撑技术开发

BIM 协同管理平台框架体系中的交互层的核心即为三维图形引擎,自主研发 BIM 三维图形引擎技术旨在兼容不同的 BIM 软件所建三维模型并对三维图形提供强大的渲染功能。

通过 ACIS 的接口开发、几何与拓扑,南沙大桥自主研发了基于 ACIS 的图形平台。该平台由核心模块(ACIS 3D Toolkit)和多种可选模块(Optional Husks)组成。在核心模块中提供了基本、通用功能,而在可选模块中提供了一些更高级和更专用的功能(如:高级渲染、可变形曲面、修补、网格曲面、局部修改、精确消隐、抽壳等)。

3）BIM 平台业务集成技术研究

系统集成是指在系统工程科学方法的指导下,根据用户需求,优选各种技术和产品,将各个分离的子系统连接成为一个完整、可靠、经济和有效的整体,并使之能彼此协调工作,发挥整体效益,达到整体性能最优。南沙大桥信息化系统多达十几个,众多的系统带来如下的问题:不同的系统用户名密码不同,登录较为麻烦;不同的业务系统之间在物理上是相互隔离的,彼此数据信息交流不顺畅;系统太多不方便管理。

针对以上的需求点,以 BIM 平台为基础平台,分阶段分步骤地进行相应系统的集成,南沙大桥信息化系统集成分为 4 个阶段,总体规划如表 4-10 所示。

南沙大桥信息化系统集成实施节段　　　　表 4-10

阶段	实现的主要功能	备 注
阶段 1	多系统自动登录:用户只需登录 BIM 系统,其他系统自动登录	未包含视频监控的评估和集成
阶段 2	单点登录和 UI 集成:实现所有必要系统的单点登录,和主要系统的 UI 集成(为用户提供统一的操作环境)	依赖于业主和第三方的支持
阶段 3	数据集成:基于统一构件编码、统一非构件信息编码,打通不同系统间的数据连接	依赖于业主和第三方的支持
阶段 4	南沙大桥 BIM 信息系统集成:设备集成、业务数据集成、软件系统集成	依赖于业主和第三方的支持

4）BIM 平台业务协同管理模式研究

施工期 BIM 系统应满足参建各方对全业务数据的查询分析需求,因此系统根据各个管理业务的特点划分为 12 个功能模块,每个功能模块针对特定的业务与用户使用,模块将业务数据汇总给 BIM 平台并关联到 3D 构件上,平台根据施工特点开发多业务信息的协同分析系统,实现基于 3D 模型的全业务数据的汇总、查询与分析。主要思路如图 4-10 所示。

5）南沙大桥 BIM 项目协同管理平台成果应用

如表 4-11 所示,平台开发了进度管控、图纸管理、质量安全隐患排查、预制梁管理、钢结构管理、施工监控管理、质量资料管理、成本造价 8 条产品线,既可组合使用,也可以独立应用。

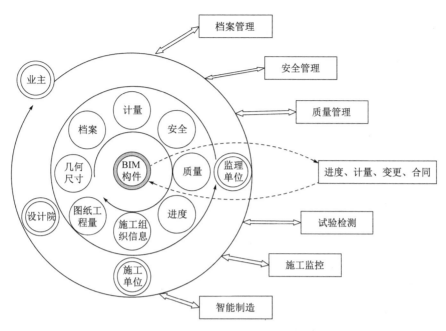

图 4-10 施工阶段 BIM 信息化管理系统业务总图

建设期南沙大桥 BIM 协同平台 表 4-11

类别	产品线	主要功能	使用终端
质量安全	隐患排查	质量隐患排查; 安全隐患排查	手机 App 计算机
	图纸管理	现场查阅图纸; 三维模型比对; 变更管理	手机 App 计算机
	预制梁管理	预制生产管理; 施工质量管理	手机微信端 计算机
	钢结构管理	远程进度管理; 远程质量管理	手机 App 计算机
	施工监控管理	施工数据查询; 监控月报查询; 监控指令查询	手机 App 计算机
	质量资料管理	施工检表; 试验资料; 质量检验报告单; 施工评表	计算机
进度成本	进度管理	进度计划; 三维形象进度; 生产进度、施工进度; 进度分析	手机 App 计算机
	成本造价	工程量清单; 投资计划分析	计算机

4.3.4 基于 BIM 的钢箱梁设计制造安装一体化关键技术

设计制造安装一体化是钢结构制造企业现代化生产的需要,实现一体化加工可以提升企业资源配置水平,提高企业核心竞争力,从而提高企业经济效益[26]。

1) 基于 BIM 的数字化套料关键技术

为实现生产项目三维一体化加工,基于 Tekla 三维数字模型,项目组自行开发了工艺余量添加程序,选用了 SigmaNEST 套料系统,进行工艺余量添加、排版套料、输出精确材料采购清单以及数控加工文件。通过这些技术的联合应用可以更好地提升项目一体化加工水平,提高材料利用率以及生产效率。

该技术实施步骤分为建立三维模型、添加工艺余量、自动套料排版 3 个环节,具体如下:

(1) BIM 三维建模

采用 Tekla Structure 建立南沙大桥扁平钢箱梁节段制造理论模型,建模精度到达 LOD400 级别,包括临时吊点、螺栓等结构。此外,可通过建模对设计图纸进行检验,同时能够发现模型的干涉和施工不便性,通过模型能够在开工前将干涉和施工不便的问题解决,为项目顺利开展扫清障碍。

(2) 工艺余量添加

根据 Tekla 软件的特点以及实际生产工艺需求,自行开发了工艺余量添加系统。实现对复杂几何外形的零件添加多种形式的工艺余量,分为单边余量、均布余量和厚度余量三种模式,满足各种情况的余量添加要求。支持数据库存储功能,可对余量添加结果按多种条件进行组合查询。工艺余量添加系统通过与三维建模软件 Tekla 的集成,实现了设计与工艺的有机结合和衔接。

(3) 套料系统自动排版

选取行业领先的 SigmaNEST 套料系统。该系统拥有丰富的切割工艺和切割经验,包括完整的切割刀具和板厚切割参数数据库,系统解决了热切割从起割、切割、转折、暂停全过程的自动穿孔、自动加减速和圆弧差补等技术难题,完好解决了割嘴烧伤、起割点过烧疤痕、拐点过烧、切圆不圆等切割难题,确保切割质量的提高,保证了数控切割的高效率和切割自动化。

2) 基于 BIM 的焊缝信息管理技术

通过对三维建模软件 Tekla 的二次开发,在模型中实现对焊缝的快速编号和属性定义,同时实现对焊缝的类型、长度、熔融金属、焊材用量、焊接工时等信息的统计,将焊缝信息在三维建模、生产准备、焊材采购、车间焊接、质量控制等环节进行有效整合,形成完整的数据链,从而在项目整个过程中实现焊缝精细化管理,提高企业的生产力。该技术包括焊缝三维建模、焊接数据编辑与 BIM 信息集成三个实施环节。

3) 基于三维激光扫描钢箱梁虚拟检测与预拼装关键技术

以南沙大桥扁平钢箱梁为基础,研发了基于三维激光扫描的 BIM 虚拟检测技术和基于摄影测量的 BIM 虚拟预拼装技术。

通过对大沙水道桥 Z52 梁段进行三维扫描检测,最大制造误差在 9mm 以内;操作简单易行,每个梁段扫描时间为 2 小时,软件自动比对点云与设计模型,可大幅提高制造误差检验效率。南沙大桥 G4-1 标采用车间内整体节段制造,现场进行多节段预拼装,匹配后修割端口,使其端口达到匹配一致,该项工序是保证桥位架设能够顺利、快速进行施工的前提。南沙大桥虚拟预拼装方案根据实体拼装方案设计,将测量的目标放在相邻梁段接触面上,由于在拼装中端部与端部的接触精度控制起着决定性的作用,所以将预拼装的重点放在端部控制点的匹配上,对被测梁端的两端各选取 7 个控制点。

4)基于 BIM 的钢结构产品全寿命周期制造管理系统

系统以 BIM 模型为基础,融合 PLM(产品全生命周期管理系统)、ERP、物联网、云应用技术来实现桥梁钢结构产品的全生命周期管理,为工程建设方、设计方、承包方以及运营方提供协同工作的基础平台,为桥梁钢结构工程项目施工相关方提供差异化服务。技术路线见图 4-11。

图 4-11 技术路线

本系统的重点在工程项目产品的生产制造、安装施工和检修维护的全生命周期中高效进行数据信息的传递、管理,并实现实时化、可视化交互、共享,便于有关人员对各种建筑信息做出正确理解和高效应对。通过服务平台将原来大批量的项目管理审批工作电子化、高效化;自定义流程以及移动终端的应用,实现多岗位协作,使以前经常出现的缺乏历史记录、责任界定不清、动态团队管理困难、信息缺乏集中管理等问题得到改善,管理业务过程的流畅性、可控性、信息反馈的及时性取得改进,为项目履约提供手段保障。

4.3.5 基于 BIM 的短线法预制节段梁产品全寿命物联管理平台

南沙大桥预制厂选址广州市番禺区海鸥岛西岸,距南沙大桥轴线 3km,运距 3~10km,总面积 150 亩①,共三条生产线。预制厂负责南沙大桥全线节段箱梁预制,所有节段预制箱梁均采用短线匹配法预制生产,共生产 3533 榀节段箱梁,节段长度为 1.7~3.7m,最大节段重量 173.9t。将物联网技术和云计算应用于短线法预制梁厂,进行基于 BIM 短线法预制节段梁产品全寿命周期物联管理平台研究[27]。

主要功能包括预制构件的生产管理、厂区布置及台座生产情况管理、构件材料管理、进度

---

① 1 亩 ≈ 666.67m^2。

管理、质量管理、构件仓储及运输管理,通过构件生产进度质量数据的集成,实现基于3D模型的混凝土预制构件动态生产进度、质量状况及人员情况查询。动态可视化管理极大提高预制厂的空间利用率、机械台班效率、人员班组的工作效率等;每个预制构件生产的过程中可以实现过程资料(材料试验、施工记录、检验报告单、评定表)的随时录入和存档,保证资料的及时性、真实性,实现预制构件的质量可追溯。

基于BIM短线法预制节段梁产品全寿命周期物联管理平台可以更好地对大规模预制节段梁进行科学化的管理,提高管理效率,严控梁段质量;结合BIM数字化协同管理平台设计的预制梁厂动态可视化管理系统,实现对梁厂的标准化、流程化、可视化、工厂化的管理;同时BIM数字化协同管理平台中预制梁段的信息也由梁厂进行采集和传递。

借助BIM、云计算和二维码等技术,以预制节段梁为基本要素,实现节段梁生产、仓储、出厂、运输的全过程信息化管理,支持材料、质量验收等工程信息的集成和追溯,为预制梁厂的信息共享和协同工作提供平台。

4.3.6 小结

通过南沙大桥BIM模型技术应用与可视化协同管理平台,实现了图纸校核、形象进度的展示,预制梁段的动态管理,现场质量安全隐患的排查,钢箱梁的智能制造和监控测量一体化等技术目标,这对于整个南沙大桥来说是管理上的一个重大突破,通过信息化的手段降低了成本,累计产生经济效益1810万元。

南沙大桥BIM数字化协同管理平台形成了一套全寿命周期的完整的解决方案,其适用范围不仅局限于某个特大型桥梁,而且可以推广到其他的长大桥中使用,形成了特大型桥梁"标准化"的BIM模式。开启了三维可视化动态管理的新模式,这种新的管理模式不仅直观、形象、高效,同时也对工程的质量等各方面进行了把控。

目前深中通道、鄂咸高速公路、京沪高速改扩建、广东大丰华高速等一批重大项目也在基于本课题的研究成果进行BIM规划,保守估计2017年的本课题研究成果的推广前景至少在1亿元。

4.4 超大跨度悬索桥合理结构体系及关键装置研发与应用

4.4.1 概述

这里以南沙大桥坭洲水道桥为例,分析超大跨度悬索桥静动力作用下的受力性能。坭洲水道桥跨度大(主跨1688m)、桥塔高(塔高260m)、主梁宽(钢箱梁宽49.7m),是目前世界上已建成的最大跨径的钢箱梁悬索桥。设计要求能抵抗17级台风、7级地震,并要满足10万t级轮船通航。因此,需要研究采用什么样的结构体系,对坭洲水道桥的结构变形、受力更为有利、合理,并在此研究基础上进行关键装置的研发。

4.4.2 超大跨径悬索桥结构体系静动力性能研究

1)静动力响应分析

通过静力分析可知,主梁应力最不利荷载工况为恒+纵风+升温梯+汽车,主梁最大应力为

123MPa。地震作用下东莞侧梁端位移最不利工况为恒+纵风+降温梯+汽车，分别为1.383m、1.351m。超大跨径悬索桥结构体系的关键技术难题，主要体现在以下几个方面：

（1）汽车荷载、温度、风荷载等作用下，主梁应力高、梁端纵向位移大。对于坭洲水道桥，在恒+活+温度+风作用下，主梁的梁端位移达1.4m。对纵向来说，由于梁端位移大，导致伸缩缝规模巨大。

（2）地震作用下纵横向塔底内力巨大。对于坭洲水道桥，塔底的纵横向弯矩分别达到2786MN·m、1624MN·m。

（3）对横向来说大跨径悬索桥的索塔与主梁之间，通常采用刚性抗风支座。抗风支座无减震耗能功能，与主梁之间存在一定间隙，在大风、地震等作用下发生撞击，索塔和主梁受力很大。

2）考虑桩-土相互作用的结构地震响应分析

地震时，桥梁上部结构的惯性力通过基础传递给地基，会使地基产生变形；当桥梁建于软弱土层时，地基的柔性会影响上部结构的动力特性和地震反应，而且会改变结构的地震输入。此时，基于刚性地基假定的计算结果会有较大的误差，这是由地基与结构的动力相互作用引起的。图4-12给出考虑桩土作用和不考虑桩土作用桥塔内力响应的对比分析，考虑桩-土相互作用后桥塔内力有一定程度增加，因此后续结构体系及关键装置研究中均应考虑桩-土相互作用的影响。

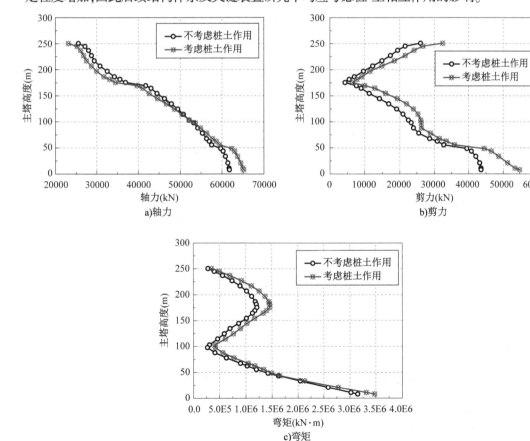

图4-12 考虑桩土作用和不考虑桩土作用桥塔内力对比

3)考虑行波效应的结构地震响应分析

以坭州水道桥广州侧为例,视波速分别选为 500m/s、1000m/s、2000m/s、3000m/s、4000m/s、5000m/s、6000m/s、7000m/s、8000m/s 等 9 个地震行进波速,并与一致激励进行了比较分析。图 4-13 给出了不同视波速下塔底内力的变化规律。

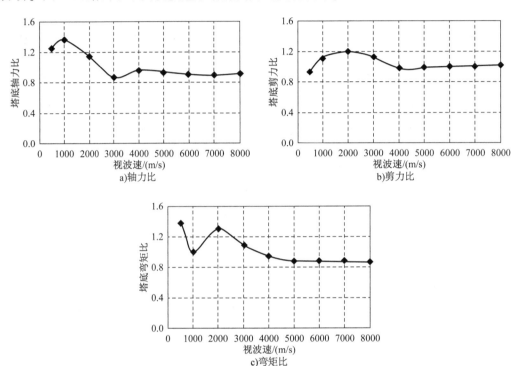

图 4-13 视波速下塔底内力

(1)对于广州侧主塔塔底轴力,当视波速在 500~2000m/s 时,主塔塔底轴力大于一致激励,是一致激励的 1.14~1.37 倍;当视波速为 3000m/s 时,塔底轴力最小;当视波速大于 3000m/s 时,塔底的轴力与一致激励下相差不大,行波对广州侧塔底轴力影响较小。

(2)对于广州侧主塔塔底剪力,随着视波速从 500m/s 开始增大,主塔塔底剪力也随之增大,当波速为 500m/s 时,剪力达到最大,为一致激励的 1.19 倍。当视波速达到甚至超过 3000m/s,行波对塔底的剪力影响较小,与一致激励下塔底剪力相差不大。

(3)对于广州侧主塔塔底弯矩,当视波速小于 1000m/s 时,主塔塔底弯矩呈减小趋势,当视波速介于 1000m/s 和 2000m/s 之间时,主塔塔底弯矩呈增大趋势,当达到最大弯矩时,是一致激励的 1.39 倍。当视波速大于 2000m/s 时,随着视波速的增大,塔底弯矩呈减小趋势。

4.4.3 超大跨径悬索桥纵向结构体系及关键装置研究

1)研究背景及体系由来

由上一节的分析可知,坭洲水道桥广州侧梁端位移的最不利荷载工况为:恒+纵风+温度+车辆,车辆和温度荷载产生的位移占最不利荷载总位移的 87%。为此,提出了三种结构体系方案:飘浮体系;弹性约束体系(弹性刚度 $K=100$MN/m);液体黏滞阻尼体系,阻尼指数 $\alpha=0.3$,阻

尼常数 $C=5000$。

图 4-14 给出了静动力荷载作用下三种结构体系梁端纵向位移比较,由图可知,弹性约束体系能有效控制静动力作用下主梁梁端纵向位移;液体黏滞阻尼体系能控制动力作用下主梁梁端纵向位移,但静力作用下不发挥作用。

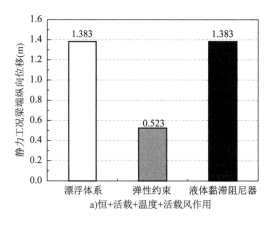
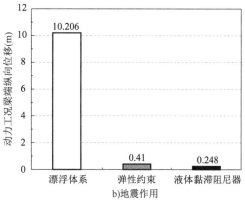

图 4-14　静动力荷载作用下梁端纵向位移比较

图 4-15 给出了静动力荷载作用下三种结构体系塔底纵向弯矩比较,从图中可以知道:弹性约束体系桥塔动力响应大,两侧桥塔受力不均衡,阻尼体系可降低塔底动力响应,两侧桥塔受力均衡。

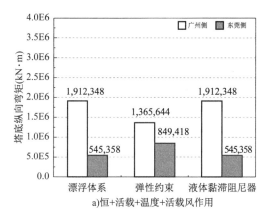
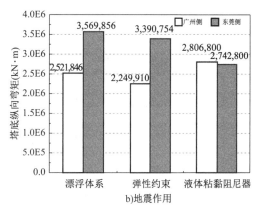

图 4-15　静动力荷载作用下梁端纵向弯矩比较

从以上的比较分析可以知道,弹性约束体系和阻尼体系都不是合理的约束体系,将两者体系的优点结合起来,才能同时解决静动力荷载下梁端位移大和抗震性能差的技术难题。基于此,提出一种新型结构体系——静力限位动力阻尼体系,即静力工况下,在一定行程范围 d 内塔梁间自由变形,当达到某一指定相对位移时,塔梁相对运动受到约束而限制主梁纵向变形;动力荷载下,阻尼器在其冲程范围内自由变形。这种体系的本构关系见图 4-16。

2)静力限位动力阻尼体系研究

分析时考虑以下工况:组合 1:车辆荷载(10 车道)+最不利温度;组合 2:车辆荷载(8 车

道)+最不利温度;组合 3:车辆荷载(5 车道)+最不利温度+活载风;组合 4:车辆荷载(4 车道)+最不利温度+活载风;组合 5:地震+最不利温度。

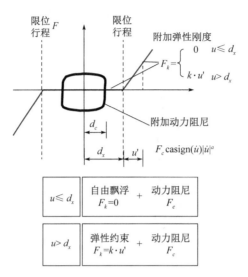

图 4-16 静力限位动力阻尼工作原理示意图

飘浮体系作用下,组合 1~组合 5 工况下汽车荷载、最不利温度、活载风和地震作用下引起的坭洲水道桥梁端位移(考虑引桥的伸缩量)和塔梁相对位移见图 4-17。

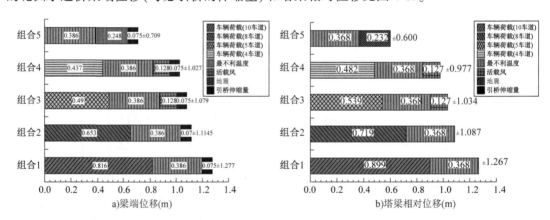

图 4-17 坭洲水道桥各荷载对梁端位移和塔梁相对位移的贡献

限位装置的刚度和限位位移的确定如下所述:

(1)限位装置刚度的确定

由图 4-18、图 4-19 可知,随着限位装置刚度的增大,梁端位移呈递减趋势,弯矩变化幅度不大,限位力呈递增趋势。当限位装置刚度大于 200000kN/m 时,限位装置刚度的影响较小,因此,限位装置的刚度设置为 200000kN/m。

(2)限位位移的确定

图 4-20、图 4-21 绘制了不同间隙时限位装置对坭洲水道桥梁端位移、塔底弯矩和限位装置限位力的影响规律,据此寻求最优间距的设置。

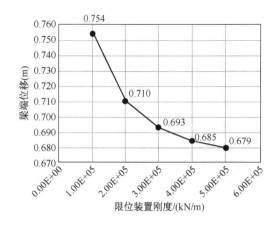

图4-18 限位装置刚度对梁端位移的影响

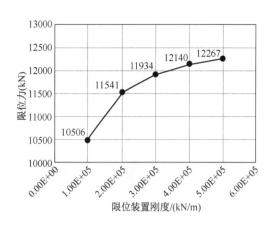

图4-19 限位装置刚度对限位力的影响

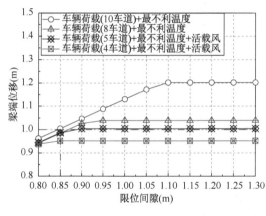

图4-20 坭洲水道桥限位间隙对梁端位移的影响(广州侧、东莞侧)

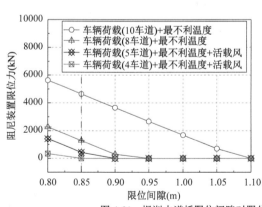
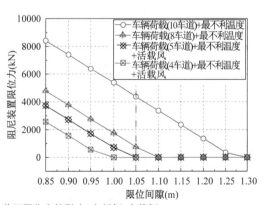

图4-21 坭洲水道桥限位间隙对限位装置限位力的影响(广州侧、东莞侧)

由图4-20、图4-21可知,在车辆荷载(10车道)+最不利温度荷载作用下,广州侧塔梁相对位移大于1.15m、东莞侧塔梁相对位移大于1.35m时,限位装置不发挥作用,但这会导致阻尼器过长,并且伸缩缝规模较大,其中广州侧梁端位移为±1.38m、东莞侧梁端位移为±1.32m。增加限位装置后,随着限位间隙的增大,梁端位移呈增大趋势,限位装置限位力呈递减趋势。当限位间隙大于某一值时,梁端位移和限位装置限位力不再发生变化,保持为一恒定值,限位装置不发挥作用。

3)静力限位动力阻尼关键装置设计

坭洲水道桥静力限位动力阻尼关键装置的力学模型如下,其可以看成是阻尼单元与勾缝单元的并联体系。根据静力限位动力阻尼关键装置的力学模型进行结构设计,提出了可以实现阻尼功能、限位功能的阻尼器,该阻尼器的结构见图4-22。

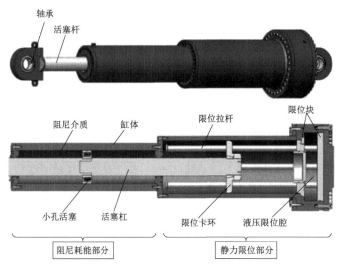

图4-22 静力限位动力阻尼关键装置结构

该静力限位动力阻尼型阻尼器包含两大部分:阻尼耗能部分、静力限位部分。阻尼耗能部分即为常规的黏滞阻尼器部分,主要由缸体、活塞杆等结构组成,密闭缸体内部充满阻尼介质。静力限位部分包含限位装置及其连接部件,该阻尼器的限位装置为密闭的液压腔,液压腔内部充满可压缩流体,当阻尼器的行程超过设计自由行程时,限位装置被压缩,提供限位力。

阻尼器限位装置的工作过程为:当阻尼器被压缩超过设计自由行程时,活塞杆右端与限位装置左侧的限位块接触,限位装置中的可压缩流体被压缩,提供限位力,见图4-23;当阻尼器被拉伸超过设计自由行程时,限位卡环与限位拉杆左端的台阶接触,限位拉杆被向左拉伸,由于限位拉杆右端固定于右端限位块上,所以右端限位块向左运动,使得限位装置被压缩,限位装置提供限位力,见图4-24。

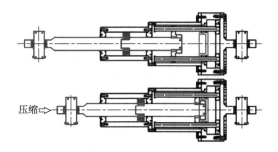

图4-23 阻尼器压缩时限位装置提供限位力

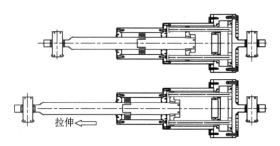

图4-24 阻尼器拉伸时限位装置提供限位力

4) 静力限位动力阻尼关键装置性能检测

对 8 个阻尼器试样开展试验,试验结果见表 4-12。

大沙水道桥 1 号-VDD3598±950-00 试样检测结果　　　表 4-12

序号	测试内容	测试条件		测试结果						
		测试频率(Hz)	幅值(±mm)	测试位移(±mm)	测试速度(mm/s)	实测压缩(kN)	实测拉伸(kN)	理论(kN)	偏差压缩	偏差拉伸方向
1	行程验证试验	0.001	950.0	试样在 951.5mm 行程内可顺畅运行,与设计行程 950mm 的偏差不大于±2mm						
2	慢速性能试验	0.01	10.0	10.1	0.4	236	208	≤359	—	—
3	速度相关性能试验	0.30	37.3	37.1	69.9	1833	1903	1801	1.8%	5.7%
		0.30	93.1	94.3	177.7	2333	2428	2382	−2.1%	1.9%
		0.30	186.3	192.7	363.2	2886	3113	2952	−2.2%	5.5%
		0.30	279.3	283.6	534.6	2921	3164	3315	−11.9%	−4.5%
		0.30	372.5	380.7	717.7	3119	3334	3621	−13.9%	−7.9%
4	频率相关性能试验	0.30	372.5	380.7	717.7	3119	3334	3621	−13.9%	−7.9%
		0.38	294.0	300.1	716.6	3156	3463	3619	−12.8%	−4.3%
		0.45	248.0	252.9	714.9	3180	3470	3617	−12.1%	−4.1%
		0.53	212.0	216.1	719.8	3237	3509	3624	−10.7%	−3.2%
		0.60	182.0	189.7	715.3	3292	3568	3617	−9.0%	−1.4%
5	温度相关性能试验(−25℃、20℃、50℃)	0.30	372.5	380.1	716.5	3240	3544	3619	−10.5%	−2.1%
		0.30	372.5	380.7	717.7	3119	3334	3621	−13.9%	−7.9%
		0.30	372.5	382.0	720.1	3102	3355	3625	−14.4%	−7.4%
6	疲劳试验	0.50	5.0	经过 5 万次加载后,阻尼器无漏油,活塞杆上出现磨痕						
7	最大阻尼力试验	0.30	372.5	380.5	717.3	3142	3373	3621	−13.2%	−6.8%
8	静力限位刚度试验	—	20	20	0.1	3973	3424	4000	−0.7%	−14.4%

由表 4-12 可知,在静力性能方面,对阻尼器开展静力限位测试、慢速试验、行程试验,静力限位性能满足设计文件要求。在动力性能方面,对阻尼器开展速度相关性能试验、频率相关性能试验、温度相关性能试验和最大阻尼力试验,动力性能满足规范要求。在疲劳性能方面,对阻尼器开展 5 万次疲劳磨耗试验,试验后阻尼器未见漏油,疲劳磨耗后,阻尼力未见明显衰减,满足规范要求。在耐压性能方面,对阻尼器开展 2 倍设计压力下的耐压试验,阻尼器未出现泄漏,满足规范要求。

4.4.4 超大跨径悬索桥横向结构体系及关键装置研究

1) 横向减震抗风支座研究的必要性

为适应桥梁建设的发展,应根据桥梁结构在温度、大风、地震等作用下的受力特性,在横桥向设置具有一定刚度的弹性约束,以释放温度应力,并实现主梁与桥塔之间的无缝接触以及大风、地震作用下的自复位能力。这样可以增加横向减震耗能功能,实现地震作用下横桥向的滞回耗能功能,且满足主梁纵桥向的大位移需求和水平转动功能。

2)新型横向抗风支座的工作原理与结构组成

新型横向抗风支座结构图如图4-25所示。主要由滑动板1、受压顶板2、弧形滑动板3、受压钢块4、导槽5、导向杆6、碟形弹簧7、阻尼装置8、底座9、侧板10、侧向封闭板11、侧向加劲板12、预埋钢板13、导向杆固定螺栓14、阻尼装置锚固螺栓15、阻尼装置法兰螺栓16、侧向封闭板螺栓17、底座锚固螺栓18等组成。受压顶板2的外侧贴有滑动板1,内侧贴有弧形滑动板3;受压顶板2与受压钢块4之间通过弧形曲面接触;导槽5设置于受压钢块4内侧,并与导向杆6互相对应;侧板10外侧设有侧向加劲板12;碟形弹簧组与阻尼装置放置于受压钢块4与底座9之间。由受压钢块4沿导向杆6往复运动挤压碟形弹簧组和阻尼装置;侧向封闭板11对装置上、下两侧进行封闭。新型横向抗风支座在桥梁中的安装位置如4-26所示。

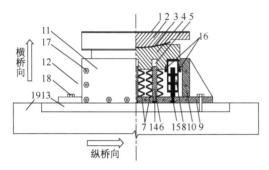

图4-25 新型横向抗风支座结构示意图　　图4-26 新型横向抗风支座安装位置示意图

3)横向减震抗风支座性能分析

为研究新型减震耗能抗风支座对大跨度悬索桥整体受力性能的影响,对比分析了设置横向固定约束与新型减震耗能抗风减震支座(往复运动行程 d 分别为1cm、5cm和10cm)4种情况下桥梁关键部位的内力与位移响应。

(1)桥塔内力

图4-27给出了4种体系地震作用下坭洲水道桥主塔沿高度方向的横向弯矩分布。

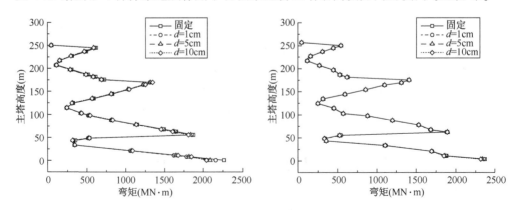

图4-27 约束体系对索塔横向弯矩的影响(广州侧、东莞侧)

由图4-27可以看出,设置新型减震耗能抗风支座后,广州侧主塔弯矩有一定程度的减小,由于东莞侧边跨无加劲梁,主塔弯矩的变化幅度较小。对广州侧主塔弯矩来说,新型减震耗能抗风支座的行程d越大,塔底弯矩降低的幅度越大。设置新型减震耗能抗风支座后,桥塔的横向弯矩总体上要小于设置横向固定约束,更利于桥塔受力。

(2)主梁位移和转角

图4-28分别为4种约束体系地震作用下广州侧过渡墩、广州侧主塔和东莞侧主塔处主梁的横向位移、水平转角。由图4-28可以看出,主梁最大横向位移在主跨跨中位置,4种横向约束体系下的横向位移相差不大;最大水平转角和竖直转角均发生在东莞塔处的主梁,横向固定约束体系下水平转角为0.00643rad,设置新型减震耗能抗风支座后,水平转角在形成d大于5cm后减低到0.0615rad。

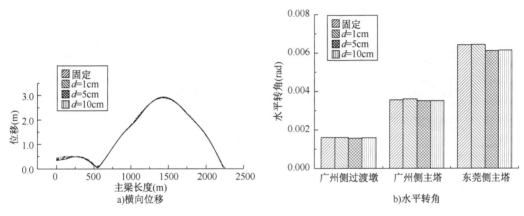

图4-28 主梁横向位移和水平转角

4)南沙大桥横向减震抗风支座设计

坭洲水道桥、大沙水道桥共用到三类横向减震抗风支座的设计汇总如表4-13所示。

南沙大桥横向减震抗风支座设计汇总　　　　　表4-13

支座类型		外形尺寸(mm)					支座行程(mm)	承载力(kN)
		主塔侧		主梁侧		横桥向		
		顺桥向	竖向	顺桥向	竖向			
坭洲水道桥	A类	3360	950	572	715	482	±10	6000
	B类	3200	1700	1550	1060	600	±10	18000
大沙水道桥		2480	1150	572	700	472	±10	5000

5)横向减震抗风支座有限元分析

根据支座的实际受力情况,可以将支座的受力分为以下3种情况,具体受力情况见表4-14。

横向减震抗风支座的受力分析工况　　　　表 4-14

工况	支座受力方式	作用位置	平均面受压力（kN/m²）	
			支撑板	侧壁板
1	轴向受压	支撑板	77854	
2	偏心受压（主梁水平转动）	支撑板+纵向侧壁板	77714	9225
3	偏心受压（主梁竖向转动）	支撑板+竖向侧壁板	77757	68151

(1) 工况 1：轴向受压

横向作用力为 18000kN，全部作用在支撑板上，支撑板平均面受压力为 77854671N/m²，其应力应变图如图 4-29、图 4-30 所示。

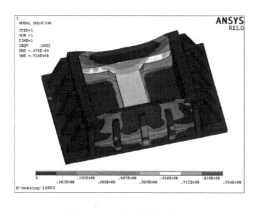 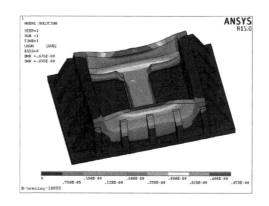

图 4-29　应力图（轴向受压）　　　　　　　　图 4-30　应变图（轴向受压）

在横向作用下，支撑板的最大应力为 91.6MPa，最大应力的位置在支撑板与竖向侧壁板接触处，小于钢材的屈服强度 180MPa，满足受力要求；最大应变是 0.068mm，最大应变的位置在支撑板与纵向侧壁板接触处，变形很小，满足要求。

(2) 工况 2：偏心受压（主梁水平转动）

纵向作用力是支座纵向偏转最大角度时在纵向产生的力，使该力作用在纵向侧壁板上，平均面受压力为 9225kN/m²，同时作用在支撑板上的平均面受压力为 77714kN/m²，用有限元分析，其应力应变图如图 4-31、图 4-32 所示。

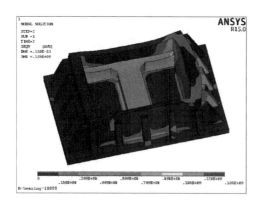 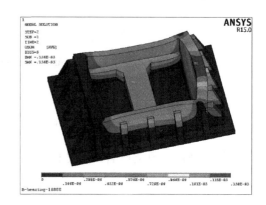

图 4-31　应力图（主梁水平转动）　　　　　　图 4-32　应变图（主梁水平转动）

由以上分析可知,在横向+纵向组合作用下,考虑最不利情况下,最大应力为135MPa,最大应力的位置在支撑板与纵向侧壁板接触处,小于钢材的屈服强度180MPa,满足受力要求;最大应变是0.13mm,最大应变的位置在支撑板与纵向侧壁板接触处,变形很小,满足要求。

(3)工况3:偏心受压(主梁竖向转动)

竖向作用力是支座竖向偏转最大角度时在竖向产生的力,使该力作用在竖向侧壁板上,平均面受压力为6815kN/m²,同时作用在支撑板上的平均面受压力为77757kN/m²,用有限元分析,其应力应变图如图4-33、图4-34所示。

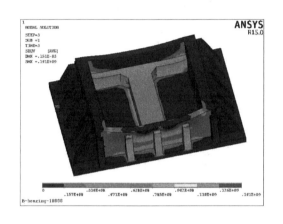

图4-33 应力图(主梁竖向转动)   图4-34 应变图(主梁竖向转动)

由以上分析可知,在横向+竖向组合作用下,考虑最不利情况下,最大应力为141MPa,最大应变是0.151mm,满足要求。

6)横向减震抗风支座性能检测

对横向抗风支座试样开展试验(图4-35),横向减震抗风支座竖向承载力试验结果和水平摩擦系数试验结果分别见表4-15和表4-16。图4-36为支座竖向承载力试验曲线,图4-37为支座水平摩擦系数试验曲线。

横向减震抗风支座竖向承载力试验　　表4-15

试验项目	设计承载力	设计要求	试验值	结果判定
竖向承载力	5792kN	支座总压缩量≥10mm	13.35mm	合格
		碟簧完全压缩后,支座压缩变形量≤支座高度的1%	3.35mm	合格

横向减震抗风支座水平摩擦系数试验　　表4-16

试验项目	检测项目	标准要求	检测结果	结果判定
水平摩擦力试验	摩擦系数	≤0.03	0.0127	合格

图 4-35 横向抗风支座试验

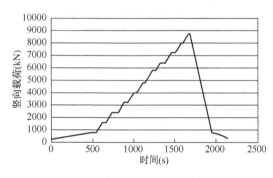

图 4-36 支座竖向承载力试验曲线

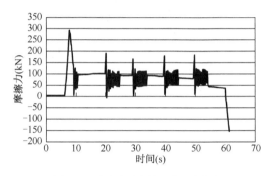

图 4-37 支座水平摩擦系数试验曲线

4.4.5 小结

以坭洲水道桥为研究对象,建立了静动力空间有限元模型,开展结构静动力性能分析,确定结构设计控制性因素,对比分析纵横向结构体系,优化关键装置参数,提出了塔梁间纵/横向设置静力限位-动力阻尼的超大跨度悬索桥新型结构体系,攻克了超大跨度悬索桥纵/横向静动力受力性能差的技术难题。具体工程应用情况如下:

(1)首次提出了控制大跨径悬索桥加劲梁梁端纵向位移的结构体系,可有效降低大跨径悬索桥加劲梁梁端纵向位移15%~30%,显著提高了桥梁的行车安全性和舒适性。

(2)构建了控制超大跨悬索桥索塔、主梁横向减震耗能结构体系,能够将加劲梁的横向剪力和弯矩分别降低25%和15%,并有效降低加劲梁与索塔之间的横向撞击作用,显著提高桥梁结构的横向静动力受力性能。

(3)揭示了静力限位-动力阻尼装置限位间距变化对超大跨度悬索桥结构受力的影响规律,提出了确定合理限位间距的设计方法及参数。

(4)发明了同时具有弹性约束与阻尼作用的新型阻尼装置,能够有效控制梁端纵向位移、减小伸缩装置规模。

(5)首次发明了具有自动复位功能的碟形弹簧与动力阻尼组合的新型减震耗能抗风支

座,显著提升了大跨径悬索桥的横向减震耗能性能、梁桥纵横向减隔震性能和耐久性。

(6)提出了超大跨度悬索桥静力限位-动力阻尼装置的制造技术、静动力性能测试及评价方法,显著提升了大跨径悬索桥关键装置的耐久性。

4.5 超大跨度悬索桥锚碇超大超深地连墙复合基础研究

4.5.1 概述

坭洲水道桥东、西锚碇为直径90m的圆形结构,地下连续墙厚度1.5m,建成以后将成为世界上尺寸最大的悬索桥锚碇基础。

传统的地下连续墙仅仅作为施工围护结构,并不作为永久结构参与受力,即不考虑地连墙嵌岩段对锚碇基础抗倾覆、抗滑移等稳定性的影响。锚碇基础的稳定安全系数不高。本项目研究的特色和亮点是将地下连续墙与重力式锚碇看成共同受力的整体结构,通过封底底板与地下连续墙、内衬之间不同连接方式、不同地层参数、不同嵌岩深度等参数敏感性分析,探讨地下连续墙嵌岩段作用发挥对锚碇基础整体受力的贡献程度,分析二者间的共同作用机理,建立地连墙嵌岩段参与共同受力的锚碇地连墙复合基础的设计计算方法,并通过长期监测和分析对设计计算方法进行验证[28]。

4.5.2 地下连续墙-锚碇复合基础合理结构形式及适用条件研究

研究地下连续墙-锚碇复合基础的合理结构形式与适用条件,必须对这类复合基础与传统地连墙仅作为围护结构的重力式锚碇基础的区别进行深入的分析。地连墙-锚碇复合基础与不考虑复合效应的常规锚碇基础的主要区别在于是否考虑地连墙作为永久受力结构[29]。

在假定地连墙与内衬、底板连接牢固的前提下,分析复合锚碇基础与传统重力式锚碇基础在荷载传递、变形规律方面的异同点。

1)与常规锚碇基础的受力性能对比分析

(1)建立分组

建立两组锚碇基础模型,一组考虑复合效应、一组不考虑复合效应,研究受力性能的差异。不考虑复合效应的模型,底板以下的地连墙采用土体模拟;考虑复合效应的模型,底板以下地连墙按照实际情况模拟;地连墙暂不考虑接缝弱化的效应。分析工作采用FLAC3D软件进行。模型分组情况如4-17所示。

A 组与 B 组模型分组 表4-17

模型分组	考虑复合效应	不考虑复合效应
施加设计缆力 94200kN	A1	B1
施加1.25倍设计缆力	A2	B2
施加2倍设计缆力	A3	B3
施加3倍设计缆力	A4	B4

(2) 荷载-变形发展规律

经计算,在设计缆力作用下,考虑复合效应的 A1 模型顶板水平位移约为 7mm,不考虑地连墙作用的 B1 模型的顶板水平位移为 17.12mm,增大了 2.4 倍,但总体位移的量级都较小。随着荷载的增加,二者的水平位移差别进一步扩大,A 组模型的荷载-水平位移曲线呈现缓变型变化规律,B 组模型呈现陡降型变化规律。

(3) 竖向及水平向荷载分担规律(图 4-38)

从竖向荷载分担关系看(图 4-38a)):不考虑地连墙受力的 B 组模型,竖向荷载 97%~98%均由底板承担,侧墙仅承担 2%~3%,这一比例与荷载的数值没有绝对关系,分配比例基本保持不变。对于考虑地连墙受力的 A 组模型,随着缆力的增大,底板分配的竖向荷载逐步减少,从设计缆力时分担 64%,过渡到 3 倍缆力时的 38%,而地连墙底部承担的竖向荷载则由 28%增大到 53%。说明与 B 组模型相比,地连墙的墙底协助锚碇基础的底板分担了大部分的竖向荷载,底板以下侧摩阻力分担了少部分的竖向荷载。缆力作用下锚碇基础的受力并不均匀,前锚区以下基础受到的压应力更大,因此随缆力增大,地连墙底部的应力集中现象明显。

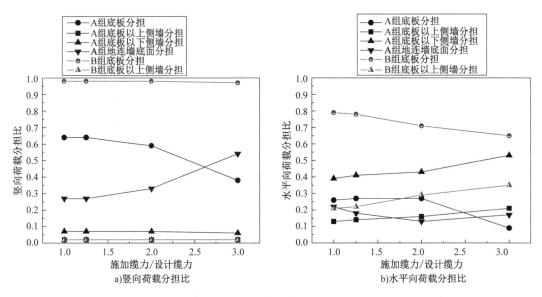

图 4-38 A 组与 B 组模型竖向(水平)荷载分担比随荷载的变化规律

从水平荷载分担关系看(图 4-38b)):不考虑地连墙受力的 B 组模型,底板水平荷载分担比在 1 倍缆力时 79%,随着缆力的增加,水平位移的增大,前墙土体承担的荷载逐步增大,底板分担的水平荷载在 3 倍缆力时下降到 65%。考虑地连墙受力的 A 组模型,在设计缆力时,底板仅分担 26%的水平荷载,底板以下侧墙分担 39%,地连墙底面分担 22%,二者合计约 60%。随着荷载的增大,底板分担的荷载,先保持不变,荷载达 3 倍缆力后,锚碇被拔起的趋势明显,底板分担的水平荷载下降到 9%,与竖向荷载分担的比例的变化趋势一致。底板以下地连墙承担的荷载在 2 倍缆力之前,基本维持在 60%左右,3 倍缆力后,提高到 70%,地连墙分担水平荷载主要依靠底板以下的侧墙部分,前锚区侧墙承受的压应力较大。

(4) 底板及墙体应力分布特征

根据计算结果,分别统计 A 组模型(考虑地连墙效应)和 B 组模型(不考虑地连墙效应)

的底板底接触面的竖向应力。分析表明:不考虑地连墙效应的 B 组模型,在锚体施工阶段,最大竖向应力达 2034kPa,出现在后锚区边缘,施加 1 倍缆力后,最大竖向应力出现在前锚区边缘,为 1989kPa,随着缆力的增大,最大竖向应力逐步增大,施加 2 倍缆力时,最大竖向应力为 3012kPa,已超过底板下土体的容许承载能力。施加 3 倍缆力时,最大竖向应力达到 4292kPa。相比较而言,A 组模型由于地连墙作用的发挥,底板底土体的竖向应力得到大幅度减小,后锚施工完成后,后锚区底部竖向应力最大为 814kPa,施加 1~3 倍缆力后,底板底土体的最大竖向应力介于 799~1011kPa 之间,均满足土体容许承载力要求。

2)合理结构形式

根据前文的分析可知,在地连墙-锚碇复合基础荷载分配过程中,底板以下地连墙承受了很大的压应力,分担了较多的水平荷载。前锚区下的内衬也承担了较大的压弯荷载,压应力较大。因此适宜的地连墙-锚碇复合基础结构,必须对上述连接构造进行优化,以更好地发挥三者共同受力的效应。

可采取的技术措施包括:加密地连墙与内衬连接的钢筋密度,保证内衬与地连墙的受力协调;将最底部底板高度范围内内衬的水平向钢筋与底板中的钢筋采用连接器连接,保证共同受力。

3)适用条件分析

在机理研究的基础上,初步分析了锚碇地连墙复合基础在地层条件、地下水及渗流条件、结构构造、施工工期、施工偏差、变位标准、稳定安全系数及经济性等方面的适用条件和选用的依据,为锚碇地连墙复合基础的推广应用提供借鉴。初步的分析结果如表 4-18 所示。

地连墙-锚碇复合基础适用条件分析表   表 4-18

条件分类	适用条件分析
地层条件	锚碇基础底面位于砾砂层、卵石层、全/强/中/微风化岩层,地连墙底须嵌入中/微风化岩层,嵌入深度约为地连墙外径的 10%; 地连墙全部位于黏土类土层或砂层的地层,不适合采用复合基础
地下水条件 渗流条件	地连墙所处的地下水环境为中弱腐蚀性环境,墙体嵌入地层的渗透系数宜小于 $5×10^{-6}$cm/s,对于无法满足渗透系数要求的地层,应能通过帷幕止水等措施,保证极小的渗透性。这主要是由于复合基础连接构造的施工时间较长,对基坑渗流稳定性要求较高。较小的渗透性对结构的耐久性亦有利
结构构造	具备增加地连墙与内衬、底板连接钢筋的布置空间,地连墙墙体强度宜通过增加钢筋、型钢加劲等措施,提高墙体的承载能力
施工工期 与施工偏差	锚碇基础的施工工期不在关键线路上,具备施工新增连接构造的工作时间。地连墙宜采用铣槽机方式施工,墙底的沉渣厚度要严格控制在 5cm 以内,可采取墙底及墙侧后注浆方案。墙体施工的平面偏差和垂直度偏差宜尽量控制,以降低钢筋笼保护层厚度过小的风险
变位标准	上部结构对锚碇水平位置控制严格的项目,可选择复合锚碇基础,相同地连墙外径情况下,与传统重力式锚碇基础相比,水平位移可大幅削减。复合锚碇基础的变位控制标准可按照锚碇基础水平位移 10cm、竖向位移 20cm 进行控制
稳定 安全系数	稳定安全系数要求高的项目,可考虑采用复合锚碇基础
经济性	周边施工条件限制,地连墙规模很难任意放大,过大的地连墙规模导致基坑围护难度增大、经济性较差的时候,可通过采用复合锚碇基础,削减地连墙规模,降低工程造价

4.5.3 地连墙与基础底板承载力分担机理研究及参数敏感性分析

在前文完成的 A 组、B 组两组模型的基础上,进一步考虑可能影响地连墙-锚碇复合基础的各类因素（Ⅰ期与Ⅱ期槽段间0.25m厚的接头的效应、墙体的弹塑性本构、土体参数、地连墙的厚度、底板以下地连墙的嵌固深度、底板与内衬、地连墙的连接方式）等，构建了6组计算模型，开展这些因素的参数敏感性分析，通过1倍、1.25倍、2倍、3倍设计缆力等4种工况的计算，研究地连墙与底板竖向及水平向承载性能的变化规律及荷载分配机理。

计算分析表明，接头效应对计算结果影响较小，极限状态下应考虑地连墙弹塑性模型对计算结果的影响，土体模量参数对基础位移有一定影响，对荷载分担比影响较小，地连墙嵌固深度对水平荷载分担比有较大影响，地连墙与内衬及底板的连接性能对复合基础的受力性能影响很大。

4.5.4 地连墙-重力式锚碇复合基础受力机理模型试验研究

为验证地连墙-重力式锚碇复合基础的承载性能特点，利用公路长大桥建设国家工程研究中心的基础三向静动力试验台及结构实验室常规试验区，进行底板-内衬-地连墙三者的缩尺钢管混凝土模型试验，施加竖向及水平向荷载，分析地下连续墙-重力式锚碇复合基础的受力机理与破坏模式，验证地连墙基础的竖向及水平向荷载分担特性及变形发展规律，揭示承载及荷载分配机理，为复合基础设计提供理论支撑。

竖向加载作用下两组锚碇基础竖向荷载—竖向位移曲线如图4-39所示。不同缆力作用下的两组锚碇基础水平位移变化规律如图4-40所示。结果表明：与常规锚碇相比，由于地连墙嵌入深部中分化基岩，地连墙-重力式复合锚碇基础可充分发挥嵌岩地连墙强度及深层岩体承载能力，在竖向荷载和水平荷载作用下，地连墙-重力式复合锚碇基础竖向位移和水平位移均明显小于无嵌岩地连墙的常规锚碇基础，其中设计缆力条件下可降低水平位移量75%左右，表明嵌岩地连墙结构有效提高了锚碇基础承载性能和安全储备。由土压力及荷载分配规律可知，上部竖向荷载通过地连墙结构传递到深部基岩，有效分担了基础底板土体压应力，进而降低地基土体附加应力和基础沉降量。

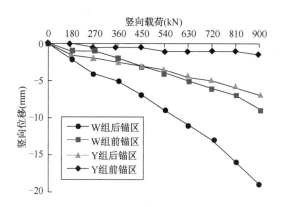

图4-39 竖向荷载（基础+锚体自重）作用下复合锚碇基础顶面竖向位移

4.5.5 地连墙-锚碇复合基础稳定性分析方法研究

1) 不同稳定性计算方法对比分析

采用规范方法、抗剪强度折减法和增大缆力分析法对锚碇基础的稳定性进行了分析，得到了不同计算方法对应的稳定性系数。当不考虑地连墙作用时,采用强度折减法和增大缆力分析法得到的破坏模式均为滑移破坏,与规范方法计算得到的抗滑移稳定性系数较为接近;当考虑地连墙复合作用后,基础的抗滑移能力得到较大提升,基础的破坏模式将由滑移破坏转变为抗倾覆破坏,地连墙对基础稳定性的提升作用较为明显。

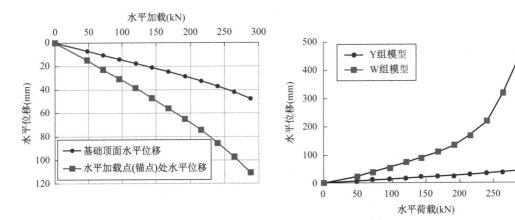

图 4-40 缆力作用下锚碇基础水平位移曲线

2) 锚碇的基础尺寸对基础稳定性的影响分析

分别对坭洲水道桥东锚碇不同直径 90m、85m、80m、75m 下的稳定性结果进行分析,考虑只减小锚碇基础直径和同比减小锚碇基础和上部锚体两种工况,其抗倾覆安全系数与水平变位 15cm 安全系数的安全系数计算结果如表 4-19 所示。

锚碇基础尺寸对基础稳定性影响分析结果　　表 4-19

基础直径	只减小基础直径			同比减小上部锚体		
	抗倾覆安全系数	变位 15cm 安全系数	降低比例	抗倾覆安全系数	变位 15cm 安全系数	降低比例
90m	4.01	3.04	—	4.01	3.04	—
85m	3.65	2.77	9%/9%	3.51	2.67	12%/12%
80m	3.33	2.48	17%/18%	3.06	2.30	24%/24%
75m	3	2.19	25%/28%	2.63	1.94	34%/36%

通过对比可以发现,将坭洲水道桥东锚碇直径由 90m 减为 85m,基础其他设计参数不变,地连墙厚度仍为 1.5m,考虑地连墙的嵌固作用,当锚体上部尺寸和自重不变时,逐步增大缆力,当缆力增加至设计缆力的 3.65 倍时基础出现极限破坏。通过分析发现,当锚碇直径减少 5m(即基础的工程量减少约 10%)时,锚碇的破坏模式仍以倾覆破坏为主,对应荷载(加载比)与变位置曲线形状也接近,只是安全系数略微降低,此时锚碇极限状态下的安全系数由 4.01 降低为 3.65(降低约 9%);直径 90m 和直径 85m 锚碇对应 15cm 水平变位定义的安全系数由 3.04 降低为 2.77,同样为接近 9%的降低幅度。从以上分析可以看出,当考虑地连墙作用时,将锚碇基础直径优化为 85m 锚碇基础安全性可满足规范要求。分别将锚碇直径减为 80m 以及 75m 时,可以得到同样的规律。

3)渗流作用下的基坑稳定性分析

(1)地连墙渗流稳定性分析

根据抽水试验、压水试验测得的各土层渗透系数,采用 Plaxis 3d 三维有限元分析得到基坑开挖至最深位置处的基坑涌水量,分析模式为稳态分析。

从图 4-41 可看出,地连墙止水帷幕可以有效地阻挡地下水的渗流。有止水帷幕时,地下水流线在基坑外面是平行止水帷幕向下的,绕过止水帷幕向上渗流。在止水帷幕下端附近,渗流矢量密集,说明地下水在此处有较高的流速,水头损失较大。另外,基坑外水头损失不大,而基底部有相当大的水力坡度产生,从而形成相当大的渗流力,对基坑底部的稳定不利。加大止水帷幕的埋入深度,相当于增加了地下水的渗透路径,使水力坡度减小,并且使得水头损失较大的地方离坑底远些,可以有效增加渗流稳定性。

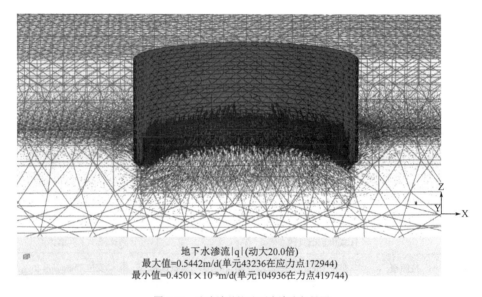

地下水渗流 |q|(动大20.0倍)
最大值=0.5442m/d(单元43236在应力点172944)
最小值=0.4501×10⁻⁹m/d(单元104936在力点419744)

图 4-41　地连墙基坑地下水渗流矢量图

通过数值分析表明,设计采用地连墙墙底嵌入微风化花岗岩满足渗流作用下的稳定性要求。平均渗流量为 1183m³/d,设计的抽水井能满足基坑降水的要求。

(2)地连墙嵌固深度对基坑稳定性的影响

为分析地连墙不同嵌固深度对基坑稳定性的影响,在原设计方案的基础上,考虑地连墙基底高程的变化,分别为-30.8m(墙底位于强风化底面、中风化岩顶面)、-37.8m(墙底嵌入微风化岩1m)。从图 4-42 计算结果可看出,在原设计方案基础上减小地连墙的嵌固深度至高程-30.8m,坑底将发生隆起,引起土体发生拉伸破坏。

4.5.6　地下连续墙、内衬与锚体协同工作实测研究

1)坭洲水道桥西锚碇基坑施工期监测数据分析

以坭洲水道桥西锚碇为分析对象,对施工期地连墙、内衬的受力变形特征进行分析。

(1)地连墙深层侧向位移分析

选取地连墙 31 号槽段监测数据进行分析,可知在开挖阶段地连墙侧向位移逐渐增大,表

现为向坑内鼓进,最大侧向位移在地面以下约 13m 深度处。在底板浇筑过程中,地连墙上部侧向位移先向坑外发展,之后恢复到向坑内增长,地连墙下部侧向位移则向坑外持续发展,在底板浇筑完成后坑底附近地连墙侧向位移已朝向坑外。后续填芯混凝土及顶板浇筑过程中地连墙侧向位移先整体向坑内增长,之后整体又向坑外逐渐发展。

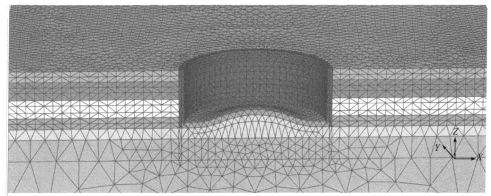

图 4-42　基坑底隆起变形网格(地连墙底高程-30.8m)

(2)地连墙外侧土压力变化分析

研究施工期地连墙 31 号槽段外侧不同深度处土压力变化曲线可知,在开挖阶段,地连墙外侧的土压力变化较小,某些测点处的土压力呈现出缓慢减小的趋势;这主要是由于地连墙刚度较大,在开挖阶段侧向位移较小,土压力基本上保持在开挖前的静止土压力水平。在底板混凝土浇筑过程中,受到坑内新浇筑混凝土的侧向挤压,底板附近 16.5m 和 19.5m 深度处两个测点的土压力逐渐增大,13.5m 深度处土压力略有增加,其余测点处土压力没有明显的变化。底板浇筑完成后,上述三个测点处的侧向位移向坑内产生了一定的回弹,使得这三个测点处的土压力也出现一定程度的回落。之后受到浇筑填芯混凝土的影响,16.5m 和 19.5m 深度处的两个测点的土压力仍在继续增加,10.5m 深度处土压力则缓慢恢复到开挖前水平,其余测点处土压力基本保持不变。

注意到地连墙上部三个测点的土压力实测值比理论估算值偏小,这可能是由于在地连墙施工前采用了水泥粉喷桩对地连墙周围的淤泥质土进行了加固,从而提高了地连墙附近土体的刚度,使得实际的侧向土压力值变小。

(3)地连墙外侧孔隙水压力分析

在整个施工期,水位变化不大,对孔隙水压力的影响很小;地连墙外侧孔隙水压力整体上逐渐减小,这反映了地连墙施工产生的超孔隙水压力消散的过程。后期受到浇筑填芯混凝土的影响,某些测点处的孔隙水压力有所上升,后续各测点孔隙水压力基本保持稳定。

(4)地连墙钢筋及混凝土应力分析

研究地连墙 31 号槽段各测点的钢筋应力和混凝土应力变化曲线。施工期地连墙钢筋应力总体较小,应力大小在-20~20MPa 之间变化,在底板施工完成后基本保持稳定。地连墙混凝土压应力总体较小,最大压应力约为 6MPa,个别测点处出现了较大的拉应力,超出了混凝土的抗拉强度值(2.2MPa),局部可能会出现裂缝,底板施工完成后各测点应力基本保持稳定。

2) 水道东锚碇补充监测

通过现场条件以及中期评审会专家意见的汇总,拟对锚体、锚体周边的围护结构以及锚碇周边土体的顶部沉降和水平位移进行监测(图 4-43~图 4-45),以此作为分析锚碇与围护结构的协同作用以及锚碇在逐步受力过程中对周边土体影响的基础。

如图 4-43~图 4-45 所示,对监测数据进行计算验证。在南沙大桥工程设计过程中空缆状态的缆力为 2.25kN,恒载状态(带二期恒载)缆力为 8.4 万 kN,最不利状态缆力为 93.2kN,以锚体施工完成后作为为变形的零点。

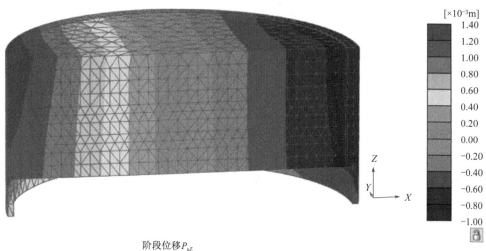

阶段位移 P_{uZ}
最大值=1.358×10^{-3}m(单元4在节点301353)
最小值=-0.9742×10^{-3}m(单元1在节点40134)

图 4-43 主缆施工完成后的竖向沉降(前锚最外侧基础顶面沉降 1mm)

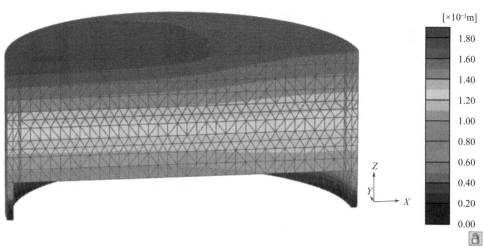

阶段位移 P_{uX}
最大值=1.802×10^{-3}m(单元49508在节点217170)
最小值=-0.09207×10^{-3}m(单元51504在节点123876)

图 4-44 主缆施工完成后的水平位移(基础顶面水平位移 1.8mm)

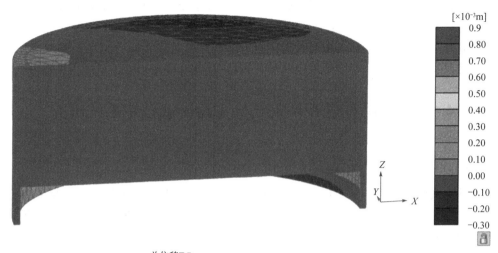

总位移ΣP_{uY}
最大值=0.8169×10⁻³m(单元56715在节点172928)
最小值=-0.2313×10⁻³m(单元49774在节点124992)

图 4-45 主缆施工完成后的 y 方向的水平位移(基础顶面 y 向位移-0.3mm)

根据对锚碇基础不同部位工程实测数据,研究分析了地下连续墙土压力的分布规律、锚碇基底摩阻力分布规律、地下连续墙及内衬受力分布等。监测数据表明,地连墙水平位移与施工状态有关,基坑开挖时位移向基坑内发展,底板浇筑和填芯混凝土施工时,位移向基坑外发展;地连墙外侧土压力在开挖阶段变化不明显,在底板和填芯混凝土施工期间,土压力变化与侧向位移呈现出明显的相关性。

4.5.7 小结

本项目依托南沙大桥采用地连墙作为围护结构的重力式锚碇基础,首次在悬索桥锚碇基础方面,提出地连墙参与重力式锚碇永久受力的设计理念,并采用数值计算、模型试验等手段,对地连墙重力式锚碇复合基础的变位特征、承载机理及荷载分担关系进行了详细的分析和研究;在此基础上,基于地基反力系数法及刚体小变形理论,提出了简化设计计算方法。利用现场实桥的变形监测数据,对上述分析成果及设计方法进行了验证。通过研究可得出如下的认识和结论:

(1)地连墙作为钢筋笼在泥浆护壁条件下浇筑混凝土形成的地下结构,其耐久性具备满足100年使用寿命的条件。地连墙传统上仅作为围护结构,主要是考虑接头的影响及施工质量难以保证的问题。随着刚性接头的出现及铣槽机技术的发展,其具备了作为永久受力结构的条件,因此对施工工艺也提出了新的更高要求。

(2)地连墙作为永久受力结构,其能与重力式锚碇共同发挥作用的前提是地连墙自身及地连墙与重力式锚碇之间必须有可靠的连接构造。对径向槽段间的连接,优先考虑刚性结构的连接,对于地连墙与顶板、底板、内衬及填芯之间的连接,通过增加水平向连接钢筋的方式实现,以形成可靠的连接构造。此外,也可考虑采用局部双钢板地连墙加强措施。

(3)在设计方法方面,地连墙重力式锚碇复合基础可节省锚碇基础规模的前提是要满足锚固系统及锚体布置的要求,确保锚体施工完成后的稳定及受力安全。对地连墙,既要进行维护结构的设计验算,也要进行永久受力验算,尤其是前墙承受较大侧向压力区段的截面验算。对于设计缆力作用下的地连墙与重力式锚碇复合基础的变位及荷载分担关系的计算,可采用基于地基反力系数法和刚体小变形理论的简化方法,此法在小变形条件下适用性较好。

4.6 超大跨度悬索桥钢结构主动防腐技术系统研究

4.6.1 概述

主缆是悬索桥最主要的承重构件之一,主缆承担了全桥的主要荷载,其工作性能决定了全桥运营的安全性和耐久性。悬索桥主缆的结构设计理论已比较成熟,运营的安全性问题已基本解决。随着人们对结构耐久性问题的认识不断加深,悬索桥主缆的防腐性能设计也愈加被重视。

传统的主缆防腐方法是采用涂装+封堵的工艺,在主缆的表面形成封闭的保护套筒,从而防止大气中水分及其他腐蚀性物质与主缆钢丝直接接触。传统防腐方法的基本思路是延缓腐蚀和消耗的被动式方法;当主缆内部已经出现腐蚀条件后,该方法将会失效。因此,一种向主缆内部注入干燥空气的防腐技术应运而生。悬索桥主缆除湿防腐系统正是应用这种改变腐蚀环境的主动式技术,保证主缆运营的耐久性。

围绕着主缆锈蚀的一系列问题,各国开展有针对性的研究。日本桥梁技术人员最早提出变被动防腐为主动阻止水汽进入的思路,开展相关试验研究工作,并取得一定的研究成果。本项目在主动式防腐的基础上对南沙大桥钢结构腐蚀防护方案进行了集约化设计,针对南沙大桥钢结构体量大、腐蚀环境复杂等问题开展了腐蚀监测、热湿平衡、主缆流体动力学、吊索和锚索的除湿防护等研究工作,为南沙大桥钢结构的全寿命周期防护提供重要的技术支撑。

4.6.2 全桥除湿与缆索防护一体化系统深化设计及研究

除湿系统的特征是因桥而异、因地而异、因需而异,因此,无法通过某个公式或总结经验值的方式,得出一个既定的设计内容。全桥一体化除湿系统由干空气系统、密封防护系统、监控系统等组成。

1)干空气系统

以坭洲水道桥为例进行干空气系统研究,对主缆、钢箱梁、锚室和鞍室进行除湿计算机设备选型研究。

(1)干空气送风量计算

钢箱梁最小干空气送风量约为3006m^3/h,此风量为除湿设备的最小处理风量。干空气总送风量>28509m^3/h;锚室送风量大于3900m^3/h(应付较恶劣的渗水等问题);鞍室送风量应大于95m^3/h;东莞侧边跨及中跨的主缆内空气流量为56.6m^3/h,广州侧边跨的主缆内空气流量为57.9m^3/h。

(2)空气制备站数量设计

设置6个干空气制备站,图4-46所示为坭洲水道桥制备站的布置。

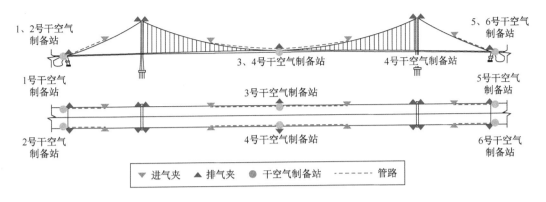

图 4-46 6 个干空气制备站的布置

(3) 干空气输送方案设计

全桥空气流程如图 4-47 所示。

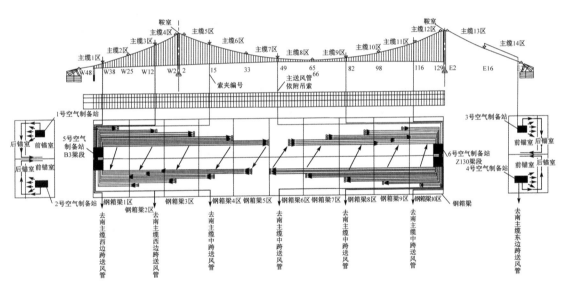

图 4-47 全桥空气流程图

钢箱梁:空气制备站→底板送风→调节阀→除湿区域→单向阀→底板回风→空气制备站。

中跨主缆:空气制备站→底板送风→送气管道(沿吊索)→送气管道(沿主缆扶手绳)→监测通信箱→安全阀→送气夹→主缆内部→排气夹→监测通信箱→单向阀排出。

广州侧边跨主缆:空气制备站→底板送风→送气管道(沿吊索)→送气管道(沿主缆扶手绳)→监测通信箱→安全阀→送气夹→主缆内部→排气夹→监测通讯箱→单向阀排出。

东莞侧边跨主缆:空气制备站→送气管道(沿锚室内壁)→送气管道(沿主缆扶手绳)→监测通信箱→安全阀→送气夹→主缆内部→排气夹→监测通信箱→单向阀排出。

锚室:空气制备站→送风管道→调节阀→前后锚室空间→监测仪表→空气制备站。

鞍室:空气制备站(位于钢箱梁和锚室)→送气管道→监测通信箱→安全阀→送气夹→主缆内部→缆套→进去鞍室内→监测仪表→排出鞍室。

2) 密封防护系统

根据广州市当地的气温、雷暴天气、沿海等实际情况,结合《悬索桥主缆系统防腐涂装技术条件》(JT/T 694—2007)及设计文件的相关要求,对几家生产厂家的密封胶进行试验研究,主要考察的指标有基本性能(物理性能、力学性能及防腐性能)、施工性能及环保性能等,旨在根据最终的评判结果推荐使用南沙大桥主缆用防护密封材料。

为了最大限度地模拟真实主缆腐蚀状况,分析不同环境因素对主缆除湿防腐的影响结果,本试验采集数据主要包括:5个模型外循环下的压力和流量;内循环下的压力和流量;模型在2000Pa、3000Pa、4000Pa、5000Pa和6000Pa下的静态保压效果;模型内部环境和外部环境的温湿度变化。为了方便数据分析,将各个模型风速所对应的流量通过流量公式换算,单位为m^3/h。

从温湿度变化上来看,主缆的内环境温湿度和外环境温湿度共同影响主缆密封胶的密封效果,其中在静态保压,温度升高密封胶密封良好的情况下压力上升;在外循环过程中可以发现随着温度变化进入内环境的空气密度发生改变,造成主缆内部压力和流量的波动。南沙大桥综合本试验结论,在坭洲水道桥选择了密封保压性能最优的中矿大正密封材料,大沙桥选择了密封保压性能较优的郑州中原密封材料,密封设计均采用磷化底漆+环氧底漆+密封剂+氟碳面漆的防护方案。

3) 主缆钢丝腐蚀监测

在气夹顺风方向分别装置温湿度气压监测探针和电阻腐蚀监测探针,探针所采集的数据经通信线输出。通过RS485电缆传输至主塔后转换成光纤传输至监控中心。

如图4-49所示,各处腐蚀监测界面均布置4组电阻探针:3个不同厚度的涂层(50,100,200μm 厚环氧底漆+表面氟碳 30μm)和1个现场实际厚度涂层(10μm 磷化底漆+80μm 环氧底漆+2500μm 密封胶+80μm 柔性氟碳面漆)。图4-48为电阻探针分布情况。调试结果如图4-49~图4-52所示。

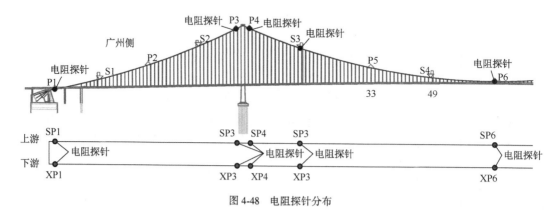

图4-48 电阻探针分布

图4-49和图4-50分别为电阻比值 λ 变化和电阻探针腐蚀速率变化趋势,可以看出腐蚀速率趋势呈对数函数变化,且随时间逐渐减缓。温度和湿度的变化曲线分别见图4-51和图4-52。

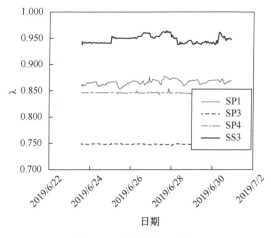

图 4-49　电阻比值 λ 变化

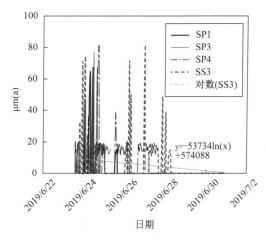

图 4-50　电阻探针腐蚀速率变化趋势

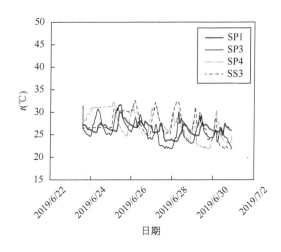

图 4-51　温度变化曲线

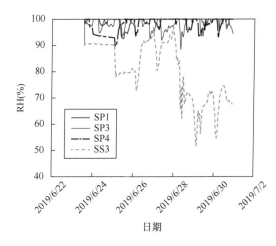

图 4-52　湿度变化曲线

4.6.3　钢箱梁、主缆的热湿平衡分析

1) 钢箱梁热湿平衡分析

热平衡,指当两个系统互相接触时,如有温度差异,其各自的状态可能发生变化,一段时间后,不再发生热量传递,两系统达到热平衡状态;湿平衡,简单来说就是系统的得湿量与失湿量相等,两个系统互相接触时,不再发生湿传递。

(1) 热负荷分析

引起钢箱梁温度变化因素如表 4-20 所示。

引起钢箱梁温度变化的因素 表 4-20

温度变化	主要影响因素	时间性	作用范围	分布状态	复杂性
日照温度变化	太阳辐射	短时急变	局部性	不均匀	最复杂
骤然降温变化	强冷空气	短时变化	整体	较均匀	较复杂
年气温变化	缓慢气温变化	长期缓慢	整体	均匀	简单

钢箱梁边界上的热交换复杂,既有对流换热,又有太阳辐射换热等。太阳辐射换热就必须知道太阳辐射强度,对流换热则必须确定箱梁边界周围的空气温度。对于桥梁钢箱梁而言,其钢结构的导热性很好,假定为稳态传热,通过对钢箱梁周围环境的分析,可知热源主要来自两方面:顶板传热和相邻钢箱梁的传热。外界温度一般会低于钢箱梁,不将其视为热源进行分析。根据热力学导热量计算公式,单位面积导热量为 $45 \times 1 \times 15 / 0.016 = 42 \text{kW}$ 或为 $45 \times 1 \times 10 / 0.012 = 37 \text{kW}$。

(2) 湿负荷分析

最大的渗透湿负荷出现在表 4-21 所示的几个时间,其中,最大值为 35.57kg。

十个最大渗透湿负荷统计表 表 4-21

日 期	渗透体积(m^3)	渗透湿量(kg)	日 期	渗透体积(m^3)	渗透湿量(kg)
7月2日	-2556.54	31.51	7月6日	-2556.54	35.39
7月2日	-2556.54	33.00	8月9日	-2556.54	31.11
7月3日	-2556.54	35.09	8月10日	-2556.54	32.14
7月3日	-2556.54	38.89	8月15日	-2556.54	33.06
7月6日	-2556.54	32.06	8月15日	-2556.54	35.57

通过对钢箱梁由于空气温度变化造成的体积变化分析,再结合当时室内外空气湿度的差异,计算出钢箱梁的最大湿负荷约为 36kg,与经验公式的计算结果相近,可做选择除湿设备的重要依据。

2) 主缆湿负荷

主缆内湿负荷主要由两种原因造成,一种是主缆架设过程中雨水和水汽的进入;另一种是除湿系统运转对主缆内的空气进行干燥时,外部新进入的湿气。

(1) 施工中存留水

结合国内国外已进行主缆除湿的大桥除湿系统运行数据分析,主缆内存水量按空隙的 5% 计算,按设计要求取主缆空隙率为 18%。南沙大桥主缆内水分保持为:

东莞侧边跨及中跨 $w = (0.9882 \times \pi/4) \times 0.18 \times 0.05 \times 1000 \times (565 + 1737) \approx 15884 \text{kg}$,单位长度的缆内水分保持为:6.90kg/m;

广州侧边跨 $w = (0.9992 \times \pi/4) \times 0.18 \times 0.05 \times 1000 \times 696 \approx 4910 \text{kg}$,单位长度的缆内水分保持为 7.05kg/m。

东莞侧边跨分 2 段除湿,每段含水量为 $565/2 \times 6.90 = 1949.3 \text{kg}$。

中跨分 8 段除湿,每段含水量为 $1737/8 \times 6.90 = 1498.2 \text{kg}$。

广州侧边跨分 4 段除湿,每段含水量为 $696/4 \times 7.05 = 1223.2 \text{g}$。

(2)建成后进入主缆内的湿气

外部潮湿空气和大气中的水分在一定程度上由于主缆表面的涂装层和索夹的密封而难以进入主缆,而且在主缆除湿系统运转时,主缆内外压差始终为正,也利于阻止湿气的进入。桥梁建成后,特别是除湿系统开始工作后,进入主缆内的湿气可以忽略不计。

4.6.4 主缆内的流体动力学特征研究

本项目以坭洲水道桥S6标段边跨(东莞侧下游)实际工况,进行1∶1数值模型CFD模拟研究。基于多孔介质理论,通过建立多类型孔隙率1∶1数值模型,由实桥测试获得的技术参数对数值模型进行逆向探究,对由此获得的主缆内黏结阻力及空隙率范围等关键边界条件再次进行交叉验证。最终获得基于实际工况的数值模型,进一步研究主缆内流体动力学特征,同时为后续类型项目的系统设计给予工程指导。主要特征归纳如下:

(1)通过对比30万至1300万的6组不同密度的网格各种流场、压力场和湍流场分布,得出当网格总数在760万以上(每百米152万以上)时,网格增加密度不再显著的影响CFD的模拟结果。

(2)系统分析了不同CFD湍流模型对于模拟结果的影响,发现不同CFD湍流模型对于速度和压力场的拟合几乎一致,没有任何明显区别。但k-ε模型在一定程度上无法完美地拟合多孔介质的近似层流动形态,而RSM的计算消耗过于巨大。

(3)详细对比了工程实况实测数据和CFD模型的预测结果。模拟和实测压差值最大相对误差不超过5%,最大标准相对误差值小于超过4%。而在与理论计算主缆内平均流速的对比中,其最终相对误差低于5%。

(4)主缆内部的压差极大程度上取决于管道内由钢丝构成的多孔介质带来的黏性阻力,黏性阻力增加,主缆内部压差将会迅速增加;而主缆内部的孔隙率与主缆内部的压降呈极小的负相关性,当主缆内部孔隙率增加时,在很小程度上降低压降。

(5)主缆内部的平均流速极大程度上取决于由钢丝构成的多孔介质的孔隙率,孔隙率的增加会极大地增加平均流速;而黏性阻力系数与平均流速呈极小的负相关性,黏性阻力的增加在很小程度上使主缆内平均流速降低。

4.6.5 智能型锚固防腐系统研究

南沙大桥工程采用无黏结预应力锚固系统的结构形式。通过调研,灌注物质分为半固态、液态和气态三种,选择灌注气体的防腐方式是最佳方案。

本试验延伸灌注式预应力防腐体系内容,将灌注气体作为研究内容,在实现原有防腐效果同时,增加锚固索防腐的可感知能力,并为锚固系统提供可监测条件。

针对坭洲水道桥东莞侧上游锚室右侧最低端锚索进行实地检测,发现锚索内部有大量清水溢出,初步推测为锚室封顶期间雨水渗入,或混凝土灌注期间喷淋水渗入。前后锚面均留有试验孔,在试验初期先检测锚固内部有无水分残留,主要试验方法有观察法、量筒测量法。试验分别对东西锚上下游试验孔进行通气试验,每隔30s采集流量、温湿度、压力数据;为提高准确性,规避试验误差,在设计通气之初先进行设备进出口短接,关闭出口流量,观察设备保压性能,若设备保压不理想则用肥皂水检漏、用玻璃胶修补。

如图 4-53,坭洲水道桥广州侧上游 E-1 试验锚保压试验,初始压力设置为 11000Pa,经过 4 个小时的保压试验,锚固索内部压力下降至 9000Pa,整体表现出良好的保压性能,具有除湿条件。

如图 4-54,坭洲水道桥东莞侧上游 D-3 试验锚长达 25 个小时的除湿变化规律,在锚固索检测阶段 D-3 锚渗水最严重的,渗出水量达到 12L,渗出液为纯色液体,液体内有白色颗粒状杂质。除湿试验进、出口相对湿度差值最大可达 64%,说明渗水的锚固索内部湿度大,内部索体易受腐蚀侵害;而随着除湿时间的加长,进出两段相对湿度差值逐渐减少。最低差值为 6%,说明锚固索除湿试验效果显著。

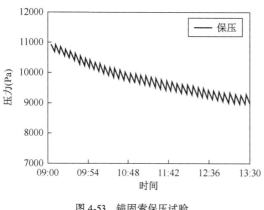

图 4-53　锚固索保压试验　　　　　图 4-54　锚固索除湿试验

本节针对预应力锚固系统腐蚀防护、设计并实桥试验研究智能型锚固防腐技术,主要结论如下:

(1)灌注气体的防腐方式具有安全可靠和节约成本等社会经济效益,值得在大跨径预应力锚固系统中推广应用。

(2)自动灌注和人工/机械半自动灌注除湿方案在锚固系统中各有利弊,通过试验证实锚固索套筒等主要结构密封性能良好,选择半自动方案能耗和造价更低。

(3)试验勘测发现东莞侧上游锚室 4 个锚索(E-1、B-3、C-3 和 D-3)发生渗水现象,单个锚索的最大渗水量为 12L,渗水主要来源为施工期间残留水。

(4)保压试验发现预应力锚索保压性能优良,在不同进口压力下(10000Pa、20000Pa、30000Pa、40000Pa)流量损失可控,进气口和出气口相对湿度最大差值可达 64%。

4.6.6　小结

本项目以攻克超大跨度悬索桥钢结构主动防腐技术系统为总目标,以钢箱梁、锚室、鞍室、主缆的热湿平衡分析、主缆内的流体力学特征研究、全桥一体化除湿系统研究、吊索除湿系统研究、智能型锚固防腐系统研究为具体切入点,通过资料收集、工艺试验、数值模拟等手段,最终形成覆盖全桥、全面、智能的主动防腐系统,成果成功应用于南沙大桥工程建设中。

4.7 超大跨度悬索桥施工精细化分析及监测控制技术研究

4.7.1 概述

与其他桥型相比,悬索桥相对较柔,施工过程中工况变化繁多,形状变化很大,结构具有强烈的几何非线性,加之悬索桥不可能像斜拉桥那样在后期对误差进行调整,所以施工监控和施工的精细化控制是很有必要的。

一般说来,对于悬索桥,设计人员在图纸上设计出的是成桥理想状态,要想在施工现场科学地、安全地、经济地实现这种状态,就必须依靠严格的施工监控。大跨度悬索桥的成桥线形和内力与设计是否一致以及是否合理,与施工过程的合理安排与严格控制紧密相关。根据实际的施工工序,按照已完成工程的结构状态和施工过程,收集现场的参数和数据,对桥梁结构进行实时理论分析和结构验算,分析施工误差状态,采用变形预警体系对施工状态进行安全度评价和风险预警,根据分析验算结果调整控制参数,预测后续施工过程的结构形状,提出后续施工过程应采取的措施和调整后的设计参数,这些措施可保证施工完成的结构满足设计的要求,最大可能地接近设计理想状态,确保成桥后的结构内力和线形符合设计要求。

施工监控是随施工过程逐渐实现的。它是通过对桥梁施工过程中的主要受力断面应力、主要测点变形、主要构件的受力的测量,将实用的结构测试技术和现场分析技术应用于施工,并结合实际施工过程形成结构计算分析、监测及反馈控制一套完整的系统。通过施工现场的结构测试、跟踪计算分析及成桥状态预测得出合理的反馈控制措施,给施工过程提供决策性技术依据,为结构行为控制提供理论数据,从而正确地指导施工,确保成桥线形与受力状态符合设计要求。施工控制既是悬索桥施工质量的保证措施,又是施工过程安全的保证措施。

4.7.2 主缆架设精细化分析研究

1)基于单股索股架设的主缆架设精细化分析

本节以坭洲水道桥为背景,对超大跨度悬索桥主缆索股架设进行精细化分析,得出以下结论:

(1)针对边跨有背索的超大跨度悬索桥主缆索股架设过程分析发现,背索对于主缆线形、主索鞍水平受力、索塔偏位以及散索鞍转动都有一定影响,其影响程度在背索所在边跨最大、中跨次之、无背索边跨受影响最小。

(2)索股架设过程中,两个边跨跨中高程先高于空缆线形随后逐步降低;中跨跨中高程先低于空缆线形随后逐步抬高。基准索股状态下,边跨跨中高程高于空缆高程,中跨跨中高程与空缆状态基本一致。

(3)索股架设过程中,索塔受到向中跨方向的水平荷载以及竖向偏心荷载共同作用,索塔塔顶偏位先增大后减小。塔底无拉应力出现,有背索侧索塔塔底应力差大于另一侧索塔塔底应力差值。

(4)索股架设过程中,散索鞍先向锚跨方向转动随后向边跨方向转动。在索股架设前期散索鞍随着索股架设变位较大,伴随索股架设的进行,散索鞍变位幅度越来越小。

(5)索股架设过程中,对两岸索塔偏位和散索鞍转角进行了连续观测,最终实际观测值与理论计算值吻合良好,说明对主缆架设的精细化分析可以很好地解释实际索股架设过程中塔偏及散索鞍转动的现象规律。

2)主缆与鞍座相互作用模式研究

悬索桥主缆与鞍座间抗滑稳定性是保证全桥结构安全的必要条件,要求二者间的抗滑能力应具有一定的安全储备,两者间的相互作用同时也是桥塔设计的重要参考。而前提是需要明确各接触面之间的相互作用,即主缆与鞍座的相互作用模式。针对主缆与鞍座之间的相互作用进行了分析,得到如下结论:

(1)主缆与鞍座之间存在底面和侧面的相互挤压,本研究基于 Ansys 平台,建立了主缆与鞍座之间挤压力相作用分析的非线性简化分析模型 EFAM。分析表明:主缆与底面之间的挤压力随主缆的排列高度而降低;主缆与承缆槽侧壁的挤压强度随主缆钢丝的高宽比增大而降低,但挤压力合力随高宽比增加而增大。索力增加引起侧压力近线性增加,可认为索力的增加基本不影响鞍槽内的接触关系及力学传递规律。

(2)现有试验研究得到的摩擦系数是主缆鞍座之间摩擦性能的综合体现,其值会随主缆鞍座系统的不同而发生改变,离散性相当大,针对某一具体桥梁主缆鞍座系统所做的模型试验得到的名义摩擦系数对这一项目本身是最准确也最直接,但对其他桥梁指导意义不大。

(3)现有规范中抗滑移安全系数的计算中所采用摩擦系数应为名义摩擦系数,按照现有规范中所采用的 0.15 进行计算,计算结果偏于安全,在施工过程中的各个阶段均不存在滑移问题。

3)锚跨索力及散索鞍偏角施工调整研究

虽然锚跨在悬索桥整个结构中只占很小一部分,但由于关系到散索鞍和锚固系统设计的合理性和主缆索股下料长度计算的精度等,因此锚跨索股分析是悬索桥设计时的一项重要内容。大跨度悬索桥既要满足主缆架设期间的索股抗滑移要求,同时又要保证成桥后的锚跨索力均匀分布并使散索鞍到达设计位置,必须在主缆架设完成后进行锚跨索力和散索鞍偏角的施工调整。由于锚跨索力同散索鞍偏角存在耦合关系,调整散索鞍偏角必然改变锚跨索力,进而也可能改变散索鞍偏角。因此,为了安全快速地实现锚跨索力及散索鞍偏角施工调整,有必要针对两者的耦合关系及调整方法进行研究。

本研究将充分考虑锚跨各索股的空间性以及锚跨索力同散索鞍偏角存在的耦合关系,基于影响矩阵法,建立大跨度悬索桥锚跨索力和散索鞍偏角的施工调整计算方法。得到如下结论:

(1)基于影响矩阵法建立了大跨度悬索桥锚跨索力及散索鞍偏角施工调整计算方法,该方法能够得到同时实现锚跨索力和散索鞍偏角施工调整的理想锚跨索调整量,并且理论上可以一步到位。通过与实测数据的对比,验证了该方法的实用性。

(2)本研究建立的大跨度悬索桥锚跨索力和散索鞍偏角之间耦合关系的计算分析方法,有助于深化对施工调整过程中结构力学行为的认识,对于实际施工亦有一定的指导意义。

(3)根据施工调整过程中的索力变化规律得到的索力调整优化方法为:首先进行索股张拉,然后进行索股放松;张拉从索力最小的开始,放松从索力最大的开始。该优化法可以有效避免施工调整过程中出现索力过大或者过小的情况。

(4)采用本文的理论方法对锚跨索调索过程进行了指导,南沙大桥各锚跨张力通过2轮的精调之后均能达到足够的精度。

4.7.3 大跨度悬索桥加劲梁安装精细化研究

1)大跨度悬索桥加劲梁吊装精细化研究

通过计算分析研究得出以下结论:

(1)在南沙大桥吊梁过程中,监控单位协同施工单位对钢箱梁吊装过程中的桥塔偏位、加劲梁线形、主缆线形进行持续地监测,根据实测数据验证了理论计算的准确性。根据实测和理论值对比可见,实测成桥状态达到目标状态,理论计算准确。

(2)对于单跨悬吊悬索桥和两跨悬吊悬索桥,两种加劲梁吊装顺序对中跨跨中主缆位移影响相似。从跨中开始吊装,主缆先下降;从桥塔开始吊装,主缆先上拱。

(3)对于大跨度的两跨悬吊悬索桥,中跨跨度比较大则中跨梁段比边跨的要多,从跨中向桥塔吊装,在开始吊装边跨梁段时,边跨主缆会产生比较大的上拱位移;从桥塔向跨中吊装,在边跨梁段吊装完成后还有剩余的梁段需要吊装,边跨主缆会产生比较大向下位移。

(4)加劲梁吊装过程连接上缘板,下缘板开口,吊装初期开口角较大,随着吊装完成,桥面线形接近于成桥状态,开口角减小。

(5)跨中区域加劲梁吊装对主缆水平拉力的影响较大,这种影响从跨中向桥塔递减,桥塔附近区域梁段吊装对主缆水平拉力影响最小。

(6)两跨悬吊悬索桥加劲梁吊装时,边跨有吊索侧桥塔在两种吊装顺序下桥塔偏位变化正好相反。从跨中向桥塔吊装时,该侧桥塔先偏向中跨后偏向边跨;从桥塔向跨中吊装时,该侧桥塔先偏向边跨后偏向中跨,有吊索边跨梁段的吊装时机决定桥塔偏位的变化方向。

(7)对于非对称两跨悬吊悬索桥,从跨中向桥塔吊装时,有边跨侧主索鞍先滑向中跨后滑向边跨;从桥塔向跨中吊装时,有边跨侧主索鞍先滑向边跨后滑向中跨。可见有边跨侧主索鞍自由滑移变化不规律,可以主要通过控制无边跨侧主索鞍的顶推量来调整中边跨两侧的不平衡力。

2)加劲梁吊装过程中抗台风安全措施研究

分别从提高临时连接刚度和采用柔性连接两个方面,研究了降低台风期临时连接受力的措施。

研究结果表明:可适当提高临时连接件刚度来抵抗合拢前阶段遭遇台风,但仅靠提高临时连接件刚度不足以将合拢阶段塔根处临时连接件应力降低至安全范围,需将塔根梁段刚性连接断开,并采用柔性连接;这样,一方面释放了巨大内力,另一方面限制塔根梁段位移。经过基于坭洲水道桥的计算表明:若在合拢前最大悬臂阶段,将临时连接件的刚度提高至原来的1.5倍,即可保证其安全性,其应力降至785MPa以内;在合拢阶段遭遇台风,需将塔根梁段断开,代之以柔性连接,可将临时连接件的最大应力从3000MPa降低至785MPa以内,满足规范要求。

3)基于锚跨调整的加劲梁线形调整方法研究

查阅国内外悬索桥修建过程相关资料,发现通常利用锚跨来调整主缆线形一般是在空缆状态下进行,而没有在加劲梁吊装完成之后再通过调整锚跨调整主缆线形的先例,本节主要研究了通过对坭洲水道桥吊梁完成之后的锚跨调整,进而对主缆线形进行了调整,较好地解决了跨中上下游高差的问题。

通过对坭洲水道桥东锚和西锚下游锚跨共 4 轮的调整,坭洲水道桥钢箱梁中跨跨中上下游高差被调整到合理范围,满足了上下游高差的要求,同时通过对东锚和西锚下游锚跨各 2 轮锚跨张力精调,使锚跨张力分布均匀。通过此次工程的应用验证了该种调整方法的精确性。该方法在此次实际工程中的首次应用所取得的理想结果,也可为未来在悬索桥建设过程中出现该类问题时提供借鉴,提供解决问题的新思路。

4)温度对加劲梁焊接过程的影响研究

研究在如下两个工况下,加劲梁焊接刚接过程中的应力、内力以及位移情况。

工况 1:设计基准温度。

工况 2:设计基准温度−20℃～设计基准温度+20℃随机变化,下文中称为随机温度工况。

通过考虑焊接全过程中温度的随机变化的不确定性,对坭洲水道桥加劲梁逐段焊接过程中温度的影响进行分析。分析结果表明,焊接过程温度的随机变化会导致端梁段焊缝、无索区梁段以及附近的梁段焊缝产生较大的应力变化;伴随温度的随机变化,加劲梁的剪力和弯矩也会产生变化,变化最明显的部位为无索区梁段附近焊缝;温度对焊接过程中的加劲梁线形影响比较大,尤其是跨中位置。

4.7.4 特大悬索桥钢桥面铺装过程精细化研究

1)研究方法

采用悬索桥专用软件 BNLAS,建立了施工过程的精细化数值模型,并开展铺装过程的精细化研究。

2)桥面铺装对桥塔的影响

(1)理论与实测对比

在南沙大桥桥面铺装过程中监控单位对铺装过程中的塔偏进行了实时的测量,由实测和理论值对比可见,桥塔偏位变化与理论计算相吻合,误差较小,理论计算精度高。

(2)坭洲水道桥桥塔偏位

根据实际铺装过程中实测与理论计算的对比,铺装完成后的成桥状态良好,验证了理论计算的准确性,因此本节继续对不同铺装方案进行对比研究。桥面铺装施工过程中,广州侧桥塔的水平位移在沿同一方向进行铺装的各幅铺装荷载作用下变化规律基本相同,但铺装行进方向对塔顶水平位移的变化规律影响较大。

(3)大沙水道桥桥塔偏位

桥面铺装施工过程中,两侧桥塔的水平位移在沿同一方向进行铺装的各幅铺装荷载作用下变化规律基本相同,铺装行进方向对塔顶水平位移的变化规律影响比较小。

3)桥面铺装对加劲梁竖向位移的影响

在南沙大桥桥面铺装过程中,监控单位对铺装过程中的塔偏进行了实时的测量,由实测和理论值对比可见,铺装过程中加劲梁线形变化与理论计算相吻合,误差较小,理论计算精度高。

(1)坭州水道桥加劲梁位移

1/4处加劲梁在每个施工阶段结束时均会产生相等的垂直位移,位移累计向下,在每个施工阶段过程中则有先向上后向下的波动;对比不同的施工方向,可以看到在每个施工阶段过程中加劲梁上下波动的位移相等,对比不同施工工况可知分幅数量 n 越小,则每个施工阶段过程中加劲梁向上向下波动的幅值就越大;n 越大,则不同施工方向开始铺装对加劲梁位移的影响就越接近。

相比 1/4,1/2 点处加劲梁的位移变化,靠近东莞侧桥塔的 3/4 等分点处加劲梁的位移在不同的铺装施工方向上有明显的差异。该差异体现在每个施工阶段过程中,若从广州侧开始铺装,中跨 3/4 等分点处加劲梁的垂直位移先向上后向下,若从东莞侧开始铺装,该点处加劲梁的垂直位移先向下后向上。

无论从哪一侧开始施工,分幅数量越少,施工过程中各点产生的最大位移越大。对比两个施工方向的结果,从东莞侧开始施工,3/4 处加劲梁的最大位移与 1/4 处的最大位移的差值的绝对值要比从广州侧开始施工两点位移最大值之差的绝对值大,这就说明受桥梁非对称的影响,若从东莞向广州方向铺装,铺装过程中靠近东莞侧桥塔的加劲梁要承受相对较大的荷载。

(2)大沙水道桥加劲梁位移

对于该单跨悬索桥,在两个方向上进行桥面铺装对中跨中点加劲梁的影响几乎相同,不同的铺装行进方向只对中跨加劲梁 1/4 和 3/4 处竖向位移有明显的影响。

无论从哪一侧开始施工,分幅数量越少,施工过程中各点产生的最大位移就越大。对比两个施工方向的结果,从广州侧开始施工,1/4 处加劲梁的最大位移较大;从东莞侧开始施工,则 3/4 处加劲梁的最大位移较大,铺装分幅数量越多则这种影响越大。

4.7.5 南沙大桥成桥监测成果分析

1)大沙水道桥成桥测量成果分析

大沙水道桥测量成果分析具体如下:

(1)梁长测量

在吊梁完成后铺装之前,监控单位协同施工、监理单位等对梁段的控制测点位置坐标进行了测量,结果是:钢箱梁的总长误差为 19.4mm,钢箱梁总长偏长,误差较小,表明钢箱梁的厂内拼装控制达到了较高水平。

(2)轴线测量

钢箱梁轴线测量结果:广州侧端梁段轴线偏位为 7mm,东莞侧端梁段轴线偏位 7mm,跨中梁段轴线偏位为 9.5mm,轴线偏位均小于 1cm,满足要求。

(3)钢箱梁线形

成桥后,钢箱梁实测高程数据变化规律性较好。实测高程结果与计算结果绝对差值分布在为 -100mm~50mm,桥面高程误差均小于主跨跨度的万分之一,即 1200m/10000 = 12cm,满足要求。

同一梁段上下游吊点处的桥面高程差值最大值为 20mm,其他部位的高差都比较小,主要分布在 -15mm~10mm 之间,说明吊点高差得到了较高的精度。加劲梁在吊点处的上下游实测高程与计算高程的差值比较均匀,大部分部位的高差均在 10cm 之内,成桥线形的精度比较高。

(4) 桥塔偏位

现场实测温度为18℃,进行温度修正之后,实测与理论值塔偏位较接近,成桥两侧塔偏位误差约18mm和3mm,小于3cm,满足规范要求。

(5) 锚跨张力

单根锚跨索股实测张力相对于理论值误差均为10%,且锚跨张力均匀。

(6) 吊索力

由测试所得的各索力值与有限元模型计算的该阶段理论索力值比较,可知368根吊索的索力误差均在10%以内。

2) 坭州水道桥成桥测量成果分析

坭州水道桥成桥测量成果分析具体如下:

(1) 梁长测量

钢箱梁的总长误差为18.4mm<20mm,满足要求;钢箱梁总长偏长,误差较小,表明钢箱梁的厂内拼装控制达到了较高水平。

(2) 轴线测量

广州侧端梁段轴线偏位为3mm,东莞侧端梁段轴线偏位3mm,无索区梁段轴线偏位为3mm,轴线偏位均小于1cm,满足要求。

(3) 钢箱梁线形

成桥后,钢箱梁实测高程数据变化规律性较好。实测高程结果与计算结果绝对差值分布在为-150mm~150mm,桥面高程误差均小于主跨跨度的万分之一,即1688m/10000=17cm,满足要求。

同一梁段上下游吊点处的桥面高程差值最大值为22mm,其他部位的高差都比较小,主要分布在-15mm~15mm之间,说明吊点高差得到了较高的精度。加劲梁在吊点处的上下游实测高程与计算高程的差值较为均匀,高差均在15cm之内,小于1688m/10000=17cm,说明成桥线形的精度比较高。

(4) 桥塔偏位

塔偏实测与理论值较接近,成桥两侧塔偏误差约15mm和4mm,塔偏误差小于3cm,满足规范要求。

(5) 锚跨张力

单根锚跨索股实测张力相对于理论值误差均在10%之内,锚跨张力分布比较均匀。

(6) 吊索力

由测试所得的各索力值与有限元模型计算的该阶段理论索力值比较,可知坭州吊索力误差均在10%以内。

4.7.6 小结

本研究专题围绕悬索桥施工过程中的主缆架设、加劲梁施工、桥面铺装等关键环节,从多维度和多角度展开了一系列的精细化研究,取得一系列具有建设性的研究成果,并将研究成果运用到南沙大桥的实际施工监控当中;南沙大桥的成桥验收结果表明,基于本课题研究成果的施工监控过程取得高精度的监控效果。

4.8 短线匹配法节段拼装箱梁施工技术与质量评定方法

4.8.1 概述

短线匹配法预制节段箱梁施工控制是一个系统性工程,即施工—测量检测—误差分析—参数调整—施工预报及修正的过程。为尽可能达到理想状态,需要在施工过程中持续跟踪计算分析,不断地调整、完善计算参数[30]。根据研究对象的不同,主要包括两部分:一部分是数据采集系统,即监测包括施工期主梁结构高程及线形的变化、结构主要截面的应力状态、施工现场主要材料试验结果如混凝土的弹性模量、容重等;另一部分是数据的分析处理系统,即监控。前者是利用事先在结构上布置的测点或者传感器获得大量的数据以用于现场分析。后者是利用专用桥梁结构分析软件对现场获得的数据进行分析处理,调整施工参数。通过二者的有机结合,控制桥梁的内力和线形,实现桥梁结构的内力和线形同时达到设计预期值,确保桥梁施工期的安全和正常运营。此外,采用短线匹配法预制的节段箱梁长期性能演变以及质量评定方法也需要进一步研究。

4.8.2 短线匹配法预制节段接缝密封关键技术研究

1)预制节段接缝间新型预应力管道密封装置研发

结合节段拼装箱梁需要依靠预应力张拉进行纵向挤压成桥工艺的特点,研发了一种新型组合密封装置,由定位环、扣帽、环芯和密封材料组成,将纵向挤压密封转化为横向挤压密封,如图4-55所示。

新型接缝处预应力管道密封装置的工作原理:在节段预制阶段,在前一个节段的波纹管的后端连接环芯,将定位环套设于筒形部并与筒形部紧密配合,将筒形部穿过后端模板的限位孔并使定位环与限位孔紧密配合。将扣帽连接至后一个节段波纹管的前端,将扣帽扣合于前一个节段的筒形部,扣帽与前一个节段的定位环紧密配合。在节段拼装阶段,将顶推环和密封环套设于前一个节段的筒形部,将后一个节段的扣帽扣合于筒形部,以使密封环在顶推环的推动下沿所述圆锥段和第二圆筒段滑动并膨胀变形,进而封闭扣帽和第二圆筒段之间的空间,实现了波纹管的精确定位[31]。

2)预应力波纹管接缝密封装置密封效果验证

利用真空泵抽真空进行孔道密封性能试验,真空度和持压时间结果如图4-56和图4-57所示。

密封性:未采取新型设计密封装置的试件(采用密封垫圈密封),其真空度最大值为-0.068MPa;采用新型接缝密封装置后,试件的密封真空度最高达到-0.08MPa,接近真空泵极限真空-0.094MPa,证明新型密封装置较好地保证了接缝连接处的封闭效果。

持压效果:对于橡胶密封垫圈,持压时间最长约为43s,而采用新型接缝密封装置的试件,持压最长时间约为75s,持压时间增加约74%,提升效果较为明显。

a)定位环

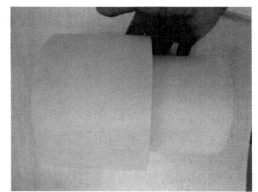

b)扣帽

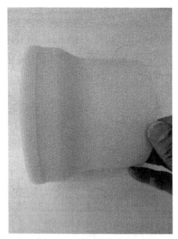

c)环芯

d)密封环

e)各部件组合后的密封装置

图 4-55　新型组合密封装置图

3) 优选节段间预应力波纹管接缝密封装置长寿命材料

橡胶圈材料：调研分析了4种橡胶材料，三元乙丙橡胶（EPR）、丁基橡胶（IIR）以及氯丁橡胶（CR）、高温硫化橡胶（HTV）。前三种均具有非常优秀的耐臭氧腐蚀、耐碱腐蚀和耐热性；CR低温性能较差，不适宜寒冷地区。从经济性角度，本项目采用EPR，耐久性能不低于传统的橡胶圈。环芯与扣帽材料：经综合比对，选择玻纤尼龙（PA66）材料进行寿命试验。试件型式分别为片材和棒材。

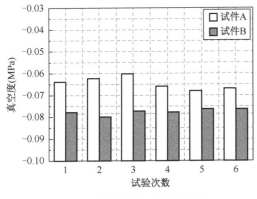

图 4-56　试件密封性对比试验结果

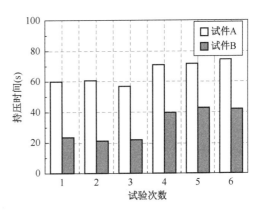

图 4-57　试件持压性对比试验结果

4.8.3　短线匹配法预制节段箱梁几何线性控制技术研究

1）基于系统控制理论的预制节段箱梁桥几何线形精细化控制技术

构建的箱梁节段预制拼装几何线形全过程控制系统包括：模型计算与预测子系统、误差分析与修正子系统、预制放样与拼装测量子系统。将桥梁施工全过程纳入控制系统中，从梁的预制阶段开始对桥梁的施工误差进行识别与调整，直至梁段的拼装完成。

（1）模型计算与预测子系统：采集桥梁信息，根据设计图纸、结构及材料参数、实测反馈参数等，确定合理的制造线形。

（2）误差分析与修正子系统：利用有限元软件建模，对成桥线形影响因素进行敏感性分析，箱梁重量分别增加和减少5%的线形变化。建立几何线形控制数据库，掌握参数变化对成桥线形的影响，指导预制。

（3）预制放样与拼装测量子系统：预制阶段控制体系是由固定端模以及2个测量塔的单元中心线建立的预制单元局部坐标系，连同梁面上测点以及预制场区固定复核点所形成测量控制系统。梁段浇筑完成后，使用全站仪采集所有测点三维坐标数据（包括固定端模、浇筑梁段以及匹配梁段），并通过不同时间对同一测点进行3点、4点、5点等多次测量，对误差进行分析、预测和调整，实现局部与整体坐标的精确转换，从而保证浇筑梁段的预制精度。建立预制节段几何误差数据库，为节段拼装提供有效信息。

在安装阶段，预制箱梁线形总体坐标需要考虑以下因素误差并加以调整：常规的墩柱及基础的预抬值、施工阶段的变形值、上部结构变形值、节段断面不平整点。结合南沙大桥工程特点，需要考虑的影响因素：高墩变形、最后一个节段的精度（不是匹配浇筑）、墩顶块安装偏差（悬拼）、环氧胶厚度不均匀误差等。

2)箱梁预制拼装施工全过程多功能几何线形控制管理平台

该管理平台主要由以下 6 个模块组成,如图 4-58 所示。

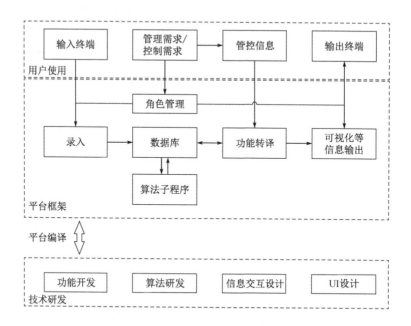

图 4-58 箱梁预制拼装施工全过程多功能几何线形控制组成模块

该管理平台可实现以下主要功能:
(1)桌面待办事项提醒及动态消息提醒功能。
(2)整体项目概况录入,可直观展示项目规模。
(3)通信录——各单位主要联系人员职务及联系方式录入。
(4)短信管理——针对不同工况。
(5)数据查询——施工监控中产生的大量数据储存于云端。
(6)监控指令可一键计算,并一键导出监控指令文件。
(7)统计工程进度,包括误差统计、进度形象图等。
(8)直观显示预制质量,直观查看节段施工总体线形,有利于质量控制。
(9)参建各方相互配合,在平台中实现数据流转。
(10)通过平台数据对产能进行分析与统计,研究产能变化情况,分析产能随季节的变化等。
(11)梁长、梁重、线形、高程、生产小组质量等误差分析。
(12)BIM 可视化信息展示及工程进度形象显示。

4.8.4 短线匹配法预制节段箱梁长期性能演变分析研究

1)混凝土结构预制过程中的表层耐久性能增强技术

在室内进行混凝土结构表层耐久性能增强试验。通过在混凝土构件预制过程中,将活性材料扩散进混凝土表层,达到增强表层功能的目的。具体方案为:采用 3 种易渗透进混凝土表层的活性材料,交叉进行试验,分别测试以上工况中的表面吸水性、抗碳化和抗氯离子侵蚀指标。

采用浸泡渗透材料的透水模板布作为混凝土模板相当于制造一层构件皮肤,它不仅具有透水模板布技术的优点,而且渗透材料在混凝土硬化前渗入到混凝土中,渗透深度较大,表层部分厚度更加密实,致密性由表面向内部逐渐变化,在横断面形成功能梯度,防止引起结构内部畸变应力,从而达到提升混凝土抵抗外界环境腐蚀的能力。

2)短线预制拼装节段管道摩阻预应力损失研究

对短线匹配法预制节段箱梁进行预应力摩阻损失测试试验,主要包含预应力锚圈口摩阻损失与孔道预应力损失两项。孔道摩阻损失应力:预应力孔道两端均不上工作锚、工作锚夹片,采用主动、被动两个千斤顶方式,分级张拉(50%,100%)直至张拉控制应力;预应力孔道主动端上工作锚、工作锚夹片,被动端不上,分级张拉(50%,100%)直至张拉控制应力,得出孔道摩阻损失与锚圈口摩阻损失应力之和;锚圈口摩阻损失应力:用孔道摩阻损失与锚圈口摩阻损失应力之和扣除孔道摩阻损失应力后即为锚圈口摩阻损失应力。

与整体式桥梁相比,短线法预制拼装桥梁预应力管道不连续,管道的顺畅性较差,因此短线法预制拼装桥梁预应力摩阻系数不能参照整体式桥梁相关标准。为验证孔道摩阻损失及锚圈口摩阻损失现场测定结果,并分析短线法预制拼装桥梁预应力损失影响因素的敏感性,开展预应力摩阻系数室内测试试验。

从回归计算结果看,k 取 0.0015 时产值总体较大。不同应力水平下,μ 值处在 0.25~0.55 范围内,其波动可能源于黏结摩擦理论指出的滑动摩擦是黏着与滑动交替发生的跃动过程,也可能受试验误差影响。但总体呈明显的先增大后减小的趋势。对于预埋波纹管孔道,有三个接触条件不同的阶段:波纹完整阶段,μ 较小;波纹变形阶段,μ 增大;波纹压平后,μ 减小。对于短线预制拼装节段箱梁,考虑到节段数目较多,相应孔道偏差系数总体较大,是由于孔道数目的增加,不同节段的孔道偏差系数 k_i 呈现随机性分布规律。

$$k_i = k_{\min} + \frac{1}{n}\sum_{i}^{n}\left[\delta_1^i(k_{\max} - k_{\min})\right] \tag{4-1}$$

式中:δ_1^i——(0,1)均匀分布的随机数;

$k_{\max}$、$k_{\min}$——不同材料孔道偏差系数的最大值和最小值;

n——节段接缝数目。

3)短线预制拼装节段长期性能分析

由于混凝土材料的自身特性,在长期荷载作用下,随着时间的推移,混凝土会产生比弹性变形更大的变形。混凝土的徐变和收缩对结构的变形、内力分布和内截面(在组合截面情况下)的应力分布会产生很大的影响。

对于短线预制拼装的混凝土梁桥,通过各预制块间预应力筋收缩产生的挤压摩擦力连接形成整体。以南沙大桥引桥工程实例为背景,以现有设计预应力规范为基准,计算所得的应力松弛对预应力损失的影响如图 4-59 所示。短线匹配法预制节段利用包括预应力环氧树脂胶等材料黏结封闭。因此,接缝质量将对结构的整体性能以及结构内部的防水问题意义重大。各接缝处弹簧刚度减少 10%、20%、30% 时,跨中挠曲变形时程的变化趋势如图 4-60 所示。对于混凝土梁体的养护龄期而言,由于时变效应的影响,考虑徐变效应的差异对桥梁结构的长期性能影响,通过模拟不同工况下顺桥向挠度的变化,计算结果如图 4-61 所示。选用 B3 修正徐变模型及《公路钢筋混凝土及预应力混凝土桥涵设计规范》(JTG

D62—2004)模型中混凝土收缩模型进行对比分析,得出混凝土收缩徐变对桥梁长期挠度变形的影响如图 4-62 所示。

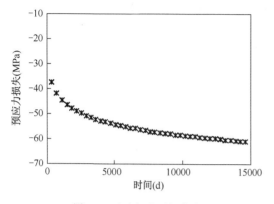

图 4-59　应力松弛-时间曲线

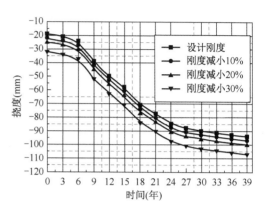

图 4-60　接缝 K 变化时挠曲变形时程图

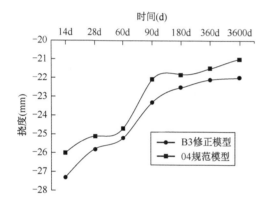

图 4-61　养护龄期变化时跨中挠度变形图

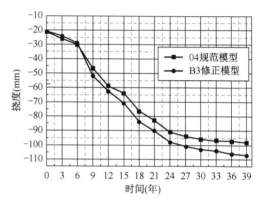

图 4-62　收缩徐变对桥梁长期挠度变形曲线

接缝数目对悬臂端挠曲变形时程影响见图 4-63 所示。

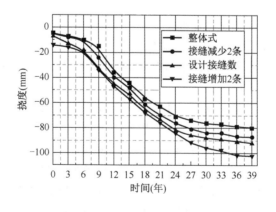

图 4-63　接缝数目变化时挠曲变形时程图

4.8.5 短线匹配法预制节段拼装箱梁质量评定方法研究

1)短线法预制拼装箱梁桥施工质量评定标准研究

本节针对短线法预制拼装桥梁质量检验评定体系开展研究,编制了基于短线匹配法预制节段混凝土箱梁桥质量检验的评定软件。

短线法预制拼装桥梁质量检验评定的评分遵循以分项工程为评定单元,以 100 分制评分方法进行评分。分项工程质量检验内容包括基本要求、实测项目、外观鉴定和质量保证资料 4 个部分。只有在所使用的原材料、半成品、成品及施工工艺符合基本要求的规定,且无严重外观缺陷和质量保证资料真实并基本齐全时,才能对分项工程质量进行检验评定。涉及结构安全和使用功能的重要实测项目为关键项目,其合格率不得低于 90%(属于工厂加工制造的交通工程安全设施及桥梁金属构件不低于 95%,机电工程 100%),且检测值不得超过规定极值,否则必须进行返工处理。

实测项目的规定极值是指任意单个检测值都不能突破的极限值,不符合要求时该实测项目为不合格。

分项工程的评分值满分为 100 分,按实测项目采用加权平均法计算。存在外观缺陷或资料不全时,须予减分。

$$\text{分项工程得分} = \frac{\sum[\text{检查项目得分} \times \text{权值}]}{\sum \text{检查项目权值}}$$

分项工程评分值=分项工程得分-外观缺陷减发-资料不全减分

(1)基本要求检查

分项工程所列基本要求,对施工质量优劣具有关键作用,应按基本要求对工程进行认真检查。经检查不符合基本要求规定时,不得进行工程质量的检验和评定。

(2)实测项目计分

对规定检查项目采用现场抽样方法,按照规定频率和下列计分方法对分项工程的施工质量直接进行检测计分。

检查项目除按数理统计方法评定的项目以外,均应按单点(组)测定值是否符合标准要求进行评定,并按合格率计分。

$$\text{检查项目合格率} = \frac{\text{检查合格的点(组)数}}{\text{该检查项目的全部检查点(组)数}} \times 100\%$$

$$\text{检查项目得分} = \text{检查项目合格率} \times 100\%$$

(3)外观缺陷减分

对工程外表状况应逐项进行全面检查,如发现外观缺陷,应进行减分。对于较严重的外观缺陷,施工单位须采取措施进行整修处理。

(4)资料不全减分

分项工程的施工资料和图表残缺,缺乏最基本的数据,或有伪造涂改者,不予检验和评定。资料不全者应予减分,减分幅度按相关标准检查,视资料不全情况,每款减 1~3 分。分项工程区分为一般工程和主要(主体)工程。分别给以 1 和 2 的权值。进行分部工程评分时,采用加权平均值计算法确定相应的评分值。

$$分部工程评分值=\frac{\sum[分项工程评分值]\times相应权值}{\sum 分项工程权值}$$

为便于短线匹配法预制节段混凝土箱梁桥质量检验完成快速准确地评定,以 Visual Basic 作为开发平台,编制了短线匹配法预制节段混凝土箱梁桥质量检验评定软件。

2)短线预制拼装箱梁桥整体性评价方法研究

本节基于模态识别及曲率模态损伤识别技术,研究模态基频、曲率模态峰值与短线预制拼装桥梁降低梁体整体性因素的关系。

研究表明,实测振型误差的数量级和结构局部刚度变化引起的振型变化数量级相当。混凝土梁桥动力特性与结构的组成形式、刚度、质量分布、支承情况和材料性质等结构本身的固有性质有关,是结构在做无阻尼振动时其变形能的基本固有动态平衡状态。

对于装配式混凝土节段梁桥,界面连接刚度的损失会造成结构整体刚度的降低,进而体现在结构基频($w=K/M$)的变化上,因此基频表征了结构整体刚度的大小,以基频指标作为评价整体性的一个指标。通过模拟分析的方法,给定结构一系列的连接刚度折损程度,分别分析结构的基频和运营状态下的力学性能。以运营状态下结构的变形限值和接缝开裂限值作为判别准则,评判当前状态下结构整体性是否满足要求的基准,划分出不可接受的临界状态,将该状态下的基频指标作为整体性评价的可接受临界指标,供检测使用。为分析混凝土梁桥整体性,基于连续体位移协调条件和状态随机空间理论,利用梁桥相邻分区的测试点具有相同的位移振型系数,据此完成测试识别位移振型的融合,得到整体结构的位移振型。利用所提出方法,得到调整之后的位移振型与整体结构位移振型吻合比较好,验证了提出方法的正确性。研究确定了曲率模态绝对差作为桥梁损伤识别的敏感因子。基于模态柔度的桥梁结构损伤定位方法,对损伤位置的确定具有较高的识别度,证明了所提出方法在结构损伤诊断方面的有效性。

4.8.6 小结

本研究专题围绕短线法节段拼装箱梁施工,从节段梁密封关键技术、几何线性控制、节段箱梁长期性能演变以及质量评定方法方面,多维度和多角度展开了一系列的精细化研究,取得一系列具有建设性的研究成果,并将研究成果运用到南沙大桥的实际施工当中,具体工程应用情况如下:

(1)新型接缝处预应力管道密封装置利用橡胶圈良好的弹性和水密性优点,在连接相邻两预应力孔道的同时,能够有效地提高管道密闭性,减少跑浆、漏浆病害发生的概率,为解决预应力管道跑浆、漏浆问题提供新的途径。

(2)构建箱梁节段预制拼装几何线形全过程控制系统,建立预制节段几何误差数据库,为节段拼装提供有效信息,将桥梁施工全过程纳入控制系统中,从梁的预制阶段开始对桥梁的施工误差进行识别与调整,直至梁段的拼装完成。

(3)从混凝土结构预制过程中的表层耐久性能增强技术、短线预制拼装节段管道摩阻预应力损失、短线预制拼装节段长期性能三个方面分析节段箱梁长期性能演变。

(4)分析影响短线法预制拼装桥梁质量的主要因素,归纳出相对应的控制要点,从而确定施工质量评定标准;基于模态识别及曲率模态损伤识别技术,研究模态基频、曲率模态峰值与短线预制拼装桥梁降低梁体整体性因素的关系。研究表明,实测振型误差的数量级和结构局部刚度变化引起的振型变化数量级相当。混凝土梁桥动力特性与结构的组成形式、刚度、质量分布、支承情况和材料性质等结构本身的固有性质有关,是结构在做无阻尼振动时其变形能的基本固有动态平衡状态。

4.9 多股成品索式锚碇预应力锚固系统研究

4.9.1 概述

悬索桥是以缆索系统为主要承重构件的结构,锚碇预应力锚索是大缆锚固稳定可靠的保证。本项目研究着力解决多股成品索式锚碇预应力锚固系统设计施工的关键技术问题,采用了理论分析结合工程模拟试验的研究手段,完成了依托工程的施工设计,为依托工程的后期应用和该项目推广应用奠定了坚实的基础[32]。

4.9.2 多股成品索式锚碇预应力锚固系统设计方法研究

1)适用范围研究

本节从适用的锚混凝土体结构、锚头工作原理、锚头可靠性、结构尺寸、耐久性、造价、施工安装和更换方面对多股成品索式锚固系统和单股成品索式锚固系统、常规灌油式锚固系统进行了对比,如表4-22所示。

几种锚固系统对比　　　　表4-22

系统类型比较项目	多股成品索式锚固系统	单股成品索式锚固系统	常规灌油式锚固系统
适用的锚混凝土体结构	直线预应力孔道的重力锚和隧道锚	直线或弯曲预应力孔道的重力锚和隧道锚	直线或弯曲预应力孔道的重力锚和隧道锚
锚头工作原理	小规格的钢绞线束挤压式锚固	大规格的钢绞线束挤压式锚固	夹片式锚固,受环境、人员影响大
锚头可靠性	非常可靠	很可靠	较可靠
结构尺寸	单根锚固索尺寸小,但连接器和锚下结构尺寸较大	单根锚固索尺寸大,但连接器和锚下结构尺寸较小	锚头较大,但连接器和锚下结构尺寸较小
耐久性	钢绞线多层隔离防腐,运营环境好,外护套HDPE应力低不易开裂,耐久性很好	钢绞线多层隔离防腐,运营环境好,外护套HDPE应力低不易开裂,耐久性很好	油脂浸泡,耐久性较好
造价	初建费较高,维护费较低	初建费较高,维护费较低	初建费较低,维护费较高
施工安装	方便,不需大型设备	较方便,需大型设备	较方便,但防油渗漏的施工要求高
更换	可换,工艺简单	不可更换	可换,工艺相对简单

2)设计分析流程

多股成品索式锚碇预应力锚固系统索股连接构造的设计安全系数应大于2.0,预应力连接构造的设计安全系数大于2.0,长期运营阶段预应力安全系数大于1.2,换索时预应力储备系数大于1.05。同时,成品索应满足《挤压锚固钢绞线拉索》(JT/T 850—2013)的相关要求,在不影响运营的情况下,体系可监测、可单根成品索更换。其具体的设计流程如图4-64。

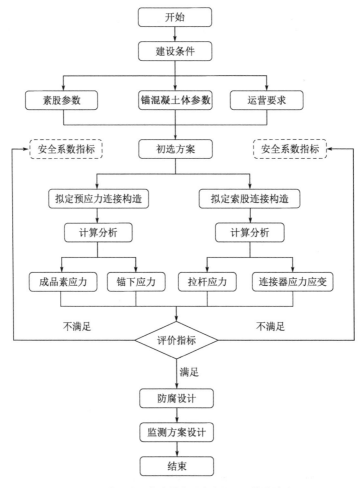

图4-64 多股成品索式锚碇预应力锚固系统设计流程

3)结构设计

多股成品索式锚碇预应力锚固系统结构设计包括预应力连接构造设计和索股连接构造设计[33]。具体内容介绍如下:

(1)预应力连接构造设计

预应力连接构造主要由多股成品索(含两端的锚固螺母和垫圈)、前锚垫板、螺旋筋、后锚垫板、支承板以及预埋钢管(含连接管)组成,预应力孔道内不再灌注防腐材料。预应力连接构造的主要功能是将索股连接构造的荷载传递给锚混凝土体。

多股成品索根据荷载设计和应力计算来确定成品索的根数和规格,每根成品索由索体、挤压锚头、密封装置、锚固螺母、垫圈等组成。索体同多根 PE 包裹环氧钢绞线集束后外挤 HDPE 护套而成,索体通过挤压工艺与锚头固结形成可靠的锚固,挤压锚具整体挤压后,锚头前端有密封盖板,锚头后端通过密封装置对拉索剥除 PE 部分进行全封闭,然后密封筒内填充弹性防腐材料如阻蚀密封膏,完全永久隔离钢绞线与外界空气的接触。

锚下构件包括前后锚垫板、螺旋筋、预埋钢管,须通过锚下应力验算来确定锚索的排布和锚混凝土体的强度等。

（2）索股连接构造设计

索股连接构造主要由拉杆组件、连接器（连接平板及连接筒）组成,其主要功能是连接主缆索股并把索股的荷载传递给预应力连接构件。拉杆组件、连接器须依据索股的设计荷载进行应力、应变计算,保证其安全系数不小于 2.0。

索股连接构造有单索股连接构造和双索股连接构造两种类型。单索股连接构造由 2 根拉杆、单索股连接平板和连接筒构成,双索股连接构造由 4 根拉杆、双索股连接平板和连接筒构成。

拉杆方向均与其对应的索股方向一致,前锚面与后锚面均为与索股中心线垂直的平面,预应力钢束沿索股发散方向布置。对应于单索股锚固的预应力与索股方向一致,对应于双索股锚固的预应力取两根索股方向的平均值。拉杆方向误差用球面螺母和球面垫圈予以调整。

4）工程设计示例

南沙大桥工程主线全线均采用桥梁方式建设,共设置跨江大桥两座,坭洲水道桥采用主跨 1688m 双塔双跨悬索桥（主桥长度 548m+1688m）,大沙水道桥采用主跨 1200m 双塔单跨悬索桥。预应力连接构造设计以双股锚固系统为例,其总体构造如图 4-65 所示。

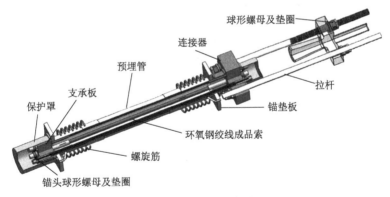

图 4-65 双索股锚固系统

（1）成品索规格

对应于单索股锚固单元采用 6×GJ15-3 规格的预应力钢束锚固,对应于双索股锚固单元采用 5×GJ15-7 规格的预应力钢束锚固。

（2）锚索安全系数

6×GJ15-3 锚索的标称极限荷载为 4687.2kN,最大主缆单索股索力为 1869.5kN,预应力锚索的安全系数 = 4687.2/1869.5 = 2.51 > 2.0。

5×GJ15-7 锚索的标称极限荷载为 9114kN,最大主缆双索股索力为 3739kN,预应力锚索的安全系数＝9114/3739＝2.44>2.0。计算双索股锚索的安全度指标如表 4-23 所示。

双股锚锚固系统安全度指标表　　　　表 4-23

参　　数	坭洲西	坭洲东	大沙西	大沙东	备注
单根缆力(kN)	465629	471076	315028	304446	—
索股数	258	252	169	169	—
双股锚索力(kN)	3610	3739	3728	3603	—
5XGJ15-7 承载力(kN)	9114	9114	9114	9114	—
承载力安全系数	—2.52	2.44	2.44	2.53	>2.0
$0.6f_{pk}$张拉力(kN)	5468	5468	5468	5468	—
损失后压力(10%)	4922	4922	4922	4922	—
存留压力安全系数	1.36	1.32	1.32	1.37	>1.2
换索时安全系数	1.09	1.05	1.06	1.09	>1.0

（3）双股锚锚下应力计算

参照中华人民共和国行业标准《公路钢筋混凝土及预应力混凝土桥涵设计规范》(JTG D62-2004)第5.7条款进行局部承压计算,同时使用有限元法进行计算。经计算满足公式要求,同时采用有限元法对单束双股锚索和多束双股锚索的锚下结构应力应变进行计算,计算结果也表明锚下结构安全可靠。

（4）双索股连接器计算

采用有限元法计算连接器在索股最大设计拉力下的应力和应变,经计算其 Z 方向的位移为 0.15mm,等效应力最大为 248MPa,最大主拉应力为 183.4MPa,最大主压应力为 279.9MPa。计算结果表明满足安全要求。

为验证在换索工况下连接器的可靠性,也用有限元法对连接器在换索工况下的应力应变情况进行计算。经计算其 Z 方向的最大位移为 0.24mm,等效应力最大为 224.9MPa,最大主拉应力为 326MPa,最大主压应力为 240MPa。计算结果也表明满足安全要求。

4.9.3　多股成品索式锚碇预应力锚固系统防腐性能研究

1）防腐体系分析

目前国内常用灌浆式和灌油式锚碇预应力锚固系统,国内外常用锚固系统的优缺点对比分析见表 4-24。

国内外常用锚固系统　　　　表 4-24

种　　类	优　　点	缺　　点
灌黏黏结式锚固系统	应用最早,技术较成熟;成本较低;施工要求相对较低;后锚室可回填,适用于不宜设后锚室的工况;后期不需特别养护	耐久性较差; 钢绞线无法监测和更换; 预应力钢束出现渗水
灌油无黏结式锚固系统	当前主要形式,技术较成熟;体系可监测;油脂、钢绞线可更换	夹片式锚具可靠性要求较高; 防渗漏施工工艺要求高

2)防腐设计

因现有灌注体系防腐等级较低,有必要研究耐久性好的新型锚固系统,多股成品索式锚固系统具有优异的防腐性能。

(1)成品索防腐设计

成品索位于预应力孔道内,运营环境良好,成品索索体的钢绞线设计有环氧涂层、防腐油脂或蜡、内层HDPE护套、外套HDPE护套的防腐结构。

(2)成品索体与锚头之间的过渡段防腐设计

在密封筒内腔采用密封装置(如密封套和热缩套)进行密封,保证外部物不能进入密封腔,同时密封筒内填充满防腐性能优异的阻蚀密封膏。其密封性能满足《挤压锚固钢绞线拉索》(GT/T850—2013)中第6.4节密封性能的要求。

(3)其他构件防腐设计

根据常规经验和防腐技术的发展,锚固系统其他构件采取常规的防腐方式。

3)防腐耐久性分析

成品索是锚固系统中受力拉伸件,其防腐性能决定了整个体系的耐久性,所以对成品索的防腐性能进行重点分析[34]。项目主要进行了成品索外索套HDPE性能的研究,模拟了桥梁拉索HDPE护套在实际工况中遭受湿热、紫外线光辐射和应力作用下的老化失效行为,自制了一套应力老化装置,可以方便地进行HDPE护套在湿热、紫外线光辐射和不同拉应力水平等老化因子作用下的老化试验。人工加速老化试验表明,紫外线辐射是影响HDPE老化的主导因素。根据试验结果,在无紫外线辐射情况下推算出HDPE的预计寿命,如表4-25所示。

护套在有、无套管条件下的预计使用寿命　　　　表4-25

拉应力 (MPa)	预计使用寿命(年)	
	有套管试样	无套管试样
2.3	77.3	49.9
4.6	74.8	44.4
6.9	33.9	26.6
9.2	20.0	10.1

研究表明,成品索外护套HDPE长期运营中的应力约4MPa,对照上表,HDPE在4.0MPa拉应力且在有套管(隔离了紫外线)的运营情况下,其预计使用寿命达74.8年以上。因成品索钢绞线有多重防腐,除两层外护套HDPE外,还有中间的油脂或蜡以及内层环氧涂层,所以估计钢绞线的寿命应大于100年。国际结构混凝土协会fib2005《预应力钢质拉索的验收推荐性规范》中第4.3.3节防腐参考体系中说明,如采用永久性多层防腐体系,预应力钢材的设计寿命仍然可以达到100年。

4.9.4　多股成品索式锚碇预应力锚固系统监测方法研究

1)荷载监测方法

悬索桥是以缆索系统为主要承重构件的结构,锚碇预应力锚索是大缆锚固稳定可靠的保证。针对悬索桥锚固系统的监测手段主要是对预应力的监测,通过了解预应力锚索索力的变化情况,可间接推测预应力锚索是否有断丝现象的出现,同时要与人工定期检查和检测结果相结合进行综合分析。

2)防腐检查方法

主要采取定期外观检查的方法,对以下内容进行检查。

(1)外露表面外观检查

外露件表面包括前后保护罩外表面、连接器外表面、支承板外表面、前后锚垫板外端面、拉杆组件外表面。通过检查发现是否有锈蚀、涂层脱落、渗水等现象。

(2)成品索锚头防腐状况检查

打开前后保护罩,观察涂在锚头上的防腐油脂或蜡的情况以及锚头表面的情况。

(3)成品索索体表面状况检查

由于采用多股成品索,孔道内无填充物,可将内窥镜从连接平板或支承板上预留的孔口放入孔道中,对孔道内是否有渗水、索体表面完好情况进行检查。根据检查结果,评定锚固系统的防腐水平,制定相应的维护、维修或更换方案。

4.9.5 小结

本研究系统地建立了多股成品索式锚碇预应力锚固系统的计算方法和设计流程,集中突破了防腐、施工工艺等关键技术,首次把多股成品索式锚碇预应力锚固系统应用到实际工程设计和试验中,圆满完成了各项研究工作,完成了预期目标,在我国首次实现了成品索式锚碇预应力锚固系统在实桥中的设计和试验研究,明显地提升了我国锚碇预应力锚固系统的技术水平,具有良好的经济和社会效益。

4.10 清水防腐混凝土长寿命设计与施工关键技术研究

4.10.1 概述

随着建筑技术的快速发展,混凝土结构越来越复杂,良好的工作性、优异的力学性能、较高的耐久性已是现代高性能混凝土的基本要求。然而人们对美追求的天性,必然希望混凝土具有另一种特性——观赏性,于是清水混凝土应运而生。清水混凝土又称装饰混凝土,是指直接采用现浇混凝土外观效果作为饰面,以天然的质感和精心设计的明缝、蝉缝构成一种全新的建筑表现形式,广泛应用于工业建筑、民用高层建筑、公共建筑、水电站以及市政桥梁中,并且随着大量成功案例的出现以及原汁原味清水混凝土住宅的诞生,该形式已成为一种时尚,深受业界人士的青睐[35]。

本项目围绕南沙大桥设计使用年限及清水混凝土外观质量要求,对工程所在地的环境、原材料,以及类似工程进行充分调研,结合工程初步设计资料,进行防腐清水混凝土制备、清水混凝土施工技术等方面的研究。

4.10.2 防腐清水混凝土配制研究

近几十年来,混凝土裂缝显著增多,本节在原材料优选的基础上,通过胶凝材料水化放热性能和开裂敏感性的研究,确定了配制低热、低收缩的胶凝材料体系,确保混凝土具有优异的抗裂性能。根据优选的胶凝材料体系,针对具体构件,配制满足各种性能要求的混凝土。在满足抗裂和耐久性要求的基础上,研究原材料对混凝土色泽、气孔、气泡等的影响因素,采用引气消泡技术,最终配制出颜色均匀、表面质量良好、具有镜面效果的防腐清水混凝土。

1) 原材料优选

为了配制满足性能要求的混凝土,除了对水泥、粒化高炉矿渣粉、粉煤灰、硅灰、石灰石粉、聚羧酸高效减水剂进行了精心选择之外,对于骨料的选择与组合也进行了严格把关。具体内容如下:

(1) 水泥

不同水泥配制的混凝土其力学性能、耐久性、体积稳定性及外观颜色均有较大差异,因此应综合考虑各项性能优选合适的水泥品种。在满足《通用硅酸盐水泥》(GB175—2007)要求的前提下,从调研的7种水泥中选择烧失量低、标准稠度用水量少、水化放热量少以及开裂敏感性较低的粤秀P·Ⅱ42.5水泥用于混凝土配制,优选具有代表性的配合比。随后采用平南华润P·Ⅱ42.5水泥进行多种原材料体系下的混凝土性能复验及外观分析,最终确定适合清水混凝土施工的水泥品种。

(2) 粒化高炉矿渣粉

矿渣粉是配制高性能混凝土的重要组成部分,具有一定的自身水硬性,可明显改善混凝土界面、提高混凝土强度及耐久性、降低混凝土的水化热,特别是在提高混凝土抗氯离子渗透性能方面起到至关重要的作用。矿渣粉在使用过程中应严格控制烧失量、活性指数、细度、流动度比等指标。目前就矿渣粉在各大工程中的使用情况来看,施工方普遍反映混凝土中大量添加矿渣粉,极易出现黏滞抓底现象,拌合物板结,施工难度大;而在检测指标合格的矿渣粉中,韶钢及华润矿渣粉的流动度比最大,对于改善混凝土工作性有一定的积极作用,因此选择韶钢嘉羊矿渣粉用于配制混凝土,利用华润矿渣粉进行混凝土性能复验及色泽外观分析。

(3) 粉煤灰

粉煤灰的掺入可明显改善混凝土工作性、降低水化热和收缩,提高基体致密性等,但掺量较高会对混凝土早期强度发展及抗碳化能力造成不利影响。与此同时,粉煤灰烧失量大会增加对减水剂的吸附作用,在降低减水剂效率的同时,小气泡聚集,最终在混凝土表面形成直径较大的气孔。另外,粉煤灰搅拌不均或在粗骨料和钢筋周围富集,是引起混凝土构件表面水纹及色差的主要原因,因此必须对其烧失量、细度、需水量比等指标进行严格控制。综合考虑粉煤灰等级及运距要求,优选沙角电厂Ⅰ级灰进行混凝土制备,韶关电厂粉煤灰进行混凝土性能复验及色泽外观分析。

(4) 硅灰

研究了微量硅灰对混凝土及胶凝材料体系各项性能的影响,并将其作为消除清水混凝土表面气泡的一种后备方法,由于埃肯公司生产的硅灰活性SiO_2含量高、烧失量相对较小,因此使用该品牌进行硅灰的性能研究。

(5) 石灰石粉

混凝土用石灰石粉目前无相关检测规范,且学者对其性能的研究并不充分,无法甄别产品的优劣,选择中棋实业及自磨石灰石粉用于混凝土制备,用北京恒坤集团石灰石粉进行混凝土性能复验及色泽外观分析。

(6) 聚羧酸高效减水剂

混凝土配制过程中,聚羧酸减水剂起到至关重要的作用,较高的减水增强效果及较好的保坍保塑性,能够有效提高混凝土工作性、力学性能及耐久性,并防止拌合物离析泌水。然而聚羧酸减水剂与胶凝材料之间具有非常敏感的适应性,并且极易引入直径较大的气泡,如不消除则会在混凝土表面留下气孔,影响清水混凝土的外观质量。

考虑到掺量及防止拌合物离析泌水,选择保水及减水效果好的四航材料 HSP-V 进行混凝土制备,然后利用博特 JM-PCA 聚羧酸减水剂进行混凝土性能复验及色泽外观分析。

(7) 集料的选择与组合

级配粒形良好、质地坚硬、物理化学性能稳定的集料在保证混凝土工作性前提下,能够有效减少水泥浆体用量,防止碱骨料反应的发生。与此同时,集料含泥量、泥块含量等指标对混凝土的工作性、强度、耐久性、表观质量均产生重要影响,需严格控制。采用粒径为 5~25mm 或 5~20mm 的粗集料配制混凝土,可保证混凝土的泵送性能。为提高混凝土体积稳定性,配制过程中应尽可能保证粗集料达到最密实状态,因此可采用粗石与细石混合,通过测试粗石、细石不同组合比例的紧密堆积空隙率的方式选择理想级配分布。

2) 试验方法

根据南沙大桥混凝土结构耐久性设计要求,采用相应的试验方法,测试混凝土及胶凝材料体系各项性能,并进行综合评价最终保证所配制混凝土的工作性能、力学性能、抗裂性能、耐久性能、经济性能,及外观质量得到均衡发展。

3) 胶凝材料体系的开裂敏感性分析

研究单掺粉煤灰体系、单掺矿渣粉体系、单掺硅粉体系、单掺石灰石体系、混掺粉煤灰与矿渣粉体系以及混掺粉煤灰、矿渣粉与石灰石粉体系对胶凝材料体系开裂敏感性的影响。

从图 4-66 可以看出,随着胶凝材料中粉煤灰掺量的增多,小圆环试件约束应变的突变时间随之延长,也就是说试件开裂时间延长。没有掺入矿物掺和料的纯水泥体系,开裂时间为 4.17h。掺入 15% 的粉煤灰后,胶凝材料体系的开裂时间略有延长,为 5.08h,当粉煤灰掺量增加到 45% 的时候,开裂时间推迟到 39.17h。说明粉煤灰的掺入,有抑制胶凝材料浆体早期收缩的作用,并随着粉煤灰掺量的增大,抑制收缩的效果更加明显,胶凝材料体系的开裂敏感性明显降低。

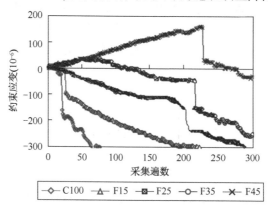

图 4-66 粉煤灰掺量对胶凝材料体系开裂敏感性的影响

图 4-67 显示矿渣粉掺量对胶凝体系开裂敏感性的影响,可以看出:相对于纯水泥体系,掺入 30%矿渣粉的胶凝材料体系开裂时间延长到 37.17h,明显降低了胶凝材料体系的开裂敏感性。但随矿渣粉掺量从 30%增大到 70%,胶凝材料体系的开裂时间反而有所提前,开裂时间为 29.27h。这说明掺入 30%左右的矿渣粉可以抑制胶凝材料体系的开裂,但随着矿渣粉掺量的进一步增大,胶凝材料体系开裂敏感性也会增大,因此矿渣粉掺量最好控制在 30%~40% 之间。

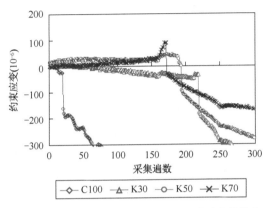

图 4-67 矿渣粉掺量对胶凝材料体系开裂敏感性的影响

在混合掺入粉煤灰与矿渣粉的胶凝材料体系中(图 4-68),20%粉煤灰与 40%矿渣粉体系的开裂时间为 40.05h,比单独掺入 45%粉煤灰体系的开裂时间还要长。这说明在胶凝材料中混合掺入粉煤灰与矿渣粉比单独掺入等量的粉煤灰或矿渣粉的体系开裂敏感性更低,抗裂性能更好。但在混合掺入粉煤灰与矿渣粉体系中,当矿渣粉掺量增大到 50%时,开裂时间有所提前,体系的开裂敏感性也有所增大,说明掺入过多的矿渣粉不利于提高抗裂性能。

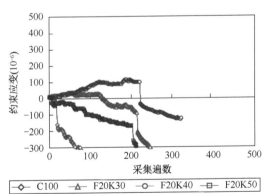

图 4-68 混掺粉煤灰与矿渣粉对胶凝材料体系开裂敏感性的影响

单掺硅灰体系的开裂时间未表现出明显规律性,虽然掺量 5%比 8%的开裂时间延长 1h 左右,且两者的开裂时间均比纯水泥体系要晚;但掺量 3%的开裂时间仅为 1.05h,是所有体系中最短的,因此硅灰对混凝土开裂敏感性的影响并不稳定。综合考虑硅灰对胶凝材料体系水化放热性能的影响,不再使用硅灰配制混凝土。

4）混凝土配合比设计

南沙大桥主要的腐蚀类型是碳化腐蚀和氯离子侵蚀。混凝土配制过程中，首先应能满足抗碳化和抗氯离子渗透性能的要求，其次要具有较好的抗裂性能，最后应能达到清水混凝土的各项指标要求。

(1) 混凝土配合比初探

混凝土初探配合比设计阶段，固定水胶比 0.35、胶凝材料总量 420kg/m³，选用高效聚羧酸减水剂配制纯水泥、单掺粉煤灰、单掺矿渣粉、混掺粉煤灰和矿渣粉及石灰石粉体系的 5 组混凝土配合比，其中单掺粉煤灰 10%~30%、单掺矿渣粉 20%~60%、混掺体系中矿物掺和料 30%~65%（粉煤灰与矿渣粉组成比例为 1:2）、石灰石粉体系中石灰石 10%~40%。

随着粉煤灰、矿渣粉的掺入，新拌混凝土含气量明显降低，并随着掺量的增加，含气量降低幅度逐渐增加。与此同时，胶凝材料颗粒之间由于缺少润滑作用，浆体屈服应力与黏性提高，混凝土拌合物出现抓底现象，并随矿渣粉掺量的增加尤为明显。为保证混凝土的可施工性，矿渣粉单掺不宜超过 60%，与粉煤灰混掺不宜超过 40%。石灰石粉的掺入导致新拌混凝土含气量增大，并随着掺量及比表面积的增加，含气量增长幅度更为明显。

由于自磨石灰石粉不能大量生产，用于工程的可能性极小，不考虑其对混凝土外观的影响。试验用粤秀水泥为深灰色，沙角电厂粉煤灰为青灰色，韶钢矿渣粉为乳白色，中棋实业提供的石灰石粉为纯白色，白度比矿渣粉要高。

粉煤灰掺量在 10%~30% 时，对混凝土色度的影响并不明显。随着粉煤灰掺量的增多，构件表面深色斑纹面积不断增大，混凝土在成型过程中明显发现有炭黑色悬浮颗粒在骨料周围富集。这主要是由于粉煤灰颗粒中的活性炭具有较强吸附性，在拌合物初凝前，颗粒之间相互吸引，聚集成片，形成深色斑纹，因此粉煤灰含碳量的高低是影响清水混凝土表面色差的重要因素之一。在进行配合比设计时，应尽量选用烧失量小的 Ⅰ 级粉煤灰，并对掺量加以控制，或调整与其他掺和料的比例来削弱这种影响。

由于矿渣粉会对混凝土颜色产生淡化影响，因此矿渣粉的掺入能够在一定程度上淡化混凝土表面色斑，并在 20%~60% 范围内使混凝土颜色变浅；粉煤灰与矿渣粉混掺体系中，当粉煤灰与矿渣粉的比例为 1:2 时，掺量在 30%~60% 范围内不会对混凝土外观色泽造成太大影响；石灰石粉体系掺量对混凝土的色泽影响最大，且在石灰石粉与矿渣粉的共同作用下，混凝土颜色偏白，视觉效果不理想。

与纯水泥体系基准混凝土相比，掺入矿物掺和料的混凝土早期抗压强度（3d、7d）稍低一些，并随掺量的增加，降低趋势明显。但随着龄期的增长，粉煤灰及矿渣粉的火山灰活性被逐渐激发，56d 以后掺入矿物掺和料的混凝土抗压强度普遍高于基准混凝土强度；与纯水泥体系的基准混凝土相比，单掺石粉的混凝土各龄期强度均要低，且随掺量的增加，强度衰减明显，但强度发展速率基本保持一致。

随龄期的增长，各类型混凝土抗氯离子渗透性有不同程度的增强，而矿物掺和料种类的不同，影响程度也各有不同。粉煤灰及矿渣粉的掺入，能够明显改善混凝土抗氯离子渗透性，其中以矿渣粉作用更为显著，因此矿渣粉在提高混凝土抗氯离子渗透性能方面起到至关重要的作用，采用纯矿渣粉体系或粉煤灰与矿渣粉的混掺体系均可满足耐久性设计指标要求。

粉煤灰导致混凝土抗碳化能力的下降最为显著,石灰石粉次之,矿渣粉最小。

(2) 具体构件的混凝土配合比设计

南沙大桥混凝土构件的耐久性参数及桥梁结构初步设计方案,索塔、箱梁、锚体、承台、墩柱、桩基等主要构件如表4-26所示。

南沙大桥构件混凝土性能指标　　　　　表4-26

结构	构件	设计使用年限(年)	控制环境作用等级	强度等级	初步设计确定的保护层厚度(mm)	28dRCM扩散系数($10^{-12}m^2/s$)	清水混凝土
主桥	索塔	100	I-B	C50	80	7.0	√
	承台	100	IV-C	C40	80	7.0	—
	墩柱	100	I-B	C40	80	7.0	√
	锚体	100	I-B	C40	50	7.0	√
	桩基	100	I-B	C30	85	10.0	—
引桥	箱梁	100	I-B	C50	40	5.0	√
	墩柱	100	I-B	C40	65	7.0	√
	承台	100	I-B	C40	70	7.0	—
	桩基	100	I-B	C30	80	10.0	—

将具体构件配合比设计分为优选和优化两步,即首先以胶凝材料水化放热性能、开裂敏感性以及初探配合比试验结果为基础,将水胶比控制在0.32~0.45范围内,采用粉煤灰与矿渣粉混掺体系,设计胶凝材料用量为360~440kg/m³的10组配合比,在综合考虑混凝土工作性能、力学性能、耐久性和体积稳定性后,结合外观及温度应力试验结果,优选出适合主体构件使用的基准配合比。随后以基准配合比为基础,在保证混凝土强度及耐久性满足设计要求的情况下,采用石灰石粉取代部分活性胶凝材料,进一步对混凝土性能进行优化,最终确定施工配合比。

(3) 多种原材料体系的混凝土性能复验及外观分析

采购相同品牌不同批次的原材料以及不同品牌的原材料,复验索塔、墩柱等主体构件配合比,用于验证混凝土性能和外观的重现性以及配合比的广泛适应性。与此同时,对使用不同原材料体系制备而成的混凝土进行色泽及外观分析,优选色差小、能充分体现清水混凝土色泽的原材料搭配组合。

4.10.3　清水混凝土施工关键技术研究

1) 清水混凝土模板体系外观分析

以钢模板为基材,分析不同内饰材料对混凝土外观的影响。

就外观质量而言,聚氨酯模板漆成型的混凝土光泽度佳,表面细腻,如镜面状反光,气泡直径小且数量少,能够达到镜面清水混凝土效果。但如果混凝土拆模时间较早,其表层砂浆易被剥落并附着在模板上,因此试件表面出现凹凸不平的浅坑。

PCV板材和PVC卷材成型试件光泽度次之,虽表面平滑细腻,但无明显反光效果,气泡数量较少,偶尔有大泡出现。就 PVC 卷材与 PVC 板材对比来看,由于 PVC 卷材在张贴过程中可能会出现起鼓现象,平整度较 PVC 板材要差些,但成型的混凝土质感细腻,表面如大理石,与此同时,PVC 卷材可随意弯曲,能够配合不同形状的模板施工,因此实用性较板材优良。

以芬兰 WISA 板为面板成型的混凝土,其表面平整度及光泽度与 PVC 板材(卷材)成型试件相近,质感平滑,随着模板周转次数的增多,平整度未发生明显改变。但由于 WISA 板表面出现较多划痕和瑕疵,气泡极易在此处富集,特别是大泡数量逐渐变多,同时由于木板的可加工性较差,无法满足弧形或不规则构件的成型需要,性价比不高,不适合本工程选用。

由于工程地处近海环境,为使混凝土耐久性达到要求,采用低水胶比及大比例矿物掺和料的高性能混凝土配制技术,而选用透水模板布成型的试件,表面虽无任何气泡、砂斑及砂线,但混凝土颜色发暗并有不规则黑斑分布,这主要是由于透水模板布在排水过程中,粉煤灰在表面富集所致。另外网格状编织物会在混凝土表面留下清晰印记。由此可知,透水模板布虽能够防止混凝土表面出现气泡、砂斑、砂线等瑕疵,但成型的混凝土外观视觉效果差,不适合用于对外观质量要求较高的清水混凝土工程。另外,就钢模板成型的混凝土来看,虽平整度较好,但质感生硬,且表面易出现黄褐色铁锈、气泡、砂斑、砂线等诸多缺陷。

2)清水混凝土施工工艺研究

混凝土从配合比设计到硬化成型,包含原材料控制、搅拌、运输、浇筑、振捣、养护等诸多工序,各环节相辅相成,如有偏差均会对清水混凝土外观质量造成影响。借鉴以往工程经验,配合室内试验分析,对混凝土外观缺陷及形成原因进行分析总结,为施工质量控制奠定理论基础。

(1)清水混凝土常见缺陷及成因分析

清水混凝土常见质量缺陷大致可分为色差(包括黑斑、花斑纹等)、气泡、砂斑、砂线、蜂窝麻面、裂缝、施工缝挂浆漏浆或有钢筋露出、模板拼缝不齐等,其中前 6 类主要因混凝土配合比、原材料品质或施工工艺控制不严所致,而后几类则是由于钢筋或模板工程出现问题。

色差是指在混凝土构件表面呈现深浅不均的颜色差异,成片状或斑纹状,按持续时间划分,可分为永久型色差(图 4-69)和临时型色差(又称水纹,图 4-70)。特别是高性能混凝土,由于掺入大比例矿物掺和料,原材料种类繁多,减水剂的减水率高且掺量大,混凝土工作性能敏感,搅拌过程复杂,与此同时,低水胶比导致的拌合物高黏滞性,致使混凝土在浇筑过程中下料及振捣困难,增加色差出现概率,使其成为清水混凝土最常见的外观缺陷之一。

气孔是指混凝土表面出现的孔洞,若直径大、数量多则会对混凝土外观质量产生影响,图 4-71、图 4-72 为室内试验过程中出现的气孔缺陷。降低拌合物含气量及黏滞性,减小搅拌时引入的气泡直径,减少浆体含量和模板体系界面能,改善混凝土与模板之间的黏附性,采用利于气泡排除的施工工艺,均可有效降低构件表面气泡出现概率。

混凝土裂纹的出现不但降低结构的整体刚度及耐久性,对工程外观质量也造成劣化,给人以不安全感,特别是在雨季,裂纹遇水后视觉宽度增加,纵横交错的纹路严重影响清水构件的视觉效果。

图 4-69　永久型色差

图 4-70　临时型色差

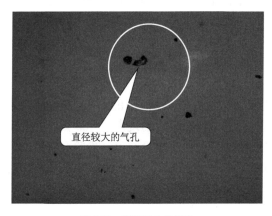

图 4-71　直径较大的气孔

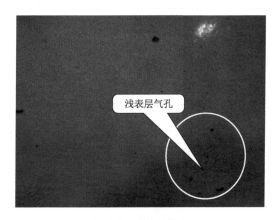

图 4-72　浅表层气孔

砂斑、砂线又称精集料透明层，与蜂窝麻面一样，是常见的清水混凝土外观缺陷。这类缺陷的本质原因是水泥净浆或砂浆无法完全覆盖基体表面，导致集料裸露所致，与混凝土配合比及施工质量控制有着密切联系，其中混凝土单位用水量不足、砂率较小、粗集料粒型较差、振捣不充分或过度振捣、模板漏浆等是引起该类缺陷出现的最常见原因。

模板接缝挂浆、漏浆、钢筋露出、模板拼缝不齐，此类缺陷主要是由于模板体系及施工质量控制不严所致，其中常见原因有模板接缝不严密、模板翘曲、刚度不够、混凝土泌水离析或流动性过高、振捣过度或振捣钢筋、钢筋垫块定位不准、模板平整度不够或装配质量控制不严等。

（2）清水混凝土施工质量控制技术

针对上述缺陷成因，结合清水混凝土工程调研结果，探索有效控制措施，依据《公路桥涵施工技术规范》（JTG/TF50—2011）及《清水混凝土应用技术规程》（JGJ 169—2009），提出一套包括原材料控制、配合比设计、搅拌、运输、浇筑、振捣、养护等在内的清水混凝土施工质量控制技术，为混凝土高质量的外观效果奠定基础。

①原材料控制

水泥对混凝土外观的影响最直接，为详细把握胶凝材料的矿物组分，宜选用掺和料较少且强度等级不低于 42.5 级的中低热硅酸盐水泥，质量应符合《通用硅酸盐水泥》（GB175—2007）

中的规定。不宜采用矿渣硅酸盐水泥、火山灰质硅酸盐水泥和粉煤灰硅酸盐水泥。水泥的氯离子含量应低于0.03%，C3A含量不宜超过10%。

粉煤灰对混凝土的外观色泽和工作性能以及对减水剂的减水和引气效果的影响最为显著，可采用Ⅰ级粉煤灰，或采用细度（45μm方孔筛筛余）不大于12%、烧失量不大于5%、需水量比不大于100%的Ⅱ级粉煤灰，其中烧失量为重要控制指标，必须严格控制。

粒化高炉矿渣粉应符合现行国家标准《用于水泥和混凝土中的粒化高炉矿渣粉》（GB/T18046—2000）规定的S95级矿渣粉，但根据调研结果可知，目前我国主要矿渣粉生产厂家的产品活性均达不到S95级要求，因此按推荐配合比设计的混凝土性能指标满足设计要求时，可适当降低矿渣粉活性至S75级，但比表面积、流动度比等其他指标，仍应按S95级矿渣粉要求加以严格控制。

细集料宜采用干净、坚硬、耐久性较好、无潜在活性，且细度模数为2.7~3.0的中粗天然河砂，就本工程而言，以选择西江砂为宜，但必须符合《普通混凝土用砂石质量及检测方法标准》（JGJ52—2006）中的规定。

粗集料应采用质地均匀坚固，粒形和级配良好、吸水率低、堆积空隙率小且无潜在活性的5~25mm粗骨料，其中岩石的抗压强度与混凝土强度等级之比不应小于2，吸水不宜超过0.8%，针片状含量不超过5%，以选择反击破碎石为宜。

拌和及养护用水宜采用符合国家标准的饮用水，严禁使用未经处理的海水、工业污水和pH值小于5的酸性水，且应符合《混凝土用水标准》（JGJ 63—2006）的规定。

所采用的化学外加剂，除含气量指标外，必须是经过有关部门检验并附有检验合格证的产品，其质量应符合《混凝土外加剂》（GB/T 8076—1997）、《混凝土外加剂应用技术规范》（GB50119—2003）以及《聚羧酸系高性能减水剂》（JG/T223—2007）的规定。

②配合比设计原则

在混凝土强度及耐久性满足要求的情况下，除选择能够同时满足外观及体积稳定性的胶凝材料用量外，还应尽可能增大水胶比，或用部分粉煤灰取代矿渣粉，并可掺入超细石灰石粉优化配合比，从而改善拌合物工作性，增加混凝土的可振性，加速气泡排除，防止气孔、砂斑、砂线、蜂窝、麻面的生成。

③模板选择与安装

模板材质宜选用刚度大、平整度好、可加工性能好的钢模板为宜。设计模板时，要充分考虑拼装和拆除的方便性、支撑的牢固性和简便性，并保持较好的强度、刚度、稳定性及整体拼装后的平整度。制作模板时，应保证几何尺寸精确，拼缝严密，材质一致，模板面板拼缝高差、宽度应≤1mm，模板间接缝高差、宽度应≤2mm。

模板拼合前，应对钢筋规格数量、预埋件位置等进行检查，如涂覆或粘贴内饰材料。应采取措施对内侧面加以保护，避免污染或损坏内饰层。模板接缝处应严格检查，内板缝要用油膏批嵌，外侧也要用硅胶或发泡剂封闭，防漏浆。模板脱模剂应采用吸水率适中的脱模剂或食用精油，模板周转3次后应进行全面检修并抛光打磨一次。

④混凝土搅拌与运输

混凝土的搅拌与运输以均匀性为目的，使各原材料得以充分混合，从根本上消除色差等缺陷。

⑤混凝土浇筑

混凝土浇筑前,应严格检查钢筋定位及模板体系,确保钢筋定位准确,内饰材料无破损、无污染。如发现问题应立即采取补救措施,防止露筋及色差。应认真清理模具内部杂质,并根据构件类型选择是否用与混凝土同配合比的水泥砂浆进行垫底,特别是构件与构件之间接缝要填塞密实,铺垫厚度控制在50mm左右。

混凝土采用水平分层浇筑的方式进行下料,每层浇筑厚度控制在30cm为宜,严禁超过50cm。应从构件中心位置向四周均匀布料,并严格控制下料高度;浇筑过程中,送料车泵送间隔不得超过30min。振捣时,振点从中间向边缘分布,振捣棒的插入深度要大于浇筑层厚度,以插入下层混凝土中5~10cm为宜。在靠近模板10cm附近,特别要注意快插慢拔、增加插拔次数以消除构件表面气泡,但不得碰撞模板、钢筋和预埋件,并尽量避免砂浆飞溅到模板上,直至表面不再冒出气泡,且出现平坦泛浆为止。要注意不得过振,推荐附着式震动器进行振捣,有利于气泡的排除以及降低外观缺陷的出现概率。

此外,应安排专人随时观察所设置的预埋件、预留孔等位置是否移动,若发现移位应及时校正;时刻注意模板、支架等支撑情况,如有变形、移位或沉陷必须立即停止浇筑,在加固确保安全后方可继续浇筑下料。

⑥模板拆除

为保证混凝土不出现临时性水纹,带模养护时间应根据施工进度尽可能延长,不得少于3d,且同条件养护下的混凝土试块强度需达到设计值。与此同时在模板拆除时需保证严格的温度条件。模板拆除要严格按照后安先拆的拆除顺序进行,先卸下竖向模板连接螺栓,再卸下水平连接螺栓。在模板拆除过程中,分别由两组人员采用绳锁对所拆模板进行限位,以免在拆除过程中反弹碰伤桥墩和损伤模板。

⑦混凝土养护与成品保护

混凝土带模养护时,如有裸露顶面,应在其顶部覆盖塑料薄膜外加保温棉进行养护,并根据构件内部所埋设传感器监测得到的内外温差调整覆盖厚度。拆模时,顶面不得有积水或浇水养护,以防止养护水沿模板内表面冲刷混凝土表面造成水纹现象及其他影响外观的情况。

4.10.4 小结

本研究在我国首次实现了清水防腐混凝土长寿命设计与施工关键技术在实桥中的设计和试验研究,明显地提升了我国清水防腐混凝土的技术水平,具有良好的经济和社会效益。具体工程应用情况如下:

(1)建立清水混凝土配合比基本参数与混凝土耐久性之间的关系,在保证结构外观质量的前提下,通过原材料调研及室内试验研究,配制出满足设计年限要求同时混凝土工作性、力学性能及抗裂性能得到均衡发展的防腐清水混凝土。

(2)确定各施工环节对防腐清水混凝土性能及外观质量的影响,提出清水混凝土施工工艺及模板体系的优选原则,形成《防腐清水混凝土施工技术指南》,用于指导现场施工操作。

4.11 正交异性钢桥面板细部构造设计与应用性能分析

4.11.1 概述

钢桥面板为正交异性板(Orthotropic Plate)结构,由面板、纵肋和横肋组成(图4-73),三者互为垂直,焊接成整体而共同工作。在均布荷载或集中荷载作用下有很大的极限承载力,非常适合既可纵向移动、又可横向移动的交通荷载(如汽车荷载)。但是,钢桥面板在纵向和横向的结构性能不同,在轮载作用下产生"鼓曲状"变形,影响受力,导致面板、纵肋和横肋的面外变形,并在焊接连接约束处产生较大的集中次应力,易引发疲劳裂纹[36]。

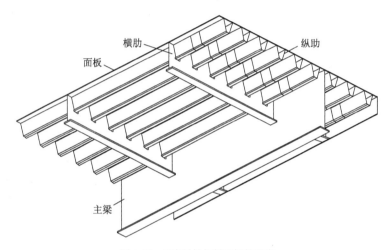

图4-73 正交异性钢桥面板的组成

纵肋与横肋的相互关系分为几种,如表4-27所示。现在普遍采用的是连续的U形(或称倒梯形)肋穿过横肋腹板,U形肋下翼缘处的横肋腹板上开有弧形缺口。

纵肋与横肋的相互关系　　　　表4-27

方式	V形纵肋	U形纵肋	倒梯形纵肋	备注
连续的纵肋支撑于横肋之上				荷兰早期修建的开启桥
纵肋固定于相邻两横肋之间				如英国Severn桥

续上表

方式	V形纵肋	U形纵肋	倒梯形纵肋	备注
连续的纵肋穿过横肋				使用最多的是带弧形缺口的形式

4.11.2 纵肋与横肋交叉部位构造方案优选

1）弧形缺口比选方案

U形纵肋下翼缘处横肋腹板上弧形缺口的形状千差万别,其中使用较多的如图4-74所示。

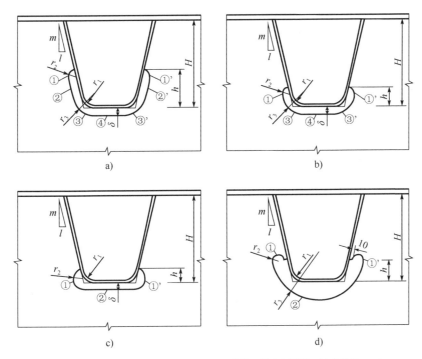

图4-74 U形纵肋下翼缘处横肋腹板上弧形缺口的主要形状(尺寸单位:mm)

在进行方案比选时,保持U形肋的几何尺寸不变,即南沙大桥正式设计图纸上钢箱梁正交异性钢桥面板所采用的U形肋,上口宽300mm,下翼缘宽170mm,高度280mm,腹板与下翼缘板之间的内圆弧半径为$5t$(t为U形肋厚度,为8mm),面板厚度16mm,横肋间距3.2m。以图4-74b)~d)所示的三种弧形缺口形状为基础,加上日本道路桥示方书建议的弧形缺口形状,共4种方案(图4-75),其中方案一为南沙大桥正式设计图纸上钢箱梁正交异性钢桥面板所采用的弧形缺口形状,其与日本道路桥示方书方案比较如图4-76所示。首先比较这四种方案在不同荷载工况下的局部受力和变形,然后以图4-74a)为对象,比选不同弧形缺口高度h值对局部受力和变形的影响。

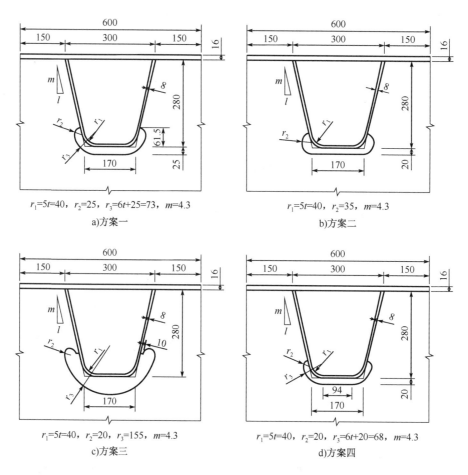

图 4-75 U形加劲肋下翼缘处横肋腹板上弧形缺口形状的比选方案(尺寸单位:mm)

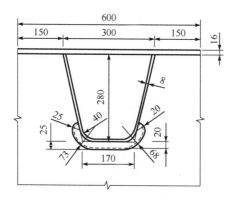

图 4-76 南沙大桥设计方案和日本道路桥示方书方案对比(尺寸单位:mm)
注:弧形缺口实线为南沙大桥方案,虚线为日本道路桥示方书方案

2)分析模型

由于采用板壳元不能真实模拟其正交异性钢桥面板细部构造的实际受力状况,本次方案比选时全部采用8结点三维实体元(图4-77),采用大型通用有限元模拟计算软件Abaqus,分别建立比选方案的精细有限元计算模型。为了减小单元尺寸及其划分方法对计算精度的影响,弧形缺口及其附近单元尺寸约为2mm×2mm×2mm。南沙大桥钢箱梁采用实腹式横隔板,荷载作用下面板相对底板的变形非常小,因此比选方案的约束条件采用固定横肋的下翼缘板。

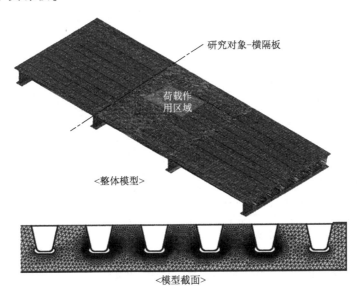

图4-77 纵肋与横肋交叉部位构造方案比选有限元计算模型

根据我国《公路桥涵设计通用规范》(JTG D60—2015),公路车辆荷载后轴重力标准值为140kN,中、后轮着地长度和宽度为200mm×600mm。计算时不考虑铺装层对结构受力的影响。

3)比选分析

在本次设计中考虑到弧形缺口周围的应力、横肋腹板和U形肋腹板连接焊缝的剪应力、南沙大桥设计图纸方案弧形缺口高度h的影响以及南沙大桥设计图纸面板厚度的影响,对多种方案进行比选,具体内容如下:

(1)弧形缺口周围的应力

弧形缺口处横肋腹板上(位置①)的最小主应力、横肋腹板和U形肋腹板连接焊缝下端U形肋腹板上的最大主应力(位置②)与轮载中心至横隔板距离的关系如图4-78所示。不论汽车轮载沿着哪条轮迹线行驶,位置①的最小主应力绝对值的最大值从小到大的顺序依次是方案二→方案一→方案四→方案三,位置②最大主应力的最大值从小到大的顺序依次是方案一→方案四→方案二→方案三。综合比较弧形缺口周围两个位置的计算应力,南沙大桥设计图纸(方案一)与日本道路桥示方书的规定(方案四)非常接近。

(2)横肋腹板和U形加劲肋腹板连接焊缝的剪应力

当汽车轮载沿着不同轮迹线行驶时,四种比选方案横肋腹板和U形加劲肋腹板连接焊缝的剪应力沿着焊缝长度方向的分布如图4-79~图4-82所示。

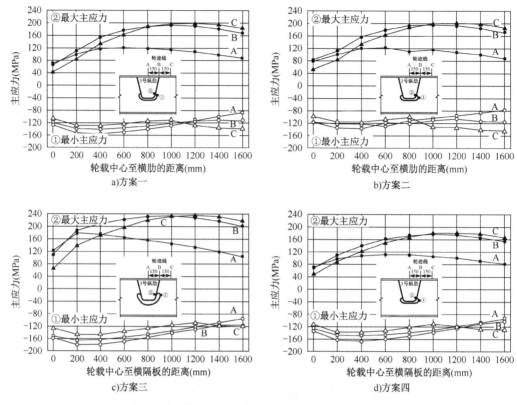

图 4-78　四种比选方案横肋腹板弧形缺口处的最大和最小主应力(尺寸单位:mm)

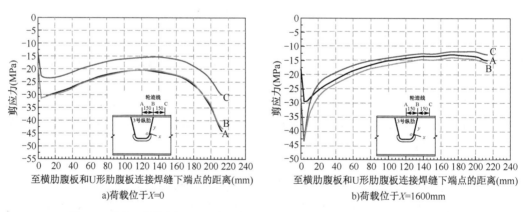

图 4-79　方案一横肋腹板和 U 形加劲肋腹板连接角焊缝剪应力的分布(尺寸单位:mm)

从图 4-79~图 4-82 可以看出:剪应力的大小与焊缝长度有关;四种方案都是焊缝下端附近的剪应力最大,从剪应力最大值来看,方案一和方案四基本相当,小于方案二和方案三。

(3)南沙大桥设计图纸方案弧形缺口高度 h 的影响

在上述四种方案的比选计算中,方案一(即南沙大桥设计图纸方案)采用了 $h=61.5$ mm。h 值取不同数值时结构局部受力差异较大,为了研究其对正交异性钢桥面板局部受力的影响,专门针对方案一,比较计算了弧形缺口周围位置①和位置②的应力、横肋腹板和 U 形加劲肋腹板连接焊缝的剪应力以及面板的竖向挠度,以期选择最优的 h 值。

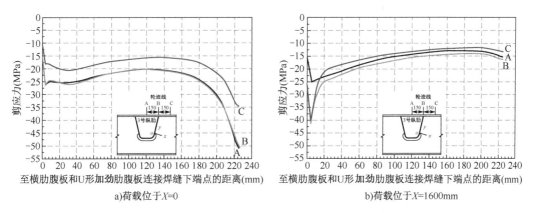

图 4-80 方案二横肋腹板和 U 形加劲肋腹板连接角焊缝剪应力的分布(尺寸单位:mm)

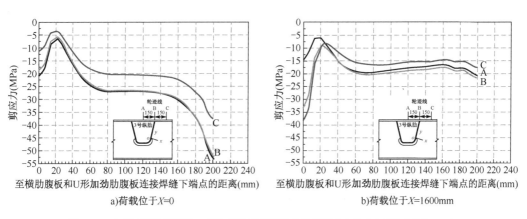

图 4-81 方案三横肋腹板和 U 形加劲肋腹板连接角焊缝剪应力的分布(尺寸单位:mm)

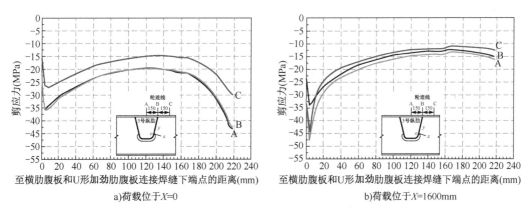

图 4-82 方案四横肋腹板和 U 形加劲肋腹板连接角焊缝剪应力的分布(尺寸单位:mm)

① 对位置①和位置②应力的影响

当 h 值不同时,弧形缺口处横肋腹板上的最小主应力和 Von Mises 应力、横肋腹板和 U 形加劲肋腹板连接焊缝下端的最大主应力和 Von Mises 应力分别如图 4-83a)和图 4-83b)所示。

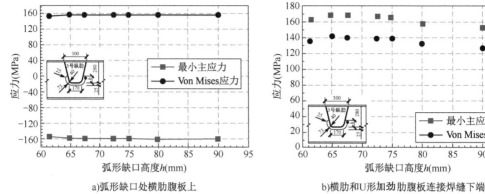

a) 弧形缺口处横肋腹板上　　　　　　b) 横肋和U形加劲肋腹板连接焊缝下端

图 4-83　方案一弧形缺口高度 h 变化时弧形缺口周围的应力(尺寸单位:mm)

由计算结果可知,h 值较小对位置①有利,h 值较大对位置②有利。最终选择取小值的原因是 h 值较大时,横肋腹板减小了对 U 形加劲肋腹板的约束,从而当荷载作用于相邻两横肋之间时 U 形加劲肋的竖向变形大。

②对横肋腹板和 U 形加劲肋腹板连接焊缝剪应力的影响

当 h 值不同,横肋腹板和 U 形加劲肋腹板连接焊缝的剪应力也不同,图 4-84 和图 4-85 分别以 $h=70\text{mm}$ 和 $h=80\text{mm}$ 为例,列出了当轮载位于横肋正上方和轮载位于相邻两横肋正中间时沿着焊缝方向的剪应力分布。

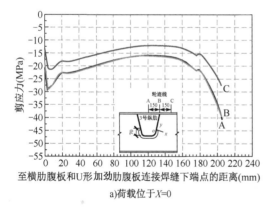
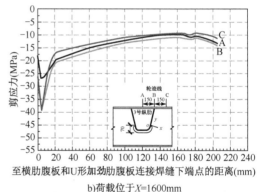

a) 荷载位于 $X=0$　　　　　　　　b) 荷载位于 $X=1600\text{mm}$

图 4-84　方案一($h=70\text{mm}$)横肋腹板和 U 形加劲肋腹板连接角焊缝剪应力的分布(尺寸单位:mm)

由计算结果可知:横肋腹板和 U 形加劲肋腹板连接焊缝剪应力的分布与前述类似,当轮载位于横肋正上方时,最大剪应力发生在面板下;当轮载位于相邻两横肋正中间时,最大剪应力发生在焊缝下端附近;横肋腹板和 U 形加劲肋腹板连接焊缝剪应力最大值随 h 值变化的规律与该焊缝下端围焊焊趾的应力最大值相同,即随着 h 值的增大,剪应力逐渐减小,当 $h \geqslant 70\text{mm}$ 时,剪应力逐渐增大。

③对面板挠度的影响

h 值不同时,横肋腹板对 U 形加劲肋的约束作用亦不同,h 越大,横肋腹板与 U 形加劲肋腹板的连接焊缝长度越短,横肋腹板对 U 形加劲肋的约束作用也越弱,在轮载作用下 U 形加劲肋更容易绕横肋转动,从而导致相邻两横肋之间的面板下挠更大。图 4-86 表示 h 值不同时相邻两横肋正中间面板的挠度与轮载位置之间的关系。

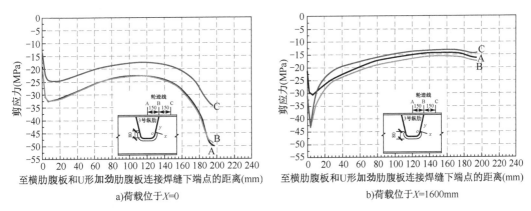

a) 荷载位于X=0 b) 荷载位于X=1600mm

图 4-85 方案一（h=80mm）横肋腹板和U形加劲肋腹板连接角焊缝剪应力的分布（尺寸单位：mm）

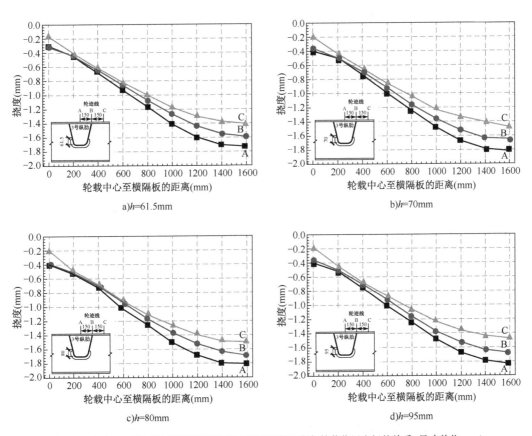

a) h=61.5mm b) h=70mm

c) h=80mm d) h=95mm

图 4-86 方案一 h 值不同时相邻两横肋正中间面板的挠度与轮载位置之间的关系（尺寸单位：mm）

（4）南沙大桥设计图纸面板厚度的影响

钢桥面板的面板厚度改变时，U形加劲肋及其有效宽度内的面板组成的结构刚度就会发生变化，在相同轮载作用下钢桥面板不同组成部分分担的荷载也会发生变化，从而导致纵肋与横肋交叉连接部位的受力状态发生变化。因此，对方案一建立精细的有限元计算模型，比较分析面板厚度不同时对弧形缺口周围的应力、横肋腹板和 U 形加劲肋腹板连接焊缝的剪应力的影响。

面板厚度不同时,弧形缺口处横肋腹板上的应力最大值如图 4-87 所示,横肋腹板和 U 形加劲肋腹板连接焊缝下端的应力最大值如图 4-88 所示。

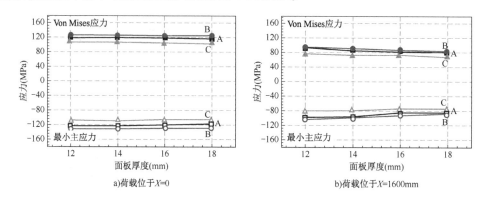

图 4-87 方案一弧形缺口处横肋腹板上的应力最大值与面板厚度的关系

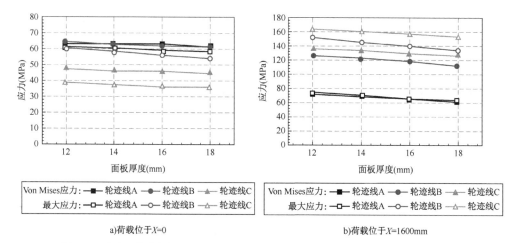

图 4-88 方案一横肋腹板和 U 形加劲肋腹板连接焊缝下端应力最大值与面板厚度的关系

计算结果表明:增加面板厚度能减小弧形缺口周围的应力集中程度,但是效果不是很显著,因此不能只是一味地增加面板厚度。横肋腹板和 U 形加劲肋腹板连接焊缝下端最大剪应力随着面板厚度的增加而大致呈线性减小,但是幅度不显著。

4.11.3 纵肋与横肋交叉连接构造细节试验研究

纵肋和横肋交叉连接部位构造细节的试验分为静载试验和疲劳试验两部分,分别考察荷载位于横肋正上方时和荷载远离横肋时纵肋和横肋交叉连接构造的静力受力状况,并考察荷载远离横肋反复作用时(即横肋腹板发生反复的面外变形)纵肋和横肋交叉连接构造的疲劳性能。

1)试件和工装设计

根据上节纵肋和横肋交叉连接部位构造方案比选的结果,以方案一为基础,选取弧形缺口高度 h 值分别为 61.5mm 和 95mm 的两种方案进行试验研究。试件材料为 Q345q 钢,共制作了 12 个试件,其中 $h=61.5$mm 的试件编号 LT1-1~LT1-6,$h=95$mm 的试件编号 LT2-1~LT2-6。

试件立体效果图及实际制作的试件弧形缺口附近的构造细节见图 4-89。

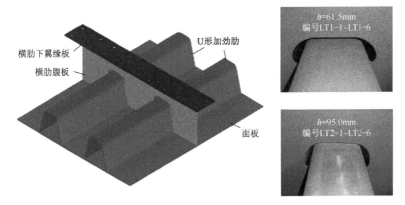

图 4-89　纵肋与横肋交叉连接构造细节试件立体效果图及实际成型图

2) 试验设备

试验设备采用日本鹭宫制作所生产的 V605 型 3800kN 电液伺服式结构疲劳试验系统,采用 200kN 作动器进行试验。应变计采用中航工业电测仪器股份有限公司生产的 BE120-2BC 型三栅应变花。应变数据的采集采用日本共和电业出品的 UCAM-60B 静态应变仪,静态位移采用秦皇岛协力科技开发有限公司生产的读数仪。

3) 静载试验

(1) 试验概况

静载试验时荷载作用于面板之上,分为两种工况(图 4-90),工况一荷载中心位于横肋腹板中面与两 U 形加劲肋之间中心线的交点;工况二荷载中心纵向离横肋腹板中面 640mm,横向位于两 U 形加劲肋之间中心线上。施加荷载时,在试验机作动器底盘与面板之间设置加载块,横向宽 320mm(正好能够压住相邻两 U 形加劲肋腹板),纵向长 120mm。

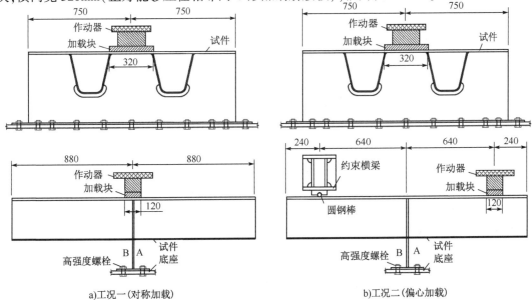

a) 工况一(对称加载)　　　　b) 工况二(偏心加载)
图 4-90　纵肋与横肋交叉连接构造细节试件静载试验加载工况示意图(尺寸单位:mm)

试件一($h=61.5$mm)和试件二($h=95$mm)的应变测点相同,共26个应变花(图4-91)。对于工况一,布置4个位移计,其中2个位于横肋腹板和U形加劲肋腹板连接焊缝下端U形加劲肋腹板上(试件二时改为测试横肋腹板处U形加劲肋下翼缘底面与横肋腹板之间的相对位移),2个位于两U形加劲肋之间、至横肋腹板中面640mm的面板之下;对于工况二,增加1个位移计,位于两U形加劲肋之间横肋腹板上,高度与弧形缺口处平齐。

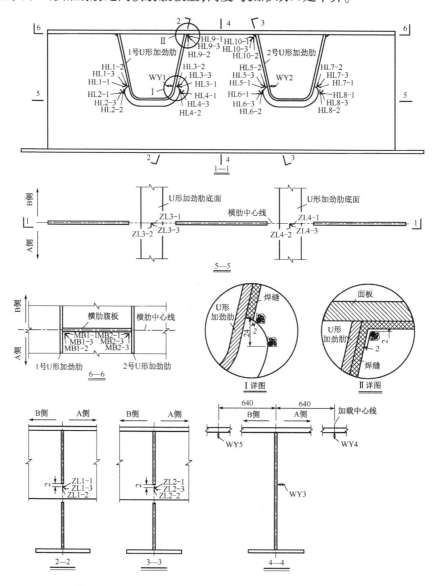

图4-91　纵肋与横肋交叉连接构造细节试件静载试验测点布置示意图(尺寸单位:mm)

注:(1)横肋位于B侧的应变花未示出,布置与A—A截面相同,但是编号以′区别,如HL1′-1。(2)↙表示应变花;↕表示位移计。

(2)测试结果及分析

结果汇总如表4-28和表4-29所示,为了表述方便将弧形缺口靠近两U形加劲肋之间中线的一侧称为内侧,反之为外侧。

试件一和试件二静载试验结果汇总表(横肋腹板) 表 4-28

测点位置	项目	工况一(荷载 200kN)						工况二(荷载 160kN)			
		LT1-3			LT2-6			LT1-3		LT2-6	
		A 侧	B 侧	平均	A 侧	B 侧	平均	A 侧	B 侧	A 侧	B 侧
HL1	α_0	29.41	59.53	44.47	64.74	42.81	53.77	−41.34	68.07	83.69	46.36
	σ_1	24.47	41.58	33.03	29.25	12.03	20.64	−39.09	104.45	−22.03	19.89
	σ_2	−29.87	−18.38	−24.13	−10.07	−26.21	−18.14	−119.87	−30.89	−121.90	−30.69
HL2	α_0	−32.29	−11.51	−21.90	−5.98	−13.35	−9.67	−21.31	−23.21	4.98	−79.57
	σ_1	83.33	90.68	87.01	57.36	46.34	51.85	29.78	126.40	−9.20	35.44
	σ_2	7.27	9.12	8.20	9.73	6.75	8.24	4.30	5.55	−76.47	−25.45
HL3	α_0	71.45	72.3	71.88	66.72	70.48	68.60	75.71	36.36	83.00	5.01
	σ_1	2.85	16.81	9.83	11.79	12.24	12.02	0.51	75.14	−10.11	61.43
	σ_2	−81.55	−71.31	−76.43	−75.52	−64.24	−69.88	−224.51	−35.34	−212.01	12.22
HL4	α_0	−11.71	−10.67	−11.19	−4.00	2.67	−0.66	−11.56	−1.71	−10.43	36.73
	σ_1	−23.27	−14.72	−19.00	−11.84	−11.50	−11.67	−37.27	−17.58	−21.61	1.43
	σ_2	−164.13	−154.88	−159.51	−96.26	−119.60	−107.93	−280.13	−161.12	−163.82	−71.73
HL5	α_0	66.47	58.45	62.46	79.94	66.56	73.25	78.74	19.12	−82.80	15.45
	σ_1	14.94	17.82	16.38	22.85	15.75	19.30	2.03	77.03	−2.30	82.09
	σ_2	−102.14	−91.82	−96.98	−79.67	−85.66	−82.67	−243.28	−28.93	−259.51	3.49
HL6	α_0	−9.89	−5.29	−7.59	−3.78	3.65	−0.07	−10.23	5.56	−10.81	32.42
	σ_1	−14.5	−20.76	−17.63	−12.28	−18.66	−15.47	−21.66	−18.87	−21.76	−6.33
	σ_2	−186.1	−179.04	−182.57	−119.54	−124.88	−122.21	−268.10	−143.21	−225.23	−91.42
HL7	α_0	45.51	28.66	37.09	62.95	43.47	53.21	−84.82	29.16	−81.79	85.81
	σ_1	28.33	19.84	24.09	27.37	5.40	16.38	−15.91	26.75	−27.73	35.03
	σ_2	−8.23	−24.44	−16.34	−11.46	−18.58	−15.02	−132.56	−32.88	−140.64	−11.18
HL8	α_0	−21.81	−12.21	−17.01	−28.10	−8.61	−18.35	6.98	−46.35	6.89	−63.72
	σ_1	89.22	85.84	87.53	53.79	38.38	46.08	1.69	51.90	−8.41	38.17
	σ_2	11.48	6.66	9.07	6.75	5.53	6.14	−19.56	−9.20	−73.39	−16.89
HL9	α_0	−53.35	−45.09	−49.22	−71.00	−57.89	−64.45	−70.65	−71.22	−78.08	−66.29
	σ_1	18.28	9.8	14.04	16.20	21.01	18.61	27.98	29.73	15.38	28.02
	σ_2	−44.48	−58.8	−51.64	−33.56	−47.56	−40.56	−41.17	−42.61	−34.65	−42.30
HL10	α_0	−25.27	−25.28	−25.28	−67.27	−64.39	−65.83	−65.02	−66.05	−69.50	−74.97
	σ_1	12.57	5.57	9.07	5.98	1.90	3.94	22.93	25.30	20.03	23.58
	σ_2	−59.37	−70.27	−64.82	−25.35	−32.62	−28.98	−37.47	−44.00	−35.58	−38.40

试件一和试件二静载试验结果汇总表（纵肋和面板） 表 4-29

测点位置	项目	工况一（荷载 200kN）		工况二（荷载 160kN）	
		LT1-3	LT2-6	LT1-3	LT2-6
ZL1	α_0	4.17	-2.73	7.82	13.40
	σ_1	76.18	64.70	230.31	131.43
	σ_2	35.22	33.84	43.46	35.18
ZL2	α_0	4.96	6.54	6.69	10.80
	σ_1	100.59	70.42	204.71	153.88
	σ_2	45.01	38.58	22.51	29.27
ZL3	α_0	26.65	-84.61	1.11	-26.74
	σ_1	3.17	4.30	2.11	5.47
	σ_2	1.63	0.61	-64.87	-70.66
ZL4	α_0	22.87	-18.00	-15.90	53.45
	σ_1	1.32	2.51	4.13	35.91
	σ_2	0.18	0.49	-72.70	-94.71
MB1	α_0	-49.27	25.80	23.16	—
	σ_1	35.39	8.02	22.95	—
	σ_2	12.71	-13.93	9.88	—
MB2	α_0	10.40	-62.52	9.49	-30.09
	σ_1	15.47	-0.90	20.34	13.81
	σ_2	-2.57	-11.37	11.04	6.56

①横肋上所有测点、横肋腹板和纵肋腹板交叉连接焊缝下端纵肋腹板上测点的实测主应力均随着荷载的增加而线性增加，反映了测试结果的准确性。横肋腹板的两侧、两弧形缺口的内侧和外侧对应测点的实测主应力很接近，表明对称性很好，数值上的差异是由于加载块的位置、测点布置等误差累积造成的。

②工况一横肋腹板上 HL1 和 HL7 处承受拉、压应力共同作用，拉应力和压应力的绝对值数值接近，且都不大。当荷载作用于相邻两纵肋之间、横肋腹板正上方时，横肋腹板和纵肋内侧腹板交叉连接焊缝下端横肋腹板上（HL3 和 HL5 所在位置）、两纵肋外侧弧形缺口处横肋腹板上（HL2 和 HL8 所在位置）属于疲劳敏感部位，且前者应力集中更明显。纵肋腹板上 ZL1 和 ZL2 处承受双向拉应力作用。当荷载作用于相邻两纵肋之间、横肋腹板正上方时，横肋腹板和纵肋内侧腹板交叉连接焊缝下端纵肋腹板上容易出现疲劳问题。

③工况二横肋腹板上 HL1 和 HL7 处 A 侧承受双向压应力作用。当荷载作用于相邻两纵肋之间、非横肋腹板之上时，疲劳敏感部位为横肋腹板和纵肋腹板交叉连接焊缝下端的横肋腹板上。工况二纵肋腹板上 ZL1 和 ZL2 处承受双向拉应力。荷载作用于相邻两纵肋之间、非横肋腹板之上时横肋腹板和纵肋内侧腹板交叉连接焊缝下端纵肋腹板上容易出现疲劳问题。

4)疲劳试验

(1)试验概况

试件安装调试就位后,首先进行预压,然后开始进行疲劳试验。试验荷载下限为20kN,上限为110~185kN,即荷载幅值为90~165kN。试验机加载频率为2~6Hz。

试验过程中,为了防止作动器或加载块位置移动,采用长螺栓将作动器与加载块和试件的面板连接起来(图4-92)。每隔约2h检查一遍弧形缺口处有无出现裂纹。当暂时不能判断是否出现裂纹时,先以疑似裂纹作为记录,若继续试验发现裂纹明显,则以出现疑似裂纹时的次数作为发现裂纹的循环次数。当某部位出现裂纹后,不停止试验,而是继续试验,观察裂纹的扩展情况以及其他部位是否会出现裂纹。

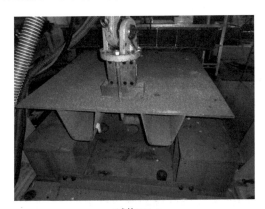 

a)试件LT1-3　　　　　　　　　b)试件LT2-1

图4-92　纵肋与横肋交叉连接构造细节试件疲劳试验

(2)试验结果及其分析

表4-30为12个试件首次发现疲劳裂纹的部位及相应的循环次数。

纵肋与横肋交叉连接构造细节试件疲劳试验结果汇总　　　　表4-30

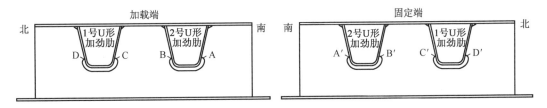

序号	试件号		荷载幅度(kN)	裂纹位置	加载循环次数
1	试件一 ($h=61.5$mm)	LT1-1	130	B,横肋腹板	208110
2		LT1-2	140	A,横肋腹板	70873
3		LT1-3	150	B',纵肋腹板	402116
4		LT1-4	90	无	2000000
5		LT1-5	130	B,纵肋腹板	1646904
6		LT1-6	135	B,纵肋腹板	383903

续上表

序号	试件号		荷载幅度(kN)	裂纹位置	加载循环次数
7	试件二 ($h=95$mm)	LT2-1	125	无	2000000
8		LT2-2	150	B′,纵肋腹板	2511271
9		LT2-3	160	C,横肋腹板	845200
10		LT2-4	165	无	4000000
11		LT2-5	155	C,纵肋腹板	2360300
12		LT2-6	165	C,横肋腹板	766359

①除试件LT1-2外,所有发现疲劳裂纹的试件的裂纹都起始于横肋腹板和纵肋内侧腹板交叉连接焊缝下端的横肋腹板上或者纵肋腹板上,所有试件都没从弧形缺口处的横肋腹板上开裂。

②当横肋腹板和纵肋内侧腹板交叉连接焊缝下端的横肋腹板开裂时,裂纹从焊缝位于横肋腹板的焊趾最下端开始,然后沿着焊缝方向向上扩展,扩展一段距离后在横肋腹板上斜向上扩展。当横肋腹板和纵肋内侧腹板交叉连接焊缝下端的纵肋腹板开裂时,裂纹起始于围焊最下端的纵肋腹板上,然后在纵肋腹板上几乎呈水平向两边扩展,越过焊缝后在纵肋腹板上斜向上扩展。

4.11.4 小结

本课题重点关注正交异性钢桥面板纵肋与横肋交叉连接部位的构造细节,开展应用基础性研究工作,为南沙大桥钢桥面板的设计提供科学依据。选取目前我国正交异性钢桥面板使用较多的3种方案和日本道路桥示方书建议的方案,组成4种弧形缺口形状比选方案,同时开展纵肋和横肋交叉连接部位构造细节的试验探究。南沙大桥设计图纸采用的弧形缺口形状方案是在综合考虑欧洲Eurocode 3规范和日本道路桥示方书规定的基础上提出的,推荐作为最佳方案。

第5章 荷载试验

依据《公路工程质量检验评定标准 第一册 土建工程》(JTG F80/1—2017)的要求,对于特大跨径、结构复杂的桥梁应进行荷载试验工作,以试验结果验证桥梁是否满足设计要求和相关技术规范的规定。

桥梁荷载试验作为桥梁结构交工验收前的最后一项重要工作,是通过对桥梁结构施加与设计荷载相当的等代荷载,测定桥梁结构各控制部位的应力、内力和变形,直接了解桥梁结构的实际受力行为,验证设计计算结果,判断桥梁承载能力,评价其在设计使用荷载作用下的工作性能,为桥梁交工验收提供技术依据。目前,我国桥梁荷载试验主要是参考《大跨度桥梁的试验方法》(YC4-4 1978)、《公路桥梁荷载试验规程》(JTG/T J21-01—2015)及《公路桥梁承载能力检测评定规程》(JTJ/T J21—2011)等规程的相关内容。

荷载试验结果作为桥梁的初始信息档案,能够为桥梁运营和养护管理提供基本信息及参考依据。同时,将试验成果与相关设计、科研成果相结合,可以为后期同类型桥梁的设计、施工提供技术资料。

5.1 结构初始状态参数调查

5.1.1 结构表观质量

在进行结构表观质量检查时,重点针对以下几个部位进行检查:

1)钢箱梁的表观状况检查

(1)在初始参数调查阶段主要针对钢箱梁构件的锈蚀情况、涂层劣化情况、钢结构母材裂缝、焊缝开裂、螺栓损失等缺陷现象进行检查。

(2)涂层状态作为钢结构腐蚀开始的前兆,主要有锈蚀、剥离、裂纹、鼓泡、变色、褪色等类型。在检查过程中重点对劣化的类型及严重程度、劣化面积、原因进行检查。

(3)钢结构腐蚀将导致截面的削弱,直接影响结构的承载能力,同时考虑到钢结构局部腐蚀时存在应力腐蚀和腐蚀疲劳等相互作用机理,将进一步加剧腐蚀程度和腐蚀的发展速度,因此在桥梁通车前对构件的腐蚀情况进行全面检查,特别对易发生应力集中的杆件节点、开孔等区域进行重点检查。

(4)螺栓作为影响构件间的内力传递的重要构件,针对螺栓腐蚀、腐蚀的严重程度及深度进行重点检查。

(5)钢结构的焊缝承受交变荷载作用时,在焊接缺陷及局部应力集中处均易诱发疲劳裂纹;裂纹一旦形成,在应力腐蚀与腐蚀疲劳的共同作用下,将迅速扩展,因此在成桥后对此类裂纹进行重点检查。

2）索塔表观状况检查

在初始参数调查阶段主要针对主塔混凝土的外观质量进行详细检查，确定结构混凝土表面是否存在初始缺陷（蜂窝麻面、混凝土剥落露筋、裂缝等），索塔基础是否存在冲刷、掏空现象。结合坭洲水道桥、大沙水道桥索塔结构形式特点，对索塔初始参数调查重点针对以下几方面内容进行：

（1）索塔混凝土结构的常规缺陷和劣化情况检查——混凝土表观状态，如渗水、表面风化、剥落、露筋和钢筋锈蚀现象；混凝土表面有无碱集料反应引起的整体龟裂现象。

（2）索塔混凝土裂缝情况检查——索塔根部是否存在水平向裂缝及裂缝性状，塔根部混凝土是否存在碎裂情况，横梁是否存在横向裂缝、顺筋裂缝及裂缝性状，横梁塔柱节点区域是否存在由于局部应力和弯曲应力引起的裂缝及裂缝性状。

（3）索塔鞍座检查——钢构件的缺陷和劣化情况检查内容与加劲梁钢结构检查内容基本一致；鞍室内湿度及转向鞍座附近主缆钢丝的锈蚀情况；对主缆进入鞍座的顺适度情况进行检查，针对钢丝在进入鞍座部位有无由于安装角度的不顺适造成的弯折、挤偏现象；主缆在索鞍处的相对滑移及主塔鞍座偏离检查。

3）主缆检查

对散索鞍为起点沿主缆全长进行涂膜检查，重点检查主缆涂层有无粉化、开裂、起泡、脱落和锈蚀，有无机械碰损现象；主缆边跨、中跨最低点索夹两侧，主鞍两侧有无水体侵入。

4）吊索检查

重点检查吊索涂层有无粉化、开裂、起泡、脱落和锈蚀，有无机械碰损现象；索夹有无相对滑移现象；索夹螺杆有无松动情况；连接件裂纹检查重点检查连接件截面突变处，当出现裂纹时，以上部位漆膜首先受到拉伸或挤压而呈变形痕迹、或有锈迹。若发现疑似开裂处即采用无损检测手段（磁粉探伤、超声探伤）进一步检测确认。

5）锚碇检查

（1）混凝土表观状态、混凝土碱集料反应；锚碇结构的水侵缺陷检查。

（2）锚杆与锚碇混凝土的接触界面的完好状态，锚杆有无滑移迹象；锚室锚杆垫板下混凝土高压应力区是否压裂，后锚墙顶部是否有受拉裂纹发生；是否有沿锚杆渗水致使锚杆锈蚀；

（3）锚室内裸露散开丝股，对有无钢丝松弛、鼓丝和断丝，有无钢丝锈蚀情况；散索鞍内锚螺栓有无松动，鞍座油漆有无脱落和锈斑，散索鞍处主缆索股是否锈蚀、散索鞍处混凝土有无碎裂情况。

6）支座检查

（1）在初始参数调查阶段主要检查观测支座功能是否完好，组件是否完整、清洁，有无断裂、错位和脱空现象。支座表面有无脱漆、锈蚀现象。

（2）支座临时固定装置是否拆除。

（3）除表观状态检查外，在初始状态调查期间应在支座附近设置标尺，定时读取在温度和施工荷载下支座的位移值。在试验前，保证其处于设计预期的工作状态。

7）过渡墩表观状况检查

在初始参数调查阶段主要针对混凝土初始表面缺陷进行检查，同时应对基础有无明显倾斜、下沉或不均匀沉降等缺陷现象进行重点检查。

8) 桥面系检查

(1) 桥面铺装层纵、横坡是否顺适,有无严重的裂缝(龟裂、纵横裂缝)、坑槽、波浪、桥头跳车、防水层漏水等。

(2) 钢组件材料是否锈蚀、变形、焊缝开裂;锚固螺栓是否松动断裂。伸缩缝的横桥向有无错位;伸缩缝有无拉开或抵挤现象,被联结两端的高差是否合理,能否行车平顺,其设施是否完善,能否满足使用要求。伸缩缝之间是否有异物,影响梁体的自由伸缩。伸缩缝是否有堵塞卡死、破损、脱落、漏水,是否造成明显的"跳车"现象。

(3) 桥面排水是否顺畅,泄水管是否完好、畅通。

5.1.2 桥梁结构初始几何状态测量

初始几何状态测量工作包括以下几方面内容。

1) 测量内容

(1) 基准网复测

对坭洲水道桥、大沙水道桥施工期基准测量控制网进行复测,采用 GPS 静态测量、高程拟合及三角高程检查的方式进行,测量精度按照《工程测量规范》(GB 50026—2007)二等控制网精度要求,同时布设主缆、桥塔、桥面测点等,测量大桥目前的几何状态。

(2) 主缆三维坐标测量

主缆测点的三维坐标布设主跨 8 分点进行测量,并在靠近索塔处进行适当加密,以使测量结果能够反映主缆的空间状况,并且能够确定吊索的空间位置。图 5-1 和图 5-2 为坭洲水道桥、大沙水道桥主缆三维坐标测点布置。

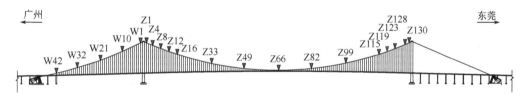

图 5-1 坭洲水道桥主缆三维坐标测点布置

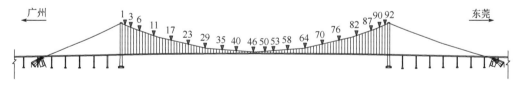

图 5-2 大沙水道桥主缆三维坐标测点布置

(3) 索塔承台顶面高程测量

采用全站仪三角高程测量方法,对桥塔承台顶面高程进行测量,测量位置为塔柱底部与承台顶面接触处。图 5-3 为承台高程测量点布置示意。

(4) 索塔三维坐标测量

索塔三维坐标测量采用测量东、西塔上横梁上的加密点坐标,测量结果与施工单位提供的桥塔偏位观测成果比较,以此推算塔顶相对于塔底的偏位值。

图 5-3 承台高程测量点示布置图

为观测温度荷载影响下索塔偏位的变化规律,检测中增加了 24h 索塔偏位观测,采用全站仪固定测站,在 24h 内对塔偏观测点每隔 1h 进行一期观测。

(5)桥面线形测量

坭洲水道桥面线形测点布设在边跨 8 等分点、主跨 16 等分点对应的附近吊索位置,大沙水道桥面线形测点布设在主跨 16 等分点对应的吊索附近位置,左、右幅测点分别位于桥体中心线左、右侧 19.25m 处桥面上。图 5-4 和图 5-5 为坭洲水道桥、大沙水道桥主缆三维坐标测点布置。

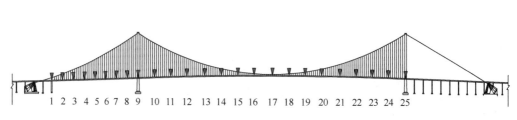

图 5-4 坭洲水道桥桥面线形测点布置图(纵桥向)

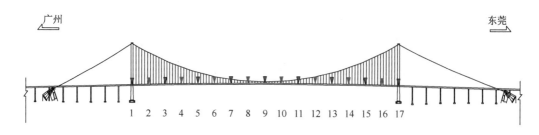

图 5-5 大沙水道桥桥面线形测点布置图(纵桥向)

2)检测、观测内容

(1)初始状态索夹螺杆预紧力测试

在桥梁成桥后建立螺栓松动的基准状态,在后续桥梁运营中可通过周期性检查和测试,对索夹螺杆预紧力退化速度和趋势进行分析。

索夹螺杆张力测试及补张是悬索桥管养中极为重要的项目,随着使用时间的增长,悬索桥索夹螺杆会存在张拉力下降的现象。若索夹螺杆张拉力损失偏大,将有可能导致索夹滑移移位,并导致内力重分配,使主梁线形发生改变。该变化过程具有持续发散增长效应,结果不可逆,恢复极其困难。根据国内外大跨径悬索桥管养经验,在悬索桥通车2~3年后,应进行索夹重新紧固工作。国内调研发现,悬索桥在通车运营后,索夹螺杆张力均有不同程度的下降,导致索夹发生轻微滑移或有滑移趋势,并由此产生一系列影响结构安全和耐久性的病害。螺杆预紧力测试一方面对施工过程中各个阶段的螺杆张拉力进行监控,另一方面了解施工过程中工况改变后螺杆张拉力的损失情况,指导运营期主缆系统的养护工作。

测试原理(图5-6):由于螺母的约束作用,在螺杆上端所受拉力不断增大的过程中,上下两个螺母之间的螺杆长度和应力状态均保持不变,而上端螺母以上的螺杆端部所受拉力逐渐增大,此时螺杆的受力状态相当于两段杆,此过程中螺杆端部的伸长量为:

$$\Delta L_1 = \frac{F_1 \times L_1}{E \times A} \tag{5-1}$$

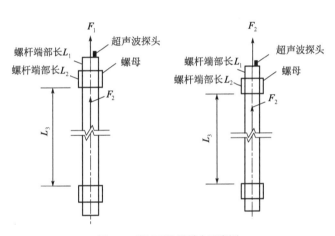

图5-6 螺杆两阶段受力示意图

而上下两螺母之间的螺杆长度保持为L_3不变。当螺杆端部的拉应力与两个螺母之间螺杆的拉应力相等时,螺杆端部L_1和上下两螺母之间的螺杆L_3开始共同受力(由于螺母长度L_2与螺杆长度相比较短,故忽略螺母长度的影响),此过程中螺杆的伸长量ΔL_2为:

$$\Delta L_2 = \frac{F_2 \times (L_1 + L_3)}{E \times A} \tag{5-2}$$

式中:ΔL_1、ΔL_2——螺杆不同阶段伸长量;

F_1、F_2——螺杆端部所施加力;

L_1、L_3——螺杆端部长度、中间长度;

E——螺杆材料弹性模量;

A——螺杆截面面积。

测试过程中,通过油压千斤顶对螺杆端部施加拉力,测试人员通过读取油压表上的刻度记录当前所施加力的大小 f_i，通过置于螺杆顶端的超声波探测装置记录当前螺母总长 l_i。由前式可知，当螺杆端部所施加的力小于螺杆预紧力时，有：

$$l_i - l_0 = \frac{f_i \times L_1}{E \times A} \tag{5-3}$$

螺杆端部所施加的力等于或大于螺杆预紧力时，有：

$$l_i - l_0 = \frac{f_i \times (L_1 + L_3)}{E \times A} \tag{5-4}$$

式中：l_0——螺杆端部未施加力时超声波装置所测得的螺杆长度。

以 $(l_i - l_0)$ 为横坐标，以 f_i 为纵坐标，将测试过程中所记录的数据绘制于直角坐标系中，典型曲线如图 5-7 所示。由上式可知螺杆端部所施加的力小于螺杆预紧力时：

$$f_i = (l_i - l_0) \times \frac{E \times A}{L_1} \tag{5-5}$$

$$f_i = (l_i - l_0) \times \frac{E \times A}{(L_1 + L_3)} \tag{5-6}$$

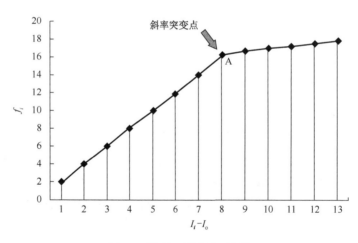

图 5-7　测试记录数据典型曲线

当螺杆端部所施加的力等于或大于螺杆预紧力时：

由上式知两段直线的斜率分别为 $E \times A / L_1$、$E \times A / (L_1 + L_3)$，而两段直线斜率的突变点（图 5-7 中所示 A 点）所对应的 f_i 即为螺杆现存张拉力大小。

螺杆预紧力测试抽测原则：同一类型索夹抽取倾斜角度最大位置处的索夹，同时覆盖不同规格的螺杆类型。根据测试结果，坭洲水道桥上游索夹螺杆预紧力整体状况较好，塔顶附近个别索夹螺杆预紧力损失有少量损失。

（2）支座位移观测

观测支座位移既可掌握桥梁结构支座位移变化规律,又可为静力荷载试验中排除温度影响提供准确数据。通过24h支座位移监测,可以判断支座的实际工作状态,保证结构受力体系与设计状态相符。

通过在加劲梁两端支座处设立纵向、横向位移标尺,对支座进行位移监测,每3h一次。记录时,应按照天气状况,测量读数时的温度、湿度及气压状况,读取支座位移刻度数值,以24h作为一次测试循环。通过有限元模型计算出结构升温降温状态下的支座的理论计算位移值,并与所测得的支座实际位移相对比。通过24h支座位移监测,可以判断支座的实际工作状态,考查结构受力体系与设计状态相符的情况。

以坭洲水道桥西塔支座为例,左右侧支座位移观测结果如图5-8。

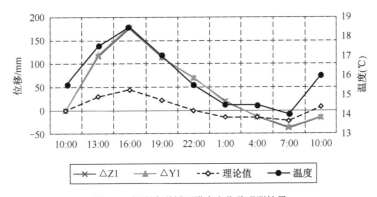

图5-8 坭洲水道桥西塔支座位移观测结果

（3）吊索索力测试

缆索结构是作为悬吊体系的重要组成部件,桥跨结构的恒载重量和活载绝大部分或全部通过它进行传递。恒载作用下缆索结构的受力状态,基本反映了悬吊体系恒载作用下的内力状态,因此它是评价桥梁质量状况的一项重要内容。

索力采用频率法进行测试,以环境振动或者皮锤激励吊索,传感器记录下时程数据,并由此识别出索的振动频率。频率与索力之间的换算关系：

$$T=\frac{4\rho L^2 f_n^2}{n^2}-\frac{n^2\pi^2 EI}{L^2} \tag{5-7}$$

式中：T——索力；

ρ——索的线密度；

L——索的计算长度；

f_n——索的第n阶自振频率；

n——振动阶数；

EI——索的抗弯刚度。

根据上述公式,通过信号处理分析获得吊索自振频率值,吊索典型频谱图如5-9所示,按每一阶自振频率计算索力,取平均值作为最终索力。

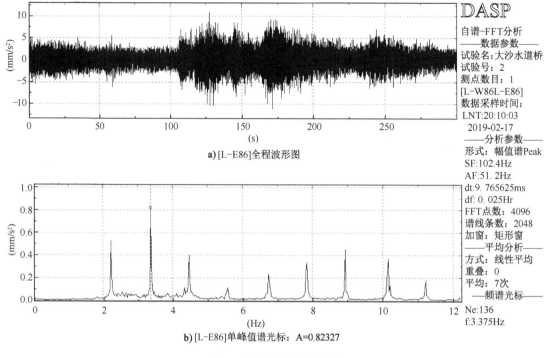

图 5-9 吊索典型实测频谱图

(4) 主缆锚跨拉力测试

方法同吊索索力测试,选取一定比例的索股进行,建立锚跨拉力的初始状态。

5.2 静载试验

静力荷载试验主要测定在与最不利设计(静力)荷载相当的试验荷载作用下,桥梁结构各控制部位的应力、内力和变形。考虑坭洲水道桥、大沙水道桥的桥梁结构特点,荷载试验过程中在规范要求的基本工况基础上增加了部分有针对性的试验工作,使桥梁荷载试验达到能够真实反映桥梁受力行为和检验桥梁设计理论的作用。

5.2.1 试验内容

结合规范要求及专家组意见,确定了静力荷载试验测试及观测内容和工况,本节以大沙水道桥为例,介绍其荷载试验。如表 5-1 所示,为保证试验结果能够反映桥梁整体的受力性能,静载试验选取 $L/4$、$L/2$、$3L/8$ 断面最不利活载作用下主梁挠度测试工况的全桥主梁及主缆挠曲线测量;增加索鞍、索夹在主要工况作用下的状态监测,监测索鞍、索夹在荷载试验过程中是否存在相对滑移。

大沙水道桥静力荷载试验测试及观测内容　　　　　　　表 5-1

序号	结构部位	试验项目	备 注
1	加劲梁	中跨 $L/2$ 断面最不利活载作用下最大正弯矩及挠度	中载及偏载
2		中跨 $3L/8$ 断面最不利活载作用下最大正弯矩及挠度	中载及偏载
3		中跨 $L/4$ 断面最不利活载作用下最大正弯矩及挠度	中载及偏载
4		箱梁梁端纵桥向变位试验	中载
5	索塔	索塔塔顶最不利活载作用下最大变位	中载
6		索塔塔底截面最不利活载作用下最大弯矩	中载
7	主缆	主揽锚跨索股最大张力增量效应	中载
8		主要工况下主缆挠度及线形观测	观测
9	吊杆	吊索活载索力最大增量效应	中载及偏载
10	其他	主要工况下主索鞍及散索鞍相对位移观测	观测
11		主要工况下索夹相对滑移观测	观测
12		主要工况下锚碇水平位移观测	观测
13		主要工况下支座及阻尼器工作性能	观测

5.2.2 测试断面及测点布置

根据桥梁结构受力特点,静力试验位移测点布设在桥梁结构主要测试工况的相应测试断面处,在能够反映桥梁受力行为特点的同时,兼顾主缆、主梁等的协调变形测试工作。

1) 挠度及变位测试断面及测点布设

(1) 主梁挠度测点布设在中跨 $L/2$、$3L/8$、$L/4$ 断面(图 5-10);在进行最不利活载作用下中跨 $L/2$、$3L/8$、$L/4$ 截面最大挠度测试时,对该工况下的全桥挠曲线进行测量,测点按主跨 8 等分点进行测点布设。

(2) 主缆挠度测点布置在中跨 $L/2$、$3L/8$、$L/4$ 断面附近索夹位置处;在进行最不利活载作用下中跨 $L/2$、$3L/8$、$L/4$ 截面最大挠度测试时,对该工况下的主缆线形进行测量,测点按 8 等分点进行布设(图 5-11)。

(3) 主梁最大纵向位移测点设置在两侧塔梁端伸缩缝及两侧纵向支座处(图 5-12)。

(4) 索塔塔顶最不利活载作用下三维变位测点布置在东塔及西塔左右塔柱塔顶处(h 测点);塔顶位移测点布置如图 5-13 所示。

(5) 索夹相对滑移观测点位于东西两侧靠近索塔处吊索索夹处。

(6) 主索鞍处相对位移观测工况测点位于东西塔左右塔顶鞍室内;散索鞍处相对位移观测工况测点位于东西锚碇左右两侧锚室内。

(7) 锚碇水平位移观测位于东莞侧锚碇。

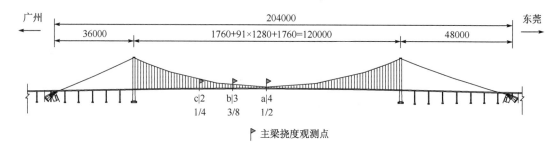

图 5-10　主梁挠度观测点布置图(尺寸单位:cm)

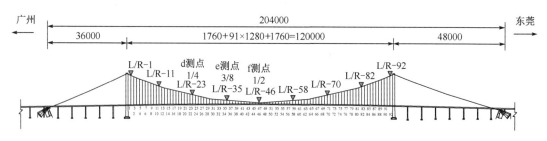

图 5-11　主缆挠度及变形测点布置图(尺寸单位:cm)

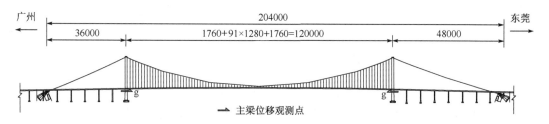

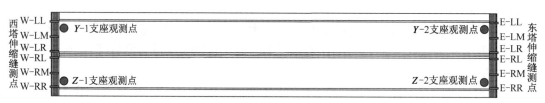

图 5-12　主梁纵向位移测点布置图(尺寸单位:cm)

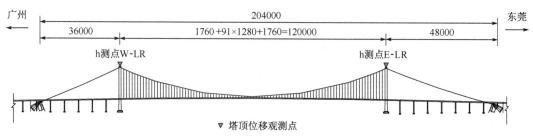

图 5-13　塔顶位移测点布置图(尺寸单位:cm)

2)应力及索力测试断面及测点布设

(1)加劲梁应变测点布设在中跨 $L/2$、中跨 $3L/8$、中跨 $L/4$ 附近断面。

(2)桥塔最不利荷载作用下应力测点断面位于桥塔底部。

(3)吊索索力测点选取主梁 $L/4$ 断面附近的 L/R-23 号吊索位置。

(4)主缆锚跨索股索力测点选取锚碇内主缆通过散索鞍后索股位置。

主梁应力测点布置和索塔应力测点布置分别如图 5-14 和图 5-15 所示。

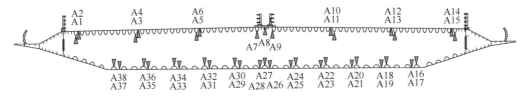

图 5-14 主梁应力测点布置示意图(尺寸单位:cm)

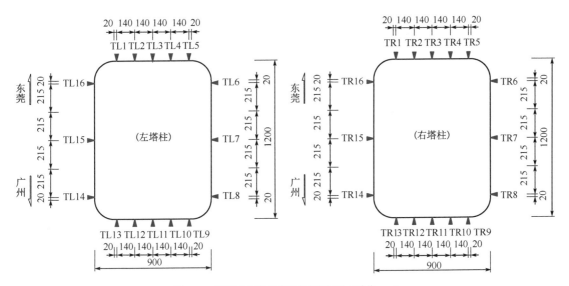

图 5-15 索塔应力测点布置示意图(尺寸单位:cm)

5.2.3 试验工况

大沙水道桥各主要试验工况见表 5-2 所示,本次荷载试验共有 18 个测试及观测项目的工况,对于移动荷载影响区段相同的测试工况进行合并,在同一载位下测试多个截面结构性能,并满足规范要求的加载效率。通过工况合并后,共分为 7 种加载载位,其中 2、4、6 号载位为 1、3、5 号载位(中载)的偏载载位。

大沙水道桥主要静力荷载试验加载工况 表 5-2

载位序号	工况号	测试项目	载位	车辆数
载位1	工况一	主梁 $L/4$ 截面最大正弯矩	中载	64
	工况七	主梁 $L/4$ 截面最大挠度		
	工况十三	箱梁梁端最大纵桥向位移		
	工况十七	吊索活载索力最大增量		

续上表

载位序号	工况号	测试项目	载位	车辆数
载位2	工况二	主梁$L/4$截面最大正弯矩	偏载	32
	工况八	主梁$L/4$截面最大挠度		
	工况十八	吊索活载索力最大增量		
载位3	工况三	主梁$3L/8$截面最大正弯矩	中载	64
	工况九	主梁$3L/8$截面最大挠度		
载位4	工况四	主梁$3L/8$截面最大正弯矩	偏载	32
	工况十	主梁$3L/8$截面最大挠度		
载位5	工况五	主梁$L/2$截面最大正弯矩	中载	64
	工况十一	主梁$L/2$截面最大挠度		
载位6	工况六	主梁$L/2$截面最大正弯矩	偏载	32
	工况十二	主梁$L/2$截面最大挠度		
载位7	工况十四	塔顶纵桥向水平位移	中载	80
	工况十五	塔底弯矩		
	工况十六	主缆锚跨拉力最大增量		

限于篇幅,此处仅列出载位1的布置图,如图5-16所示。

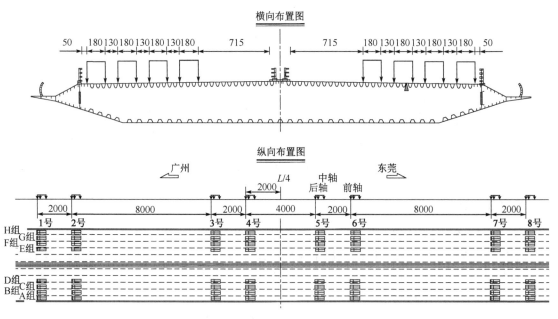

图5-16 载位1布置图(尺寸单位:cm)

5.2.4 加载效率

坭洲水道桥、大沙水道桥理论分析采用空间有限元软件进行,有限元建模时主要考虑结构的刚度、质量和边界条件,使有限元模型模拟的桥梁结构受力状态与实际桥梁结构接近。本桥模型(图5-17)分为主缆、主塔、钢箱梁、吊索等子结构,主缆、吊索采用桁架单元模拟,钢箱梁、主塔采用梁单元模拟。

图 5-17 桥梁结构有限元模型

1)试验荷载

静力试验荷载加载方式采用单辆总重约350kN的三轴载重汽车作为等效荷载,在试验过程中模拟设计活载所产生的内力值。

按照《公路桥梁荷载试验规程》(JTG/T T21—2015)第5.4.2条规定,静载试验效率η_q,对交(竣)工验收荷载试验桥梁的静载试验效率宜介于0.85~1.05之间;η_q应按下式计算。

$$\eta_q = \frac{S_s}{S(1+\mu)} \tag{5-8}$$

式中:S_s——静载试验荷载作用下,某一加载试验项目对应的加载控制截面内力或变位的最大计算效应值;

S——试验控制荷载产生的同一加载控制截面内力或变位的最不利效应计算值;

μ——冲击系数。

试验加载位置与加载工况的确定主要依据以下原则进行:

(1)尽可能用最少的加载车辆达到最大的试验荷载效率。

(2)在满足试验荷载效率以及能够达到的试验目的前提下,加载工况进行简化、合并,以尽量减少加载位置,同时兼顾其他截面不产生超过其最不利效应的情况。

(3)每一加载工况依据某一加载试验项目为主,兼顾其他加载试验项目。

2)试验荷载效率

根据规范要求并结合以往类似桥梁的加载方案经验,采用建立的有限元模型对本桥的荷载试验效率和加载载位的进行计算,加载效率介于0.61~1.03之间。根据本次荷载试验方案评审会专家组意见,鉴于大量荷载同时作用于桥梁结构上可能会造成个别截面内力增量超过该截面设计汽车荷载的最大内力效应,出于谨慎,降低塔顶纵桥向水平位移、主缆锚跨拉力最大增量及塔底最大弯矩测试工况的荷载效率,从而达到保障桥梁结构安全,又使静载试验仍能满足检验设计、验证桥梁结构工作性能的目的。

5.2.5 测试方法与加载过程控制

1)测试方法

(1)挠度及挠曲线测量

大沙水道桥主梁挠度及挠曲线测量在测试断面处布置测点,挠度曲线测量沿中跨纵桥向八等分点布置测点,采用封闭式连通管进行测试。在主要工况的挠度测试断面上下游两侧处设置棱镜,通过全站仪进行主梁挠度测试的校核。

主缆挠度及变形曲线测试在主缆纵桥向八等分点上布置棱镜,采用全站仪进行测量。

(2)应变

主梁 $L/4$ 测试截面钢箱梁表面应变,采用在钢箱梁表面粘贴标距为 2×3mm、阻值为 120Ω 的应变片,匹配 DH3821N 应变数据采集分析系统进行测量。

主梁 $L/2$、$3L/8$ 测试截面钢箱梁表面应变,采用在钢箱梁表面粘贴标距为 2×3mm、阻值为 120Ω 的应变片,匹配 DH3819 无线静态应变测试系统进行。

索塔混凝土结构静态应变,采用粘贴标距为 3×100mm、阻值为 120Ω 的应变片,匹配 DH3821N 应变数据采集分析系统进行测量。

(3)梁端纵桥向位移测量

主梁梁端纵桥向位移采用在支座上贴标尺并设置指针,在试验过程中通过刻度读数反映梁端位移。在伸缩缝位置处设置位移校核观测点,在东西两侧塔伸缩缝位置处设置标记,在试验过程中采用测距设备直接测读标记位移。

(4)索塔纵桥向偏位测量

索塔纵桥向偏位测量采用高精度全站仪对塔顶进行三维坐标测量。分别在东、西两岸上、下游侧的永久性观测墩上架设仪器,预先在塔顶布设棱镜,在试验过程中分别测读每座塔柱的纵向位移变化量。

(5)主索鞍、散索鞍、索夹相对滑移观测

相对滑移采用在主索鞍、散索鞍、索夹位置设置标记,在试验过程中采用游标卡尺直接测读标记位移。在主索鞍及散索鞍与主缆交界位置处设置百分表,在试验过程中通过百分表读数反映相对滑移量。

(6)索力增量测试

吊索索力增量测试采用基于频率法的 JMM-268 索力动测仪进行测试。锚跨拉力增量测试采用 JMM-268 索力动测仪进行测试。

(7)锚碇位移

锚碇位移通过在锚室外侧上布置棱镜,采用全站仪进行测量。

(8)温度、风速测量

试验过程中,温度测试采用温度计对环境温度进行测量,在主梁控制位置利用手持式风速仪进行风向、风速测量。

2)加载过程控制

(1)为保证试验效果,最大限度地减小温度对试验的影响,两座桥梁静力荷载试验时间均安排在温度变化最小的 22:00 至 4:00 进行。

(2)本次试验荷载采用载重车充当,为防止结构产生意外损伤,静力荷载试验荷载分成 4 级加载、分 2 级卸载。

(3)在进行正式加载试验前,使用载重车对跨中进行预加载。预加载的目的是使结构进入正常的工作状态,使结构变形与荷载关系稳定;检验试验装置的可靠性。由于两座悬索桥结构巨大,为保证预加载能够达到预计效果,两座桥荷载试验预加载均采用最大试验车辆数的 1/4,且适当增加加载时长。

(4)预加载卸至零荷载,在结构得到充分的零荷恢复后,进入正式加载试验。正式加载试验分别按加载工况序号逐一进行,完成一个序号的加载工况后,使结构得到充分的零荷恢复后,进入下一序号的加载工况。结构零荷充分恢复的标志是:加载试验实测的结构最大变位测点在卸零荷后变位恢复最后一个 5min 的增量小于第 1 个 5min 增量的 15%。

5.2.6 试验结果

1) 钢箱梁挠度

以主梁 $L/4$ 截面挠度测试结果为例。在载位 1 工况七主梁 $L/4$ 截面最大挠度(中载)满载作用下控制截面实测挠度值平均值为 −2489mm,校验系数为 0.87,实测挠度值均小于理论计算值,表明主梁 $L/4$ 截面竖向刚度满足设计要求;卸载后,主梁 $L/4$ 截面各挠度测点的平均相对残余为 −1%,表明该截面在试验过程中处于较好的弹性工作状态。详细测试结果见表 5-3 和表 5-4 所示。

主梁 $L/4$ 截面各级加载挠度测试结果　　　　表 5-3

位置	测点号	初读(mm)	一级加载(mm)	偏载(mm)	三级加载(mm)	满载(mm)	卸载(m)	弹性值(mm)	相对残余(%)	计算值(mm)	校验系数
主梁 $L/4$ 断面 (C 测点)	R2	0	−737	−1445	−1954	−2486	29	−2515	−1	−2886	0.87
	M2	0	−620	−1253	−1881	−2485	30	−2515	−1	−2886	0.87
	L2	0	−496	−1066	−1811	−2497	30	−2527	−1	−2886	0.88
各测点平均值		0	−618	−1255	−1882	−2489	29	−2519	−1	−2886	0.87

主梁 $L/4$ 截面实测值与理论值对比　　　　表 5-4

加载等级	荷载效率	实测值(均值,mm)	理论值(mm)
初读	0	0	0
一级加载	0.25	−618	−721
偏载	0.49	−1255	−1443
三级加载	0.74	−1882	−2164
满载	0.99	−2489	−2886

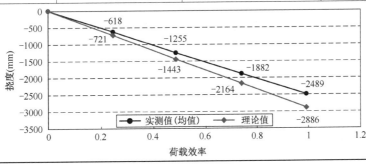

2) 钢箱梁应变

以主梁 $L/4$ 截面应变测试结果为例。在载位 1 工况一主梁 $L/4$ 截面最大正弯矩(中载)满载作用下,钢箱梁 C-C($L/4$)截面底板实测应变平均值为 $227\mu\varepsilon$,校验系数为 0.90,实测平均值小于计算值,说明该控制截面强度满足设计要求;卸载后,测试截面底板测点的平均相对残余应变为 −7.44%,表明 C-C 截面在试验过程中处于较好的弹性工作状态。载位 2 工况二主梁 $L/4$ 截面最大正弯矩(偏载)为载位 1 工况一主梁 $L/4$ 截面最大正弯矩(中载)工况的二级加载状态,各级加载实测主梁应变变化情况表明钢箱梁整体受力性能良好。详细测试结果见表5-5。

主梁 $L/4$ 截面各级加载应变测试结果　　　　　　　表5-5

位置		测点号	初读 （με）	一级加载 （με）	偏载 （με）	三级加载 （με）	满载 （με）	卸载 （με）	弹性值 （με）	相对残余 （%）	计算值 （με）	校验 系数
主梁 $L/4$ 断面	底板	A17	0	45	91	145	195	−19	214	−9.74	252	0.85
		A19	0	54	104	155	206	−19	225	−9.22	252	0.89
		A21	0	46	90	138	185	−21	206	−11.35	252	0.82
		A23	0	55	110	163	219	−10	229	−4.57	252	0.91
		A25	0	47	97	152	209	−2	211	−0.96	252	0.84
		A26	0	53	106	158	213	−2	215	−0.94	252	0.85
		A28	0	61	122	171	222	−25	247	−11.26	252	0.98
		A29	0	57	111	160	210	−34	244	−16.19	252	0.97
		A31	0	67	132	189	247	4	243	1.62	252	0.96
		A33	0	63	125	180	234	−13	247	−5.56	252	0.98
		A35	0	51	101	151	198	−23	221	−11.62	252	0.88
		A37	0	57	108	155	201	−19	220	−9.45	252	0.87
	平均值		0	55	108	160	212	−15	227	−7.44	252	0.90
	底板加劲梁	A16	0	49	101	158	215	3	212	1.40	225	0.94
		A18	0	52	108	168	220	4	216	1.82	225	0.96
		A20	0	55	114	177	221	9	212	4.07	225	0.94
		A22	0	58	121	185	212	−6	218	−2.83	225	0.97
		A24	0	61	127	192	211	−10	221	−4.74	225	0.98
		A27	0	48	100	149	202	−13	215	−6.44	225	0.95
		A30	0	65	115	168	217	−1	218	−0.46	225	0.97
		A32	0	63	121	171	212	−4	216	−1.89	225	0.96
		A34	0	65	124	170	220	2	218	0.91	225	0.97
		A36	0	61	117	165	213	3	210	1.41	225	0.93
		A38	0	54	111	163	213	1	212	0.47	225	0.94
	平均值		0	57	114	170	214	−1	215	−0.57	225	0.96
	顶板加劲肋	A1	0	−19	−35	−55	−67	6	−73	−8.96	−89	0.82
		A3	0	−25	−47	−64	−80	10	−90	−12.50	−101	0.89
		A5	0	−25	−48	−72	−91	6	−97	−6.59	−114	0.85
		A7	0	−25	−50	−75	−99	12	−111	−12.12	−126	0.88
		A9	0	−28	−50	−74	−96	13	−109	−13.54	−126	0.87
		A11	0	−31	−51	−73	−94	12	−106	−12.77	−114	0.93
		A13	0	−25	−38	−55	−81	9	−90	−11.11	−101	0.89
		A15	0	−18	−34	−55	−67	8	−75	−11.94	−89	0.84
	顶板	A2	0	−21	−40	−65	−90	6	−96	−6.67	−118	0.81
		A4	0	−22	−48	−75	−100	8	−108	−8.00	−130	0.83
		A6	0	−34	−64	−89	−116	10	−126	−8.62	−143	0.88
		A8	0	−34	−65	−96	−126	15	−141	−11.90	−159	0.89
		A10	0	−30	−55	−87	−117	11	−128	−9.40	−143	0.90
		A12	0	−25	−45	−74	−101	9	−110	−8.91	−130	0.84
		A14	0	−16	−40	−60	−89	4	−93	−4.49	−118	0.79

3) 索塔塔身断面

在载位 7 工况十五塔底弯矩试验荷载满载作用下,东莞侧索塔(E-E 断面)塔底左右侧塔柱各点实测应变校验系数介于 0.71~0.91 之间,实测值均小于计算值,东莞侧索塔左右塔柱受拉侧应变平均值为 20με,平均应变校验系数为 0.87,说明该控制截面强度满足设计要求;卸载后,测试截面测点的最大相对残余应变为 13.64%,东莞侧索塔左右塔柱受拉侧测点平均相对残余为 9%,表明 E-E 截面在试验过程中处于较好的弹性工作状态。详细测试结果见表 5-6 和表 5-7 所示。

东莞侧索塔左塔柱截面各级加载应变测试结果　　　表 5-6

位置		测点号	初读 (με)	一级加载 (με)	偏载 (με)	三级加载 (με)	满载 (με)	卸载 (με)	弹性值 (με)	相对残余 (%)	计算值 (με)	校验系数
东莞侧索塔左塔柱塔底截面	受拉侧	TL1	0	4	8	14	23	3	20	13.04	23	0.87
		TL2	0	3	7	15	22	2	20	9.09	23	0.87
		TL3	0	3	7	13	22	1	21	4.55	23	0.91
		TL4	0	3	7	13	22	2	20	9.09	23	0.87
		TL5	0	2	8	14	22	1	21	4.55	23	0.91
	右侧面	TL6	0	3	5	9	12	1	11	8.33	15	0.71
		TL7	0	0	−1	−1	−2	0	−2	—	−4	—
		TL8	0	−7	−12	−17	−22	−1	−21	4.55	−24	0.87
	受压侧	TL9	0	−6	−12	−19	−26	−1	−25	3.85	−32	0.79
		TL10	0	−5	−11	−18	−27	−3	−24	11.11	−32	0.76
		TL11	0	−4	−10	−17	−27	−2	−25	7.41	−32	0.79
		TL12	0	−4	−10	−17	−27	−1	−26	3.70	−32	0.82
		TL13	0	−4	−10	−18	−30	−3	−27	10.00	−32	0.85
	左侧面	TL14	0	−2	−6	−15	−21	0	−21	0.00	−24	0.87
		TL15	0	0	−1	−1	−2	−1	−1	—	−4	—
		TL16	0	2	5	8	13	1	12	7.69	15	0.78

东莞侧索塔右塔柱截面各级加载应变测试结果　　　表 5-7

位置		测点号	初读 (με)	一级加载 (με)	偏载 (με)	三级加载 (με)	满载 (με)	卸载 (με)	弹性值 (με)	相对残余 (%)	计算值 (με)	校验系数
东莞侧索塔右塔柱塔底截面	受拉侧	TR1	0	5	9	13	23	3	20	13.04	23	0.87
		TR2	0	5	9	12	22	3	19	13.64	23	0.83
		TR3	0	5	8	13	21	2	19	9.52	23	0.83
		TR4	—	—	—	—	—	—	—	—	23	—
		TR5	0	4	8	12	20	−1	21	−5.00	23	0.91
	右侧面	TR6	0	4	6	10	13	−1	14	−7.69	15	0.91
		TR7	0	0	−1	−2	−2	0	−2	—	−4	—
		TR8	0	−8	−13	−17	−23	−1	−22	4.35	−24	0.91
	受压侧	TR9	0	−8	−13	−22	−30	−2	−28	6.67	−32	0.88
		TR10	0	−8	−15	−22	−30	−3	−27	10.00	−32	0.85
		TR11	0	−7	−14	−23	−28	0	−28	0.00	−32	0.88
		TR12	0	−7	−14	−21	−27	1	−28	−3.70	−32	0.88
		TR13	0	−8	−16	−24	−30	−1	−29	3.33	−32	0.91
	左侧面	TR14	0	−3	−9	−16	−20	−2	−18	10.00	−24	0.74
		TR15	0	0	−1	−2	−2	−1	−1	—	−4	—
		TR16	0	4	7	9	12	1	11	8.33	15	0.71

4）索塔纵桥向偏位

在载位7工况十四塔顶纵向水平位移试验荷载满载作用下，东莞侧索塔纵向偏位实测值的平均值为141mm，塔顶偏位方向为广州方向，校验系数为0.99，实测值小于计算值，说明桥塔纵向刚度满足设计要求。详细测试结果见表5-8所示。此外，在载位7作用下同时观测广州侧桥塔的各级加载偏位值，广州侧索塔纵向偏位实测值的平均值为111.5mm，方向为东莞方向，各级加载塔顶偏位值与理论计算结果吻合度良好。详细测试结果见表5-9所示。

东莞侧桥塔纵向偏位各级加载测试结果　　　　　　　　　　　　　　表5-8

位置	测点号	初读 mm	一级加载（mm）	偏载（mm）	三级加载（mm）	满载（mm）	卸载（m）	弹性值（mm）	相对残余（%）	计算值（mm）	校验系数
东莞侧塔	E-L	0	-25	-46	-94	-136	6	-142	-5	-143	0.99
（h测点）	E-R	0	-50	-86	-107	-134	6	-140	-4	-143	0.98
东莞塔平均值		0	—	—	—	-135	6	-141	-4	-143	0.99

广州侧桥塔纵向偏位各级加载观测结果（单位：mm）　　　　　　　　表5-9

位置	测点号	一级加载	偏载	三级加载	满载	计算值
广州侧塔	W-L	14	45	80	113	114
（h测点）	W-R	38	74	92	110	114

5）钢箱梁纵桥向位移

在载位1工况十三箱梁梁端最大纵桥向位移试验荷载满载作用下，广州侧钢箱梁纵向位移平均值为475mm，箱梁位移方向为广州方向，校验系数为0.74，实测值均小于计算值，说明钢箱梁纵向工作性能符合设计要求。详细测试结果见表5-10和表5-11所示。

广州侧梁端纵向位移各级加载测试结果　　　　　　　　　　　　　　表5-10

位置	测点号	初读 mm	一级加载（mm）	偏载（mm）	三级加载（mm）	满载（mm）	卸载（m）	弹性值（mm）	相对残余（%）	计算值（mm）	校验系数
广州侧	Z1	0	-58	-183	-315	-441	33	-474	-7	-641	0.74
塔支座	Y1	0	-63	-190	-316	-444	32	-476	-7	-641	0.74
广州侧平均值		0	—	—	—	-443	32	-475	-7	-641	0.74

广州侧梁端纵向位移实测值与理论值对比　　　　　　　　　　　　　表5-11

加载等级	荷载效率	实测值（均值mm）	理论值（mm）
初读	0	0	0
一级加载	0.23	-60.5	-160
偏载	0.46	-186.5	-321
三级加载	0.68	-315.5	-481
满载	0.91	-442.5	-641

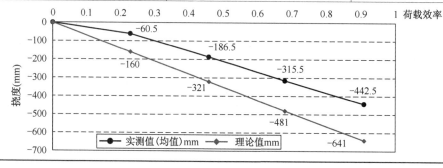

6) 索力增量

在载位 1 工况十七吊索活载索力最大增量试验荷载作用下,主梁 $L/4$ 断面附近的 L/R-23 号吊索实测索力增量如表 5-12 所示,单根吊索索力增量均小于设计值,表明吊索工作性能满足设计要求。在载位 7 工况十六主缆锚跨拉力最大增量试验荷载作用下,主缆锚跨索股实测索力增量如表 5-13 所示,索股张力增量均小于设计值,表明主缆工作性能满足设计要求。

吊索索力增量测试结果(单位:kN)　　　　　　　　　表 5-12

位置	测 点 号	初读	一级加载	偏载	三级加载	满载	卸载	弹性值	计算值
L-23 号吊索	L-23 号小里程索	902	942	957	1050	1151	916	475	482
	L 23 号大里程索	901	942	956	1076	1146	906		
R-23 号吊索	R-23 号小里程索	873	929	969	1023	1055	870	358	482
	R-23 号大里程索	932	972	1006	1060	1097	923		

主缆锚跨索股索力增量测试结果(单位:kN)　　　　　　　　　表 5-13

位置	测 点 号	初读	偏载	满载	卸载	弹性值	计算值
东莞锚碇左锚室	43 号索股	1493	1510	1578	1489	437	660
	58 号索股	1553	1581	1639	1550		
	73 号索股	1537	1564	1624	1534		
	50 号索股	1504	1536	1580	1497		
	65 号索股	1537	1575	1619	1534		
广州锚碇左锚室	43 号索股	1708	1770	1813	1705	607	660
	58 号索股	1708	1734	1811	1668		
	73 号索股	1675	1695	1807	1666		
	50 号索股	1697	1733	1803	1697		
	65 号索股	1664	1697	1769	1660		

7) 主缆变形

以主缆 $L/4$ 截面变形观测结果为例。在载位 1 满载作用下主缆 $L/4$ 截面实测挠度值平均值为 -2488mm,各点实测挠度值均小于理论计算值,主缆加载变形曲线平顺,缆梁协同受力性能良好,实测变形规律符合结构受力特征;详细观测结果见 5-14 所示。

主缆 $L/4$ 截面竖向挠度各级加载观测结果(单位:mm)　　　　　　　　　表 5-14

位置	测点号	一级加载	偏载	三级加载	满载	计算值
主缆 $L/4$ 截面(d 测点)	L-23	-488	-1045.7	-1810.9	-2496	-2865
	R-23	-749	-1463	-1950	-2479	-2865
各测点平均值		—	—	—	-2488	-2865

8) 主索鞍、散索鞍、索夹相对滑移

在试验荷载作用下各主索鞍与主缆相对滑移量介于 0~0.182mm 之间,残余值最大为 0.109mm,表明主索鞍未发生明显相对滑移;由于东莞侧鞍室使用百分表测读,广州侧鞍室使用游标卡尺测读,两侧鞍室内主索鞍相对滑移的观测精度不一致,观测结果有所差异,但不影响观测结论。详细观测结果见表 5-15 所示。

各试验工况主索鞍相对滑移观测结果(单位:mm)　　表 5-15

位置	测点号	载位 1		载位 3		载位 5		载位 7	
		变化值	残余值	变化值	残余值	变化值	残余值	变化值	残余值
东莞侧	左鞍室	0.071	0.005	0.089	0.019	0.072	0.002	0.171	0.109
	右鞍室	0.143	0.002	0.148	0.039	0.108	0.005	0.182	0.098
广州侧	左鞍室	0.12	0.03	0.09	−0.02	0.53	0.31	0.62	0.20
	右鞍室	−0.08	−0.16	−0.01	−0.16	0.66	0.63	0.41	0.29

注:滑移方向为向跨中方向。

在试验荷载作用下各散索鞍与主缆相对滑移量介于 0~0.285mm 之间,残余值最大为 0.04mm,表明散索鞍未发生明显相对滑移;由于东莞侧锚碇使用百分表测读,广州侧锚碇使用游标卡尺测读,两侧锚碇散索鞍相对滑移的观测精度不一致,观测结果有所差异,但不影响观测结论。详细观测结果见表 5-16 所示。

各试验工况散索鞍相对滑移观测结果(单位:mm)　　表 5-16

位置	测点号	载位 1		载位 3		载位 5		载位 7	
		变化值	残余值	变化值	残余值	变化值	残余值	变化值	残余值
东莞侧	左锚碇	0.161	0.003	0.213	0.007	0.231	0.010	0.285	0.028
	右锚碇	0.180	0.003	0.230	0.012	0.250	0.008	0.282	0.025
广州侧	左锚碇	0.04	0.00	0.03	0.00	0.00	0.00	0.00	0.00
	右锚碇	0.07	0.04	0.07	0.02	0.03	0.02	0.02	0.00

注:滑移方向为向跨中方向。

在荷载试验前对靠近索塔处索夹设置标记,在主要试验荷载作用下,未发现索夹标记位置处存在相对滑移痕迹,表明索夹未发生相对滑移。

9) 风速及温度

本次荷载试验过程中,对环境温度及桥面风速进行了观测,具体观测结果见表 5-17。

荷载试验试验历程记录表　　表 5-17

载位	加/卸载	时间	环境温度(℃)	风速(m/s)
载位 1 (主梁 $L/4$)	初读	3月13日 1:28	18.2	1.15
	一级加载	3月13日 2:00	18.2	
	偏载	3月13日 2:44	18.2	
	三级加载	3月13日 3:10	18.2	
	满载	3月13日 3:43	18.2	
	卸载	3月13日 5:00	17.0	

续上表

载　位	加/卸载	时　间	环境温度(℃)	风速(m/s)
载位3 (主梁3L/8)	初读	3月12日21:09	20.4	1.24
	一级加载	3月12日21:40	20.0	
	偏载	3月12日22:10	19.8	
	三级加载	3月12日22:49	19.4	
	满载	3月12日23:20	19.0	
	卸载	3月13日1:25	18.2	
载位5 (主梁L/2)	初读	3月10日22:35	16.0	1.72
	一级加载	3月10日23:18	16.0	
	偏载	3月10日23:55	15.8	
	三级加载	3月11日0:44	15.2	
	满载	3月11日1:31	15.2	
	卸载	3月11日4:00	15.0	
载位7 (塔偏)	初读	3月11日22:30	18.6	1.29
	一级加载	3月11日23:35	18.0	
	偏载	3月12日0:21	17.8	
	三级加载	3月12日1:32	17.2	
	满载	3月12日2:17	16.0	
	卸载	3月12日4:42	16.0	

5.3　动　载　试　验

桥梁动力荷载试验的目的在于研究桥梁结构的动力性能,该性能是判断桥梁营运状况和承载能力的重要指标。试验测试包括结构的固有振动特性测试(振型、振动频率、阻尼比)、关键截面的动力响应特征及冲击系数等。动力系数是确定车辆荷载对桥梁动力作用的重要技术参数,直接影响到桥梁设计的安全与经济性能,桥梁过大的振动会引起乘客和行人的不舒适。当桥梁自振频率处于某些范围时,可由外荷载(包括车辆荷载、行人、地震、风载等)引起共振的危险。

5.3.1　试验内容

1) 振动特性测试

通过测量索塔、加劲梁和吊索等结构构件的环境振动响应,识别各桥整体振动的动力特性参数,包括振型振动频率和振型。测定获得的振型需反映桥梁结构的竖向、横向和纵向三个方向的振动形态,获得各向弯曲振型和扭转振型。

2）行车试验

桥梁行车试验主要包括无障碍行车试验、有障碍行车试验。根据试验测取桥跨结构在车辆通过时的动应变等动力反应，分析桥跨结构在正常运行车辆荷载作用下的动力响应，确定桥梁的运营条件。

5.3.2 测试断面与测点布置

1）振动特性测试

桥梁振动特性试验的主要内容是通过测试主梁、索塔的环境振动响应，识别坭洲水道桥、大沙水道桥整体振动的动力特性参数，包括自振频率、振型，桥自振特性测试结果可以反映大桥的竖向、横向和纵向三个方向的振动形态，即主梁和索塔的各向弯曲振型和扭转振型。

根据桥梁结构理论计算振型图，主梁测试断面布置在纵桥向十六等分点位置，每侧分上下游两条测线布置测点，主塔测试断面布置在塔顶、塔身及横梁上，主缆测试断面布置在主缆 $L/2$、$L/4$ 及 $3L/4$ 断面上，详细测点布置见图 5-18～图 5-21。

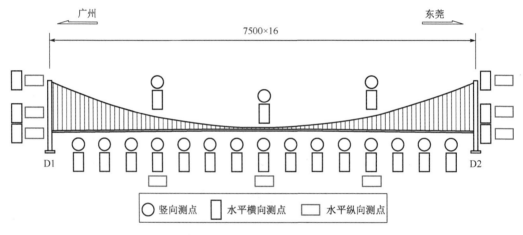

图 5-18 桥梁自振特性试验测点布置示意图（尺寸单位：cm）

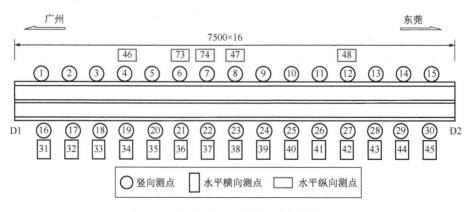

图 5-19 主梁测点布置示意图（尺寸单位：cm）

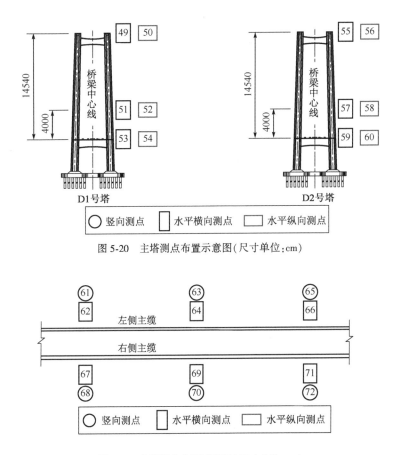

图 5-20 主塔测点布置示意图(尺寸单位:cm)

图 5-21 主缆测点布置示意图(尺寸单位:cm)

大沙水道桥结构跨度较大、振动基频低,因此测试采用低频无线动力测试系统,并在试验前对该测试系统进行了专项校准,校准的频率范围为 0.02~1.0Hz。实测结果表明,两座桥梁各阶自振频率实测值均大于或接近理论计算值,表明结构实际刚度接近理论刚度。

2) 行车试验

冲击系数是桥面平整度、车—桥耦合振动等相关的随机变量,单次试验的随机性较大、影响试验评价的客观性,因此每个车速工况重复 2 次试验。

(1) 无障碍行车试验

在桥面无任何障碍的情况下采用载重汽车按对称情形,以 10km/h、20km/h、30km/h、40km/h 车速驶过桥跨结构,测定桥跨结构在运行车辆荷载作用下的动力反应,并计算冲击系数。

(2) 有障碍行车试验

在桥梁跨中截面处设置障碍物情况下,采用载重汽车按对称情形,以 10km/h、20km/h 的速度驶过桥梁结构,测定桥跨结构在桥面不良状态时运行车辆荷载作用下的动力反应。通过测试桥跨结构在动荷载作用下的应变时程曲线,并通过分析得出桥跨的最大动应变及冲击系数。

3) 测试断面及测点布置

如图 5-22 和图 5-23 所示,大沙水道桥动应变测试断面布置在主梁 $L/4$ 断面及 $L/2$ 断面。

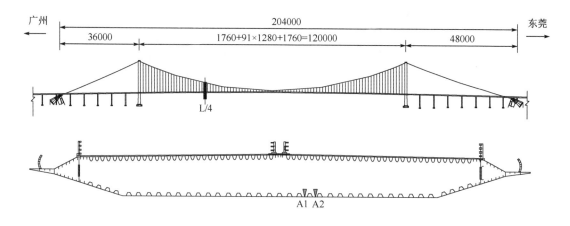

图 5-22 动应变测试断面及测点布置示意图(尺寸单位:cm)

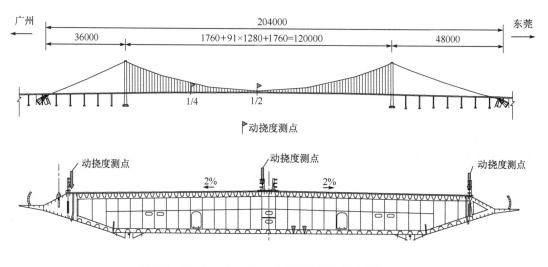

图 5-23 动挠度测试断面及测点布置示意图(尺寸单位:cm)

5.3.3 测试方法

1) 桥梁自振特性试验

桥梁自振特性采用天然脉动试验法(环境随机激振法)进行。由于本桥自振频率较低,为保证本次动载试验的精度及可靠性,测试系统采用中国地震局工程力学研究所生产的低频响应较好,灵敏度较高的 991B 型拾震器、北京东方振动与噪声技术研究所研制的 INV3062 T0 采集仪以及 DASP V10 分析软件进行动态测试数据采集及后期分析处理。测试仪器如图 5-24 所示。

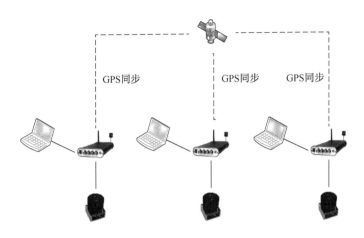

图 5-24 采集系统示意图

2) 行车(无障碍和有障碍)试验

(1) 动挠度测试

对控制截面的动挠度采用封闭式连通管进行测试。

(2) 动态应力(应变)测试

钢箱梁动态应力(应变)测试采用粘贴标距为 $2\times 3mm$、阻值为 120Ω 的应变片,匹配 DH5908 无线遥测动态应变测试分析系统进行测试。

在测记桥跨结构振动响应信号完整,信号测记长度足够,照顾到各测记通道的动态范围,测记时动响应信号的质量良好。

5.3.4 试验结果

1) 桥梁自振特性

动载试验分析结果如表 5-18 所列,各阶自振频率实测值均大于理论计算值,表明结构实际刚度大于理论刚度,前五阶实测各阶振型见图 5-25。

桥梁自振特性试验测试结果表 表 5-18

阶次	振型描述	实测频率(Hz)	理论频率(Hz)	阻尼比(%)
1	主梁一阶对称横弯	0.070	0.059	5.760
2	主梁一阶反对称竖弯	0.113	0.080	3.348
3	主梁一阶对称竖弯	0.136	0.126	1.753
4	主梁二阶对称竖弯	0.185	0.169	0.707
5	主梁二阶反对称竖弯	0.217	0.200	2.129
6	主梁三阶对称竖弯	0.286	0.263	0.861
7	主梁一阶扭转	0.300	0.290	0.518
8	主梁三阶反对称竖弯	0.351	0.330	1.603
9	主梁四阶对称竖弯	0.430	0.406	0.682

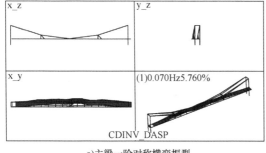

a) 主梁一阶对称横弯振型

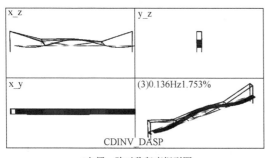

c) 主梁一阶对称竖弯振型图

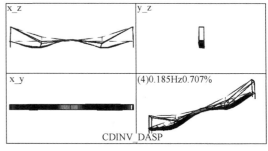

b) 主梁一阶反对称竖弯振型

d) 主梁二阶对称竖弯振型图

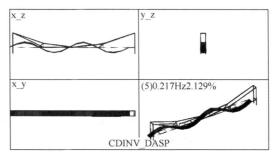

e) 主梁二阶反对称竖弯振型图

图 5-25 大沙水道桥前五阶实测振型

2) 动应变

钢箱梁 $L/4$ 截面在各个工况下最大动应变在 34.32 至 41.00$\mu\varepsilon$ 之间，实测冲击系数在 1.0048~1.0279 之间。详细测试结果见表 5-19，实测应变时间曲线如图 5-26 所示。

主梁 $L/4$ 截面动应变测试结果　　　　　　　　　　表 5-19

序号	车速(km/h)	测 点 号	最大动应变($\mu\varepsilon$)	冲击系数($1+\mu$)
1	10(无障碍)	A1	40.19	1.0088
		A2	34.93	1.0048
2	20(无障碍)	A1	40.33	1.0100
		A2	35.70	1.0057

续上表

序号	车速(km/h)	测 点 号	最大动应变($\mu\varepsilon$)	冲击系数($1+\mu$)
3	30(无障碍)	A1	38.25	1.0120
		A2	34.32	1.0110
4	40(无障碍)	A1	41.00	1.0181
		A2	36.47	1.0119
5	10(有障碍)	A1	40.58	1.0242
		A2	35.44	1.0279
6	20(有障碍)	A1	40.05	1.0235
		A2	35.52	1.0234

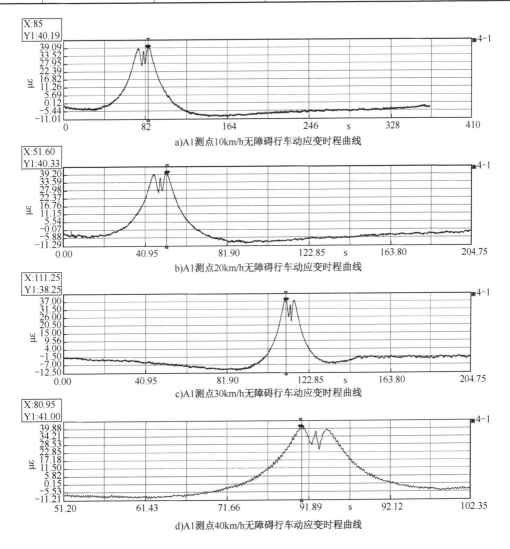

a) A1测点10km/h无障碍行车动应变时程曲线

b) A1测点20km/h无障碍行车动应变时程曲线

c) A1测点30km/h无障碍行车动应变时程曲线

d) A1测点40km/h无障碍行车动应变时程曲线

图 5-26

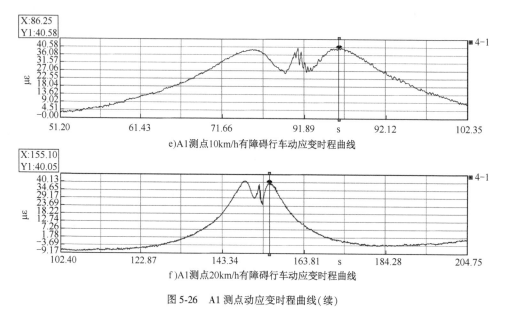

e) A1测点10km/h有障碍行车动应变时程曲线

f) A1测点20km/h有障碍行车动应变时程曲线

图 5-26 A1 测点动应变时程曲线（续）

5.4 试验结论

5.4.1 静载试验

通过对大沙水道桥静载试验结果的研究分析，可以得出以下几方面结论：

（1）大沙水道桥静载试验应变及挠度测试项目荷载效率介于 0.61～1.03 之间，根据本次荷载试验方案评审会专家组意见，试验荷载所产生的效应可反映设计规范基本可变荷载效应的特征。

（2）实测的主梁控制截面竖向挠度平均校验系数在 0.87～0.90 之间，实测值均小于或接近计算值，表明主梁各测试断面竖向刚度能够满足设计要求；实测的相对残余变形均小于 20%，满足规范限值要求，表明主梁在试验过程中处于较好的弹性工作状态；在典型工况试验荷载作用下，全桥挠曲线平顺，挠度变化符合结构受力特点。

（3）实测的主梁控制截面应变平均校验系数在 0.86～0.98 之间，实测值小于或接近计算值，表明主梁控制断面强度能够满足设计要求；实测的相对残余应变均小于 20%，满足规范限值要求，表明主梁在试验过程中处于较好的弹性工作状态。

（4）主梁纵向位移校验系数为 0.74，实测值小于计算值，表明结构纵向刚度满足设计要求。

（5）实测的塔顶纵向偏位校验系数为 0.99，实测值小于计算值，表明桥塔刚度满足设计要求。

（6）实测的索塔控制截面左右塔柱受拉侧应变平均校验系数为 0.87，实测值均小于计算值，表明桥塔控制断面强度能够满足设计要求；实测的相对残余应变均小于 20%，表明索塔在试验过程中处于较好的弹性工作状态。

(7)实测的吊索索力及主缆锚跨拉力增量小于计算值,表明吊索及主缆工作性能满足设计要求。

(8)典型试验工况作用下,索夹、主索鞍、散索鞍观测结果表明:索鞍及索夹未发生明显的相对滑移现象。

(9)试验过程中结构处于正常的工作状态,未见异常情况,未发现新增结构性损伤等情况。

5.4.2 动载试验

大沙水道桥各阶振型的实测频率均大于相应的理论计算值,说明结构动刚度指标良好。

5.4.3 小结

试验结果表明,目前大沙水道桥结构总体受力特征与理论计算基本一致,各控制截面变形、应变实测值小于或接近计算值,满足《公路桥梁荷载试验规程》(JTG/T J21-01—2015)的相关要求,结构静力、动力各项指标良好。

综上所述,大沙水道桥满足设计荷载公路-Ⅰ级《公路桥涵设计通用规范》(JTG D60—2004)的要求。

第6章 运维系统

6.1 运营期间结构安全监测与养护管理系统概述

南沙大桥两座悬索桥基于特大型桥梁"精细化、专业化、信息化、标准化"监管养护理念,秉承"专业养护、综合评估"的特大型桥梁辅助管养方式,在大桥运营期研发设计构建集"监测、巡检、管理、养护"技术手段于一体的桥梁监管养护平台,在建设期同步安装各监测项目的各类监测设备。

6.1.1 系统构建的目的

该系统构建的目的有以下4个方面。

(1)坚持以"全寿命周期内的桥梁的安全监管和养护"为目标,从大桥建设开始建立全寿命期"数字化、信息化、专业化"桥梁电子档案,通过采取"预防式"监管养护手段使大桥及其附属设施处于较高的服务水平;

(2)定制并规范桥梁全寿命期的养护维修,力求进行主动管养,辅助大桥管养者制定预防性、高效、经济、合理的养护措施,延长桥梁的安全使用寿命,努力达到100年的设计使用寿命;

(3)及时感知桥梁,尽早发现桥梁结构自身及行车所面临的危险状况,在桥梁结构危险萌芽阶段发出预警,及时采取应急管理措施,避免桥梁整体或局部灾难性安全事故发生;

(4)收集桥梁自然环境和结构响应参数,为类似结构设计、建设、养护技术的可持续发展和国家及行业监管养护规范或标准的制定提供技术支撑。

6.1.2 系统内容与范围

南沙大桥结构监测系统是一个庞大的系统工程,其核心任务是获得环境荷载以及结构的响应、局部损伤等信息,在对监测信息进行综合评估的基础上获得行车和结构的双重安全状态信息,为结构高质量的安全、高效、经济运营提供成套技术支持。南沙大桥项目结构安全监测及养护管理系统由5个子系统组成,包括自动化传感测试子系统、养护管理子系统、结构安全预警评估子系统、数据管理子系统、用户界面子系统。

1)自动化传感测试子系统

(1)传感器

通过传感器将各类监测信号转换为电(光)信号。

(2)数据采集与传输

将监测信号转换为数字信号并完成远程传输。

(3)数据处理与管理

将监测信号进行预处理以及二次处理以向其他子系统提供有效的信息源或力学指标,根据需要设定程序控制监测参数的采集。

2) 养护管理子系统

制订各桥的巡检体制以及巡检养护手册,并要求运营期根据手册设定的结构巡检任务,安排人员设备进行定时、定量、程序化的系统巡检,完成巡检的管理、记录、归档、分析和评估等工作。

3) 结构预警与评估

根据监测数据进行结构状态与损伤识别,并综合识别的结果以及巡检结果对桥梁结构的安全使用状况进行评估。包括结构评估识别子系统和结构安全控制辅助决策子系统。

4) 数据管理子系统

通过该子系统可实现整个健康监测所有数据的平台管理工作,完成数据的归档、查询、存储等操作,在系统全寿命期内统一组织与管理数据信息,为系统维护与管理提供便利,也为各应用子系统提供可靠的分布式数据交换与存储平台,方便开发与使用。

5) 用户界面子系统

用户界面子系统是各子系统数据的支撑系统,将各种数据向用户展示,并且接受用户对系统的控制与输入。

6.2 系统设计

6.2.1 总体架构

南沙大桥结构安全监测与养护管理系统基于特大桥数值计算分析、传感器、互联网+、物联网、计算机和大数据技术,考虑大桥运营期管养和运营期结构安全监测两阶段任务,构建桥梁"建、管、养"一体化平台,目标是服务于桥梁的现代化、信息化、专业化、数字化、标准化建设与管养,减少或降低桥梁灾难性事故发生的概率,保障桥梁的建设和运营结构安全。

根据总体设计目标,本项目桥梁结构健康监测系统基于自动化监测技术与养护管理系统平台,以期达到如下主要目的和目标。

(1) 涵盖桥梁全寿命期的"大养护"理念。特大型桥梁对公路通行和安全具有重要意义,借鉴欧美国家的现代养护理念,将我国传统通车后的"检查、维修"延伸至"建、管、养、查、评、修、研"的整个过程。

(2) 力学状态的改变通过自动化监测系统来进行监测并获取数据和信息,遵循"静力为主、动力为辅"的原则,主要通过电子化人工巡检的手段进行桥梁病害的检查和检测,建立基于桥梁构件电子化编码及三维可视化的电子化人工巡检系统。

(3) 借鉴欧美日现代桥梁养护技术和"预防性"养护理念,将自动化监测和养护管理技术相结合,提高养护和维修工作的效率,实现全寿命期桥梁养护费用的最优。

6.2.2 自动化传感测试子系统

整个结构安全监测系统是通过外场(大桥现场)布设的各类型传感器感知监测构件的实

际状态，采集到的数据通过采集传输模块传送至沙田管理中心的数据库服务器上，进而做数据的存储与分析，自动化传感测试子系统框架如图 6-1 所示。

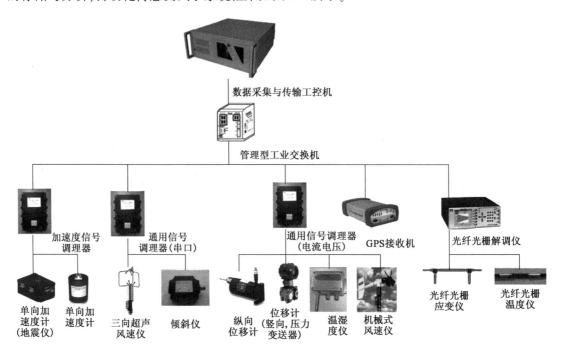

图 6-1 自动化传感测试子系统框架

1）监测项原则

结构安全监测重点监测内容的监测项目可划分为荷载源和结构响应两大部分，其确定的总体原则如下。

（1）根据大桥各类结构构件在结构安全中的重要性和构件的易损性。

（2）根据桥梁所处的地理环境和气候环境特点，确定对大桥结构受力影响的因素。

（3）从结构状态评估的需要和运营养护管理需求出发，为未来进行状态识别和结构安全评判做技术准备。

（4）对大桥的特殊结构要重点监测。

（5）根据大桥特点、资金投入和经济性，将实时监测与定期监测相结合。

2）监测项目

基于设计文件并根据上述原则，结合桥址区运营环境特点和结构受力特性与构造特点，监测项目可划分为荷载源、结构响应两大部分。

（1）荷载源

荷载源包括风荷载、环境温湿度、地震和船撞、结构温度等。

（2）结构响应

结构静力特性监测项包括关键代表性构件受力（吊索力）、控制点的空间变位状况（主缆、加劲梁和索塔的空间变位情况）。

结构动力特性监测项包括桥梁主缆、索塔、加劲梁、吊索构件的固有动力特性监测与分析以及地震、船撞振动响应。

结构局部的应力应变包括主梁关键截面的应力应变以及温度响应。

自动化传感测试子系统的监测项目及测点规模见表6-1。

监测项目与传感测点数量一览表　　　　表6-1

监测项目	传感器类型	单位	坭洲水道桥监测点数	大沙水道桥监测点数
风	三向风速仪	个	2	2
	螺旋桨式风速仪	个	2	2
温湿度	温湿度仪	个	13	12
地震动、船撞	三向加速度计	个	2	2
结构温度	光纤光栅温度计	个	32	32
结构应变	光纤光栅应变计	个	32	32
主梁扭转	倾斜仪	个	4	3
梁端位移	位移计	个	4	4
吊索振动及索力	索振动单向加速度计	个	18	8
结构振动	结构振动加速度计	个	16	13
结构空间变形	GNSS	个	13+1（1台为基准站）	10+1（1台为基准站）
合计		个	139	121

6.2.3 养护管理平台

公路桥梁作为特殊结构物,对公路通行和安全具有特殊的重要意义。在特大型悬索桥养护中推行"现代新技术养护"理念,将传统通车后的"检查、维修"延伸至"建、管、养、查、评、修、研"的整个过程,可从以下五个方面着手：

(1)在建设过程中,通过在桥梁设计中基于"可到达、可维护"的"管养设计"的理念,通过监测巡检管理系统的设计在设计建设期间反哺设计,实现巡检通道的完善和优化,达到未来百年养护过程中桥梁各部件"易达、易检、易修、易换"的目标。

(2)在管理方面,选择合适的养护模式,建立完善的养护制度(养护规划、养护手册、应急预案、养护标准、养护定额等),并在大桥建设期初设计构建信息化的养护管理体系系统。

(3)基于传统的桥梁保养技术成果,转"被动事后"到"主动预防"养护为主,突出机械化、信息化的科技养护手段。

(4)在日常管理监测检测方面,特别重视自动化监测系统的使用,并强调人工巡检数据和自动化采集数据的同平台管理及利用。

(5)桥梁评定时,不仅进行技术状况评定,还要大力推行涵盖钢结构疲劳、索结构振动、索结构腐蚀等重要方面的专项评估,形成"专业养护、综合评估"的现代桥梁养管方式,并陆续形成针对性的桥梁养护标准或指南。

南沙大桥养护管理系统是在中交已有监控监测系统使用效果基础上,取其精华,并结合中国养护规范、交通部的检查制度以及广东省交通厅的通用上报格式和内容,依据《公路桥涵养护规范》(JTG H11—2004),按规范规定的桥梁构件划分、病害类型、巡检制度、评定标准等要求而编制的。

6.3 系统开发

南沙大桥项目运营期结构安全监测及养护管理系统作为一个完整的结构安全监测管理系统,要经历施工图设计、系统软件开发、北京工厂总中心监造和测试、南沙大桥现场实施、系统联合调试及试运行和2年缺陷责任期维护等环节;各环节的质量直接关系到系统构建的成败。

项目组经过设计后主要分为三条主线同步进行系统的实施。第一条主线在南沙大桥项目现场,负责项目部的管理、现场工程施工和软件需求分析等环节;第二条主线在工厂中心,根据本项目特点设置北京总工厂中心,主要负责设备采购、试验,机柜装配,软硬件测试等工作;第三条主线在北京软件研发中心,负责软件开发和配合工厂中心和南沙大桥项目现场进行软硬件调试、测试的工作。

6.3.1 施工图设计阶段

施工图设计阶段的任务有5项。
(1)项目建设资料的收集、整理,归档,为初步设计提供实际依据;
(2)现场实际勘察,对系统施工图进行初步设计;
(3)对系统施工图初步设计进行审查、修改;
(4)进行系统施工图优化设计;
(5)对系统设计组织施工图设计审查。

6.3.2 准备阶段

准备阶段要实现软件开发、工厂中心监造和测试、小系统集成测试优化调整、监测设备测试和标校、系统模拟环境软硬件测试的目标,其具体过程如下:

1)软件开发

结构安全监测与综合管养软件开发包括需求分析、概要设计、详细设计、编码测试、安装部署。为了确保每个软件质量,软件组按5个方面内容编写文档。
(1)软件需求规格说明书(SRS);
(2)软件设计说明书(SDD);
(3)软件测试报告(STR);
(4)用户手册(SUM);
(5)源程序清单(SCL)。

2)工厂中心监造和测试

为了后期的工作能够更加有条不紊地进行,同时也是出于对桥梁安全的考虑,需要进行工厂中心监造和测试,该阶段主要从以下5方面进行。
(1)进行小系统集成测试优化调整;
(2)对设备进行采购;
(3)对材料配件进行测试试验;

(4) 对监测设备进行测试、标校；
(5) 进行模拟环境软硬件测试。

3) 小系统集成测试优化调整

在大系统进行集成实施前，需要搭建小系统测试环境，对系统的传感器、数据采集器、软件等进行全套小系统集成测试优化，提前验证检验大系统集成的可行性，判断大系统集成的重点和难点，并对系统设计时候的方案进行相应的优化调整，为未来的大系统集成铺路。

4) 监测设备测试和标校

为了深入了解每一种传感器的性能，深入了解每一种采集器、交换机的性能，深入了解系统集成的软硬件匹配情况，需要对监测系统进行单项和总体测试。在实验室通过各种先进的仪器和软件，对系统的每一个环节进行测试，以达到系统集成精益求精的目标。

5) 系统模拟环境软硬件测试

系统模拟环境软硬件测试由桥梁模型、各种专业分析软件、实验室结构安全监测测试综合软件和分析系统组成进行功能性测试、硬件统一测试和软件统一测试等。

6.3.3 系统联合调试

1) 调试阶段划分

调试阶段按时间顺序划分为 5 个阶段。
(1) 传感器调试——确保传感器正常，用万用表、便携式光纤光栅解调仪测量得到数据；
(2) 传输线路调试——用网络分析仪确保光纤链路正常；
(3) 设备调试——确保仪表运行正常；
(4) 软件调试——获取数据和传输通信正常；
(5) 系统调试——确保系统运行稳定，交付用户。

2) 调试计划

(1) 传感器调试——传感器安装前/安装后进行（工期算在传感器安装阶段，传感器分阶段施工），配合系统调试如有故障点则单点调试；
(2) 传输线路调试——光缆铺设后进行（工期算在光缆铺设阶段），配合系统调试如有损耗则再次调试；
(3) 设备调试——仪表安装后进行；
(4) 软件调试——硬件条件具备后进行；
(5) 系统调试——各单元调试系完成后进行。

6.4 系统建设成果及应用

6.4.1 系统成果

南沙大桥运营期结构安全监测及养护管理系统于 2019 年 5 月 17 日进行了正式的交工验收，并由业主组织业内专家对系统进行了专业评审及科技成果鉴定，与会专家一致认为系统在业内具有技术先进性，系统具有较高的专业化、信息化及智能化程度。

1) 硬件部分成果

硬件部分成果如图 6-2 所示。

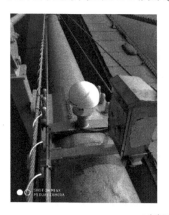
a) 空间变位监测

b) 吊索振动及索力

c) 主梁扭转监测

d) 风速风向监测

e) 主梁振动监测

图 6-2 硬件部分成果

2) 软件成果

从软件架构上来说,本系统主要包含了自动化传感测试及养护管理两大子系统,并将两大子系统集成在统一的管理平台内通过合理的权限分配进行管理。

6.4.2 系统应用

养护管理子系统针对南沙大桥大量特殊结构的养护管理需要,广泛吸取了国内外桥梁管理系统的先进经验,并结合中国现行养护规范或标准,使本系统达到"国内领先,国际先进"的目标。为在运营期的养护管理中能发挥高效作用,开发了有针对性的功能应用模块。

1) 基于 WEBGIS 的桥梁地理信息系统

南沙大桥基于 WEBGIS 的桥梁地理信息技术的功能可以简单定义为在 Web 上开发使用 GIS。基于 WEBGIS 开发的地理信息系统具有如下特点:

(1) 完善的地图控件功能;

(2) 支持地图图层,包括兴趣点、线条、区域的控制;

(3) 地理编码,地址查找;

(4)反向地址查找,通过经纬度获取位置参考信息;
(5)路径;
(6)地图旋转。

该模块支持组合查询,查询结果显示在结果栏中,用户选中查询结果可以在GIS中对桥梁定位,见图6-3。

图6-3 地理信息系统中的桥梁标签

2) 静态及动态信息管理

实现南沙大桥桥梁的结构拆分、技术档案等信息的精细化管理,静态属性信息可以具体到桥梁和每个构件的基础信息、结构信息、施工信息、图片信息、技术资料等,动态信息则可以管理到桥梁和构件历年的检查资料、养护维修资料、技术状况评定资料以及特殊事件资料等。图6-4和图6-5分别为桥梁静态信息管理界面和桥梁动态资料界面。

图6-4 桥梁静态信息管理界面

图 6-5 桥梁动态资料界面

3) 构件巡检

南沙大桥的巡检计划的制定及管理未来按照巡检的作用和时间周期,巡检分为 5 种类型:初始巡检、日常巡检、定期巡检、特殊巡检以及专项巡检。

(1) 初始巡检是指在桥梁竣工初期,未投入使用之前或者桥梁加固、改建之后进行的全面巡检。

(2) 日常巡检主要指对桥面设施、上部结构、下部结构及附属结构物的技术状况进行的巡检。

(3) 定期巡检是在风险评估的基础上制定的周期性巡检,巡检覆盖全桥所有结构物与附属结构物,旨在评定桥梁结构技术状况,为养护管理计划提供基本数据。

(4) 特殊巡检是在指桥梁在遭遇阵风、地震、船舶撞击、车辆事故、火灾等灾害后进行的应急性检巡。

(5) 专项巡检是在日常巡检、定期巡检、特殊巡检基础上进行的针对性巡检,旨在进一步判定损伤程度,分析损伤发生原因,预测损伤发展趋势,包括现场巡检、试验检测、验算分析等工作。

根据巡检类型的不同,制定相应的巡检计划。特殊巡检的任务是在特殊事件发生后由管理人员激活。专项巡检的任务是桥梁技术人员根据日常、定期和特殊巡检的成果予以激活。巡检计划安排可以指定循环周期,自动安排巡检任务。巡检任务安排包括巡检任务编辑、巡检任务审批、巡检任务安排三项步骤,任务安排后可在检查日历中查阅,可同时查看该计划中各个子任务的执行状态与进度控制。

4) 技术状况评估

本模块主要是根据《公路桥梁技术状况评定标准》(JTG/T H21—2011)规定的标准进行评定目录分解,然后根据实际产生的病害对桥梁结构的影响进行评定打分,主要包含评定目录设置、评定任务管理、评定任务审核、桥梁评定打分及评定打分查询等功能。其核心为桥梁评定打分模块,该模块根据系统内置的桥梁评估打分库及相应的评估权重设置,通过对每个评定部件的损伤程度进行打分,从而得出桥梁整体技术状况得分。

5)维修方案决策辅助

南沙大桥维修方案决策辅助模块是针对桥梁病害(损伤)开发的,该系统在制定维修任务、填写维修结果和验收维修成果等方面为用户制定维修方案提供辅助。

用户可以通过各种条件(如桥梁、病害类型、维修的紧迫性等)来查找所关心的病害。病害列表具有排序、归类等功能,用户可以利用这些功能选择确实需要维修的病害,在该病害右侧的复选框中做标记,并按照一定的组织方式整齐地组织在一起。根据系统给出相应病害所对应需要采取的措施,选择合适的维修方式,进行桥梁的维修工作。在维修工作结束后,施工人员可以在相应的模块中填写本次维修任务的编号、维修开始和结束以及持续时间、维修的病害名称、所采取的手段等维修具体细节,做到使维修工作有据可查。在维修人员完成维修工作后,管理人员可以通过本模块完成对维修人员工作的评估,验收其工作质量。利用维修方案决策辅助模块可实现维修养护工作的标准化和专业化。

6)信息查询、统计和报告报表输出

根据南沙大桥的实际管理方式定制开发南沙大桥的信息查询、统计和报告报表输出模块。如图6-6所示,通过此功能按任务、计划或选定桥梁输出Word和Excel格式的检查报告,报告内容包括结构基本信息(静态、动态)、结构病害情况列表、病害照片,结构和全桥评分。可以按照年、月、日生产各类统计报表,并且可以方便地添加和设置报表模板。

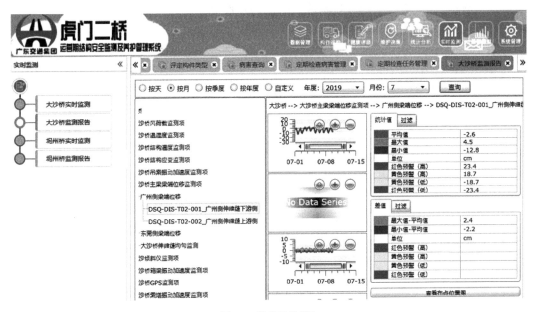

图6-6 数据统计报告

7)权限管理

南沙大桥的组织及岗位管理功能模块包括:组织机构设置、岗位设置、组织结构图、岗位人员设置,可以方便用户对人员、组织机构、权限进行管理。

6.5 系统技术创新

南沙大桥项目安全监测及养护管理系统使用了技术最先进的智能传感器设备,采用了飞速发展的物联网技术与大数据处理分析技术,利用最新人机交互技术部署实施了管养一体化软件平台系统,并引入了现代化的施工组织管理理念,取得了多项技术创新。

6.5.1 基于大数据处理技术的结构状态综合评估

目前结构健康监测系统对结构评估的内容主要有三个方面,即承载能力、营运状态和耐久能力。结构健康评估方法所采用的理论主要有可靠度理论、层次分析法、模糊理论以及遗传算法等。

针对结构健康监测系统的海量数据处理技术,系统在数据的可靠性检验、处理流程、相关分析、特征信息剥离、参数预测和预警等方面已经开展了有效的探索。同时,系统会进一步将结构健康监测数据与日常表观检测数据有机结合起来对桥梁的状态进行综合评估。

6.5.2 分布式高精度同步采集技术

南沙大桥跨度大,测点数量多,数据采集采用远程分布式采集方案。数据采集时,尤其主梁结构振动数据采集,需要系统具备精确的时间同步性能。

本系统采用基于 GNSS 和 PTP/NTP 协议的高精度同步方案,原理框架图如图 6-7 所示。

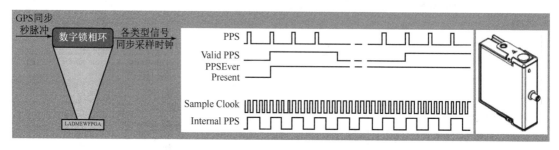

图 6-7 原理框架

(1)每个数据采集终端配置一个 GPS 同步模块,产生于卫星同步的绝对时间和脉冲信号。
(2)采集主机的 FPGA 上实现硬件数字锁相环,用 40MHz 的板载时钟对输入的 PPS 信号进行锁相。
(3)按要求生产不同频率的与 PPS 同相位的采样时钟,指导数据采集终端上的不同采集模块进行数据采集。

6.5.3 海量数据多重冗余存储

基于 SAN 存储区域网络技术和多重冗余备份技术,构建了大桥结构安全监测及养护管理系统的数据存储管理方案,实现在线多重冗余存储(图 6-8)、中端存储和离线存储相结合。

南沙大桥结构安全监测及养护管理系统基于光纤 SAN 存储网络的监测管理数据存储方

案构建了数据存储中心,实现在线多重冗余存储、中端存储和离线存储相结合,解决了常规桥梁监测系统海量数据并发访问高速性、稳定性、可靠性难题,相比传统的 IP SAN、NAS、和 DAS 技术,存储速度快,可靠性高。

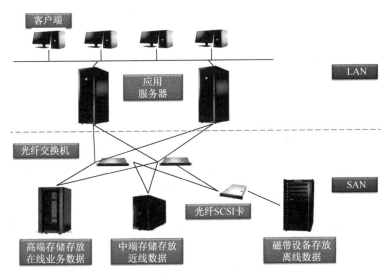

图 6-8 海量数据多重冗余存储

6.5.4 智能雷击浪涌防护

基于 EMC 技术要求,设计了海洋环境下跨海大桥健康监测系统的智能雷击浪涌防护方案,构建了多级防雷电浪涌、静电、屏蔽、信号滤波系统,可实现实时自动化预警与管理。

本系统为海域桥梁上的弱电系统,外露设备多,分布广,容易受到电磁干扰和感应雷的侵袭。基于智能防浪涌技术,系统在监测点的所有供电、通信等端口处设置多级防浪涌设备和措施。针对外露设备设置避雷针、避雷带、接地设施等,保障系统稳定可靠运行,同时设计实现了防浪涌自动监控功能,出现防浪涌失效、接地异常情况时主动远程报警,第一时间提醒管理人员进行设备检查和更换,有效保证监测系统的长期稳定运行。

参 考 文 献

[1] 张喜刚,代希华,吴明远等.虎门二桥工程关键技术[C].中国土木工程学会,2016.
[2] 王康臣.虎门二桥 四个创新打造品质工程[CP]. https://mp.weixin.qq.com/s/zePGc4-cNRNR79XT0DVv2Q.
[3] 吴玉刚.建设可持续桥梁工程的认识与实践[J].公路.2017,062(003):98-105.
[4] 王康臣.超大型跨江通道项目前期工作管理模式和措施分析[J].公路交通科技:应用技术版.2016,12(12):190-192.
[5] 张喜刚,吴明远,徐国平,等.虎门二桥工程设计与研究[C].中国公路学会桥梁和结构工程分会2017年全国桥梁学术会议,2017.
[6] 鲜荣,代希华.虎门二桥桥位处风场特性观测研究[J].四川建筑.2015,35(1):144-147.
[7] 吴玉刚,吴明远,代希华.虎门二桥工程总体设计[C].中国土木工程学会,2016.
[8] 邓小华.广东虎门第二公路通道桥位选择[J].中外公路.2013,33(4):158-161.
[9] 吴明远,高衡,梅刚,等.广东虎门二桥总体设计[C].中国公路学会桥梁和结构工程分会全国桥梁学术会议,2012.
[10] 马玉全.虎门二桥工程坭洲水道桥索塔景观造型方案比选[J].广东公路交通.2015,000(3):8-13.
[11] 马玉全,孙向东,陈枝洪.虎门二桥坭洲水道桥索塔结构设计及受力分析[J].广东公路交通.2014,000(3):21-27.
[12] 徐德志,万志勇,梁立农.虎门二桥引桥总体设计[J].国防交通工程与技术.2015,13(4):22-25.
[13] 徐德志.广东虎门二桥引桥跨径选择[J].广东公路交通.2016,142(1):15-19.
[14] 杨志伟.虎门二桥引桥(62.5m跨径)上部结构施工方案比选与验算[J].广东公路交通.2017,043(4):54-57.
[15] 徐德志,彭李立,彭亚军.虎门二桥节段拼装箱梁结构设计[J].广东公路交通.2014,143(4):17-20.
[16] 胡秀月.海鸥岛互通立交匝道桥方案设计[J].广东公路交通.2016,143(2):38-42.
[17] 吴玉刚,崔岗,代希华,等.虎门二桥1960MPa主缆钢丝及索股关键技术[J].桥梁建设.2018,48(3):5-10.
[18] 叶觉明,张太科,鲜荣,等.1960MPa级钢丝加工及其在悬索桥主缆上的应用[J].金属制品.2015,41(2):1-6.
[19] 张鑫敏.1960MPa缆索"吊起"虎门二桥[J].中国公路.2019,007(11):40-43.
[20] 母俊莉,张军,江晨鸣.1960MPa悬索桥主缆用高强度钢丝开发[J].金属制品.2018,44(5):17-21.
[21] 蔡依花,叶觉明,卢靖宇,等.通条试验方法在超高强度钢丝研发试验中的应用[J].金属制品.2017,43(4):29-37.
[22] 许兆斌,张海良,张勇.虎门二桥坭洲水道桥主缆1960MPa锌铝合金镀层钢丝锚固试验

研究[J]. 世界桥梁. 2017, 45(5): 65-70.

[23] 代希华, 李法雄, 杨昀, 等. 虎门二桥BIM建养一体化建设[J]. 中国公路. 2017(6): 68-71.

[24] 李法雄, 郭毅霖, 张鑫敏. 用BIM"智"造特大型桥梁[J]. 中国公路. 2018(11): 78-79.

[25] 周旭东, 王煦, 李茜, 等. BIM技术在虎门二桥三维协同设计应用研究[C]. 中国土木工程学会, 2016.

[26] 闫振海, 陈宏强, 李法雄, 等. BIM在虎门二桥数字化钢厂中的应用[J]. 公路交通科技: 应用技术版. 2017, 13(3): 239-240.

[27] 曹植英, 陈建璋, 赖嘉华, 等. BIM技术在虎门二桥海鸥互通交通工程中的应用[C]. 中国土木工程学会, 2016.

[28] 崔岗, 张鑫敏, 何潇, 等. 超大跨度悬索桥锚碇超大超深地下连续墙复合基础承载性能研究[C]. 2017.

[29] 崔岗, 王旭东, 鲜荣, 等. 悬索桥地下连续墙—锚碇复合基础协同承载特征分析[J]. 公路. 2017, 62(1): 106-112.

[30] 张鸿, 张喜刚, 丁峰, 等. 短线匹配法节段预制拼装桥梁新技术研究[J]. 公路. 2011, 2(002): 76-82.

[31] 张鑫敏, 阳威. 短线匹配法预制节段接缝密封关键技术[J]. 广东公路交通. 2019, 45(5): 89-94.

[32] 苏强, 吴东明. 多股成品索式锚碇锚固系统关键施工技术[J]. 城市道桥与防洪. 2018, (8): 215-218.

[33] 吴明远, 梅刚, 陈占力. 多股成品索式预应力锚固系统研究[C]. 中国公路学会桥梁和结构工程分会2015年全国桥梁学术会议, 2015.

[34] 苏强, 吴东明, 陈占力. 多股成品索锚碇锚固系统试验和防腐工艺研究[J]. 预应力技术. 2017(1): 22-25.

[35] 何涛, 罗超云, 王晓佳, 等. 高塔清水混凝土的抗裂耐久性协同提升技术与应用[J]. 武汉理工大学学报. 2016, 38(8): 18-25.

[36] 鲜荣, 鞠晓臣, 曾志斌, 等. 钢桥面板U形肋与面板连接部分熔透焊缝受力分析[J]. 铁道建筑. 2017(4): 13-17.